ANÁLISE DE BALANÇOS

O GEN | Grupo Editorial Nacional – maior plataforma editorial brasileira no segmento científico, técnico e profissional – publica conteúdos nas áreas de ciências sociais aplicadas, exatas, humanas, jurídicas e da saúde, além de prover serviços direcionados à educação continuada e à preparação para concursos.

As editoras que integram o GEN, das mais respeitadas no mercado editorial, construíram catálogos inigualáveis, com obras decisivas para a formação acadêmica e o aperfeiçoamento de várias gerações de profissionais e estudantes, tendo se tornado sinônimo de qualidade e seriedade.

A missão do GEN e dos núcleos de conteúdo que o compõem é prover a melhor informação científica e distribuí-la de maneira flexível e conveniente, a preços justos, gerando benefícios e servindo a autores, docentes, livreiros, funcionários, colaboradores e acionistas.

Nosso comportamento ético incondicional e nossa responsabilidade social e ambiental são reforçados pela natureza educacional de nossa atividade e dão sustentabilidade ao crescimento contínuo e à rentabilidade do grupo.

11ª EDIÇÃO
REVISTA E ATUALIZADA

DE ACORDO COM AS RESOLUÇÕES DO CFC E PRONUNCIAMENTOS CONTÁBEIS DO CPC PUBLICADOS ATÉ SET./2016

Sérgio de Iudícibus

ANÁLISE DE BALANÇOS

ANÁLISE DO GIRO
ANÁLISE DA RENTABILIDADE
ANÁLISE DA ALAVANCAGEM FINANCEIRA
ANÁLISE DE LIQUIDEZ E DO ENDIVIDAMENTO
INDICADORES E ANÁLISES ESPECIAIS
(Análise de Tesouraria de Fleuriet, EVA®, DVA e EBITDA)

Revisão e atualização: Prof. Valdir Segato

O autor e a editora empenharam-se para citar adequadamente e dar o devido crédito a todos os detentores dos direitos autorais de qualquer material utilizado neste livro, dispondo-se a possíveis acertos caso, inadvertidamente, a identificação de algum deles tenha sido omitida.

Não é responsabilidade da editora nem do autor a ocorrência de eventuais perdas ou danos a pessoas ou bens que tenham origem no uso desta publicação.

Apesar dos melhores esforços do autor, do editor e dos revisores, é inevitável que surjam erros no texto. Assim, são bem-vindas as comunicações de usuários sobre correções ou sugestões referentes ao conteúdo ou ao nível pedagógico que auxiliem o aprimoramento de edições futuras. Os comentários dos leitores podem ser encaminhados à **Editora Atlas Ltda.** pelo e-mail faleconosco@grupogen.com.br.

Direitos exclusivos para a língua portuguesa
Copyright © 2017 by
Editora Atlas Ltda.
Uma editora integrante do GEN | Grupo Editorial Nacional

Reservados todos os direitos. É proibida a duplicação ou reprodução deste volume, no todo ou em parte, sob quaisquer formas ou por quaisquer meios (eletrônico, mecânico, gravação, fotocópia, distribuição na internet ou outros), sem permissão expressa da editora.

Rua Conselheiro Nébias, 1384
Campos Elíseos, São Paulo, SP – CEP 01203-904
Tels.: 21-3543-0770/11-5080-0770
faleconosco@grupogen.com.br
www.grupogen.com.br

Designer de capa: MSDE | MANU SANTOS Design

Editoração Eletrônica: Set-up Time Artes Gráficas

CIP-BRASIL. CATALOGAÇÃO NA PUBLICAÇÃO.
SINDICATO NACIONAL DOS EDITORES DE LIVROS, RJ

Iudícibus, Sérgio de
   Análise de balanços / Sérgio de Iudícibus. – 11. ed. – [2. Reimpr.] – São Paulo: Atlas, 2018.

   Bibliografia
   ISBN 978-85-97-00968-2

   1. Balanço financeiro I. Título.

94-1464
CDD-657.3

*Dedico esta 11ª edição à minha esposa, **Ely**, e aos meus filhos, **Paulo Sérgio** e **Renata**, agradecendo por todo o amor e carinho que sempre me dedicaram.*

Material Suplementar

Este livro conta com o seguinte material suplementar:

- Exercícios propostos com resolução (.pdf) (restrito a docentes).
- Apresentações para uso em sala de aula (.pdf) (restrito a docentes).

O acesso ao material suplementar é gratuito. Basta que o leitor se cadastre em nosso *site* (www.grupogen.com.br), faça seu *login* e clique em GEN-IO, no menu superior do lado direito.

É rápido e fácil. Caso tenha dificuldade de acesso, entre em contato conosco (sac@grupogen.com.br).

Sumário

Prefácio à 11ª edição, xv

1 Classificação das Empresas e Entidades e o Ambiente Institucional, 1

    1.1   Classificação jurídica das empresas e entidades, 1
           1.1.1   Empresas com objetivos econômicos, 1
           1.1.2   Entidades – sem objetivos econômicos, 2
    1.2   Ambiente institucional das empresas e entidades, 3
           1.2.1   Características tributárias, 3
           1.2.2   Características contábeis, 4
Resumo do capítulo, 6
Exercício proposto, 6

2 Necessidade e Importância da Estrutura, Análise e Interpretação de Balanços, 9

    2.1   Abrangência da expressão *Análise de Balanços*, 9
    2.2   Importância da Análise de Balanços na gestão empresarial e na avaliação de tendências por parte dos usuários, 10
    2.3   Conceituação de Análise de Balanços, 14
    2.4   Condições necessárias para um bom entendimento da Análise de Balanços, 14
Resumo do capítulo, 15

3 Sistema de Informação Contábil e os Princípios de Contabilidade, 17

    3.1   Contabilidade como sistema de mensuração e informação, 17

3.2 Princípios contábeis – abordagem conceitual, 20
 3.2.1 Introdução, 20
 3.2.2 O princípio da entidade, 23
 3.2.3 O princípio da continuidade, 25
 3.2.4 O princípio do custo histórico (original) como base de registro inicial, 26
 3.2.5 O princípio da realização da receita, 27
 3.2.6 O princípio da competência dos exercícios, 28
 3.2.7 O princípio do denominador comum monetário, 30
 3.2.8 A convenção da objetividade, 31
 3.2.9 A convenção do conservadorismo (Prudência), 32
 3.2.10 A convenção da materialidade (Relevância), 33
 3.2.11 A convenção da consistência (Uniformidade), 34
 3.2.12 Um conceito que é mais do que princípio ou convenção: Prevalência da Essência sobre a Forma, 34
Resumo do capítulo, 35

4 Estrutura das Demonstrações Financeiras e Contábeis, 37

4.1 Demonstrações financeiras e contábeis, 37
 4.1.1 Demonstrações financeiras (sociedades por ações e das empresas de grande porte), 37
 4.1.2 Demonstrações contábeis (demais empresas), 38
 4.1.3 Notas explicativas, 38
 4.1.4 Exercício social – ciclo operacional, 39
4.2 Pressupostos básicos, 39
 4.2.1 Continuidade, 39
 4.2.2 Regime de competência, 39
 4.2.3 Características qualitativas das demonstrações contábeis, 39
 4.2.4 Restrição de custo na elaboração e divulgação de relatório contábil-financeiro útil, 40
4.3 Balanço patrimonial, 40
 4.3.1 Ativo, 41
 4.3.2 Passivo, 42
 4.3.3 Patrimônio Líquido, 42
 4.3.4 Origens e aplicações, 43
 4.3.5 Explicação da expressão *Balanço Patrimonial*, 44
 4.3.6 Requisitos do balanço patrimonial, 44
4.4 Grupo de contas do balanço patrimonial, 45
 4.4.1 Grupo de contas do Ativo, 45
 4.4.2 Grupo de contas do Passivo, 48
 4.4.3 Patrimônio Líquido, 49

4.5 Demonstração do Resultado do Exercício – DRE, 50
    4.5.1 Demonstração dedutiva, 51
    4.5.2 Como apurar a Receita Líquida, 52
    4.5.3 Como apurar o Lucro Bruto, 53
    4.5.4 Custo das vendas, 54
    4.5.5 Como apurar o Lucro Operacional, 54
        4.5.5.1 Despesas operacionais, 55
    4.5.6 Variações Monetárias (Despesas Financeiras), 55
        4.5.6.1 Variação cambial, 56
        4.5.6.2 Correção monetária (de dívida), 56
        4.5.6.3 Outras despesas e receitas operacionais, 57
    4.5.7 Lucro Antes do Imposto de Renda, 58
        4.5.7.1 Apuração do LAIR, 58
    4.5.8 Lucro Depois do Imposto de Renda, 58
        4.5.8.1 Ano-base e exercício financeiro, 58
    4.5.9 Lucro Líquido, 59
        4.5.9.1 A sobra pertencente aos proprietários, 59
        4.5.9.2 Participações no lucro, 59
        4.5.9.3 Forma de cálculo das participações, 59
        4.5.9.4 Lucro Líquido por ação, 60
        4.5.9.5 Distribuição do lucro e Demonstração de lucros ou prejuízos acumulados, 60
4.6 Demonstração de lucros ou prejuízos acumulados (instrumento de integração entre o BP e a DRE), 60
    4.6.1 Demonstração das Mutações do Patrimônio Líquido (DMPL), 61
4.7 Notas explicativas e outras evidenciações, 67
    4.7.1 Evidenciações, 67
    4.7.2 Notas explicativas, 67
    4.7.3 Outras notas explicativas (arrendamento financeiro), 71
    4.7.4 Quadros analíticos suplementares, 71
    4.7.5 Comentários do auditor, 73
    4.7.6 Relatório da diretoria, 74
4.8 Relacionamentos entre as várias demonstrações, 74
Resumo do capítulo, 80
Exercício proposto e resolvido, 81
Solução, 84

5 Introdução à Análise de Balanços – Análise Horizontal e Análise Vertical, 87

5.1 Generalidades, 87

5.2 A análise horizontal, 93
    5.2.1 Análise horizontal de séries de vendas, Custo das Vendas e resultado, 93
5.3 A análise vertical, 96
Resumo do capítulo, 99
Exercício resolvido, 100
Solução, 101

6 A Análise da Liquidez e do Endividamento, 103

6.1 Introdução geral ao cálculo de quocientes, 103
6.2 Análise da liquidez e do endividamento, 104
    6.2.1 Principais quocientes de liquidez, 104
    6.2.2 Principais quocientes de endividamento (estrutura de capital), 109

7 Análise da Rotatividade (do Giro), 113

8 Análise da Rentabilidade (o Retorno sobre o Investimento), 119

8.1 Introdução, 119
8.2 A margem de lucro sobre as vendas, 120
8.3 O giro do ativo, 120
8.4 O retorno sobre o investimento, 121
8.5 A importância de desdobrar a taxa de retorno em dois ou mais componentes, 123
8.6 Retorno sobre o Patrimônio Líquido, 124

9 Introdução ao Estudo da "Alavancagem Financeira", 127

9.1 Introdução, 127
9.2 O efeito alavancagem, 129
9.3 Outros quocientes de interesse (a análise do ponto de vista do investidor), 133

10 A Análise em sua Globalidade, 137

10.1 Comparações de quocientes, 137
10.2 Como interpretar "em conjunto" os quocientes, 139
10.3 Utilização da análise de balanços na análise de crédito, 141
10.4 Outros indicadores financeiros para uma análise de balanços completa, 143

10.5 Outros indicadores, 145
10.6 Limitações da análise financeira, 150
Resumo dos capítulos, 151
Exercício sobre os Capítulos 6 a 10, 152
Solução, 155

11 As Variações do Poder Aquisitivo da Moeda e seus Reflexos na Análise de Balanços, 163

11.1 Variações de preços nos demonstrativos financeiros: o modelo teórico de correção pelo nível geral de preços, 163
    11.1.1 A correção dos balanços, 164
    11.1.2 Correção do DR (o DR em termos de poder aquisitivo de 31-12-X + 1), 168
    11.1.3 Efeitos da inflação nos casos em que a distribuição de receitas, despesas, compras e vendas não é uniforme durante o exercício, 173
    11.1.4 Alguns quocientes de balanço antes e após a correção, 176
11.2 A correção integral (Instrução nº 64 da CVM), 177
    11.2.1 Generalidades, 177
    11.2.2 Exemplos básicos de correção integral, 178
    11.2.3 Exemplos reais, 186
Resumo do capítulo, 197

12 Comentários sobre Alguns Aspectos Contábeis da Lei das Sociedades por Ações, 199

12.1 Principais pontos da Lei nº 6.404/1976 alterados pela Lei nº 11.638/2007, 199
12.2 O Balanço Patrimonial atualizado pela Lei nº 11.638/2007, 201
    12.2.1 Ativo Circulante, 201
    12.2.2 Ativo Realizável a Longo Prazo, 202
    12.2.3 Investimentos, 202
    12.2.4 Imobilizado, 202
    12.2.5 Intangível, 203
    12.2.6 Passivo Circulante, 203
    12.2.7 Passivo Exigível a Longo Prazo, 203
    12.2.8 Reservas, 204
        12.2.8.1 Reserva Legal, 204
        12.2.8.2 Reservas Estatutárias, 204
        12.2.8.3 Reservas para Contingências, 204
        12.2.8.4 Reserva de Lucros a Realizar, 205
        12.2.8.5 Reservas de Incentivos Fiscais, 206
    12.2.9 Lucros Acumulados (prejuízos acumulados), 206
    12.2.10 Ações em Tesouraria, 207

12.2.11 Critérios de avaliação do Ativo, 207
12.2.12 Critérios de avaliação do Passivo, 209
12.3 Outros comentários de interesse sobre a Lei nº 11.638/2007, 209
12.4 Conclusões, 214

13 Estudo Detalhado da Alavancagem, 215

13.1 Introdução, 215
13.2 Aplicação das fórmulas de alavancagem, 216
    13.2.1 Generalidades, 216
    13.2.2 Generalização da inflação na alavancagem, 218
13.3 Outro entendimento da abordagem, 225
    13.3.1 Alavancagem operacional, 225
    13.3.2 Alavancagem financeira em termos de lucro por ação ordinária, 226
    13.3.3 Combinação das alavancagens operacional e financeira, 227
Resumo do capítulo, 228
Exercício especial sobre o Capítulo 13, 229
Exercício proposto e parcialmente resolvido, 236
Solução parcial (encaminhamento), 237

14 Tópicos Especiais da Análise de Balanços, 239

14.1 Introdução, 239
14.2 Superexpansão, 239
14.3 Vendas e capital de giro, 240
14.4 Alguns dos problemas ligados à medição de lucro por ação preferencial (a dividendos fixos) e ordinária, 241
    14.4.1 Cobertura de dividendos preferenciais, 241
    14.4.2 Valor contábil de uma ação ordinária, 242
    14.4.3 Lucro por ação ordinária, 242
14.5 Representação gráfica de tendências, 243
Resumo do capítulo, 246

15 Outros Indicadores Importantes para a Análise de Balanços, 247

15.1 EVA® – *Economic Value Added*, 247
    15.1.1 Conceito, 247
    15.1.2 Fórmula, 248
    15.1.3 Ajustes das demonstrações financeiras, 248

   15.1.4 NOPAT, 250
   15.1.5 Total de Capital Investido (TC), 251
   15.1.6 Percentual do custo do capital investido – % C, 252
 15.2 Valor adicionado, 253
   15.2.1 Conceito, 253
 15.3 EBITDA (*Earnings Before Interests, Taxes, Depreciation And Amortization*) – ou LAJIDA (Lucro Antes dos Juros, Impostos, Depreciação e Amortização), 257
   15.3.1 Conceito, 257
   15.3.2 Fórmula EBITDA, 258

Bibliografia, 261

Prefácio à 11ª Edição

Esta décima primeira edição está sendo atualizada considerando as principais mudanças da legislação do nosso país, tais como a Lei nº 11.638/2007 e a Lei nº 11.941/2009, que alteraram a Lei nº 6.404/1976 das sociedades anônimas, principalmente quanto aos capítulos que tratam das demonstrações financeiras, do lucro e das reservas.

Desta forma, os capítulos que tratam da definição das demonstrações financeiras também foram atualizados em conformidade com as resoluções do Conselho Federal de Contabilidade (CFC) em aderência aos pronunciamentos contábeis publicados pelo Comitê de Pronunciamentos Contábeis (CPC), responsável por emitir os pronunciamentos técnicos visando a convergência da contabilidade brasileira aos padrões internacionais, cujas normas são emitidas e revisadas pelo IASB – *International Accounting Standards Board*, denominadas IFRS – *International Financial Reporting Standards*.

Foi incluída no Capítulo 1 a contextualização das empresas e entidades existentes no Brasil e do ambiente institucional em que operam, para que os interessados e curiosos também tenham despertado o interesse em aplicar sobre as demonstrações financeiras (contábeis) das entidades sem fins lucrativos as mesmas técnicas de análise contidas neste livro, bem como para as empresas de serviços que, via de regra, não possuem a mesma quantidade de informação da indústria e do comércio, como, por exemplo, estoque e ciclo operacional. Basta apenas descartar ou ajustar estas técnicas para estes índices conforme a necessidade.

Além dos destaques acima, ao final de cada capítulo foram incluídos exercícios selecionados dos principais exames aplicados no país para que o leitor se sinta desafiado a ir além das páginas deste livro na busca de seu aprendizado profissional.

Esta nova edição não teria sido possível sem a preciosa colaboração e o esforço acentuado do Prof. Valdir Donizete Segato. Ele não mediu esforços na atualização, apresentando e sugerindo encaminhamentos para que esta nova edição se tornasse mais didática, eficiente e prazerosa.

São Paulo, setembro de 2016.

Sérgio de Iudícibus

Classificação das Empresas e Entidades e o Ambiente Institucional

1.1 CLASSIFICAÇÃO JURÍDICA DAS EMPRESAS E ENTIDADES

Os negócios no mundo caminham a passos céleres e se desenvolvem com o avanço da humanidade, criando modelos de negócios empresariais cada vez mais sofisticados e complexos. As facilidades computacionais permitem conhecer a situação econômico-financeira de qualquer organização, seja ela com fins lucrativos ou não, de qualquer País.

Para iniciarmos os estudos sobre a Análise das Demonstrações Contábeis e Financeiras, se faz necessário conhecer as classificações jurídicas das Empresas e Entidades definidas do Código Civil Brasileiro,[1] com destaques para as Sociedades que têm como objetivo a atividade econômica, e as Entidades que não visam a lucros econômicos.

Conforme o artigo 44 do Código Civil Brasileiro são pessoas jurídicas de direito privado: as associações, as sociedades, as fundações, as organizações religiosas, os partidos políticos.

1.1.1 Empresas com objetivos econômicos

A definição de empresa surge pelo exercício de atividade econômica que visa ao lucro. No Brasil a empresa pode ser constituída com um ou mais objetivos de negócios determinados, e deve registrar seu instrumento jurídico de constituição sob a forma de:

- firma ou empresário individual (única pessoa);

---

[1] Lei nº 10.406/2002.

- sociedade por quotas de responsabilidade limitada (duas ou mais pessoas – sócias); e
- as sociedades por ações – as consagradas sociedades anônimas (acionistas) –, que podem ser fechadas ou abertas.

Destaca-se a complexidade existente no ambiente das sociedades anônimas, com maior controle governamental, e da Lei nº 6.404/1976. Estas empresas têm capital formado por ações tanto ordinárias como preferenciais que são negociadas nas bolsas de valores, o que facilita a captação de recursos e a transferência de propriedade (das ações), seus acionistas detentores de ações com direito a voto (ordinárias) elegem um conselho de administração que, por sua vez, escolhe a diretoria executiva, que será responsável pela gestão e continuidade (vida ilimitada) dos negócios da empresa.

Conforme FAMÁ,[2] que afirma que, ao contrário das sociedades anônimas, a empresa individual e as sociedades limitadas apresentam menor controle governamental, são mais simples em sua estrutura organizacional, representam a vontade e o desejo de seus fundadores, dificuldades de transferência de propriedade, e, nas contribuições ao capital social limitadas ao desejo e capacidade de cada sócio, normalmente são os próprios gestores os administradores dos negócios da empresa, a responsabilidade é limitada ao capital social, há dificuldades em levantar recursos para financiar o crescimento dos negócios e a dependência dos sócios gestores limita a vida da empresa (continuidade).

Para o contexto do nosso livro trataremos tanto a empresa individual como as sociedades limitada e anônima como empresa.

1.1.2 Entidades – sem objetivos econômicos

Importante papel na sociedade desempenha as entidades do terceiro setor, as organizações não governamentais (ONGs), que abrange qualquer tipo de entidade privada sem fins econômicos com personalidade jurídica, da qual destacamos as associações, fundações e organizações religiosas.

Por se tratar de pessoas jurídicas, as mesmas possuem direitos e obrigações, sendo responsáveis pelos seus atos. Normalmente são organizadas para gerar serviços de caráter público, contribuindo para suprir a deficiência do governo em oferecer o bem-estar para o cidadão.

As associações são constituídas pela união de pessoas que se organizem para fins comuns, dependem de recursos de seus associados, da comunidade, e de verbas governamentais para cumprirem com seus objetivos sociais.

---

[2] Arquivo em PDF de aula expositiva no programa de mestrado da PUCSP, 2015.

A fundação tem um patrimônio dotado de personalidade jurídica formado com o objetivo de alcançar determinado fim social, depende de recursos de seus fundadores e de verbas governamentais e é submetido ao controle do Ministério Público.

Destacamos como exemplos destes tipos de entidade: as filantrópicas, que reúnem voluntários e prestam assistência social, as de defesas da vida, as de consumidores, as entidades profissionais de classe, os sindicatos, os clubes desportivos e de futebol, igrejas e templos religiosos, as fundações de pesquisas econômica, financeira, os museus, entre outros.

1.2 AMBIENTE INSTITUCIONAL DAS EMPRESAS E ENTIDADES

Não há dúvida de que as empresas e entidades são organizadas com a finalidade de existirem por tempo infinito, gerando lucratividade satisfatória para seus proprietários e acionistas, empregos, renda e bem-estar para sua comunidade. No entanto o ambiente institucional em que operam é repleto de riscos e perigos, pois é um ambiente competitivo com concorrentes cada vez mais bem preparados, clientes e consumidores mais exigentes quanto à qualidade, custo de empregados, impostos, volatilidade da moeda, entre outros fatores, e exigem planejamento de futuro, controle permanente de suas ações para correção imediata de desvios de foco, sob pena de prejuízos incalculáveis que culminam com a falência da empresa.

Recentemente no Brasil assistimos a empresas sólidas de tradição que quebraram por conta do ambiente econômico em que o País se envolveu. Também nos Estados Unidos, em 2008, com a crise financeira conhecida como *subprime*, inúmeros bancos grandes, famosos e antigos faliram levando a cidade Detroit a declarar a maior falência municipal mundial, sem contar outros tantos números de empresas ao redor do mundo.

As razões são inúmeras, certamente propiciadas pelo ambiente em que estão inseridas. Segundo Nakagawa (2009, p. 23), a empresa é vista como uma "caixa-preta" que responde automaticamente às mudanças do mundo exterior, e acrescenta (p. 26) que a empresa precisa planejar porque o conhecimento de seu futuro é extremamente limitado.

1.2.1 Características tributárias

Sem dúvidas uma das maiores preocupações das empresas são os impostos. O Brasil tem uma das maiores cargas tributárias do mundo, sem contar a complexidade de suas Leis amplamente discutidas em literaturas específicas da área tributária. Dentre os impostos obrigatórios, destacamos o IRPJ – Imposto de Renda da Pessoa Jurídica, que exige planejamento tributário visando a economia, já que a empresa pode optar pelo Lucro Real, Lucro Presumido ou Simples Nacional, dependendo das características de sua atividade e receita bruta anual.

O Sebrae registra mais de 6,4 milhões de empresas pessoas jurídicas de direito privado, exceto os microempreendedores individuais (MEIs), as estatais, autarquias, e as entidades de terceiro setor.

Deste número, mais de 99% são microempresas (MPs) e empresas de pequeno porte (EPPs) que faturam até R$ 3,6 milhões anuais, e podem optar pelo recolhimento de seus impostos pelo Simples Nacional que, via de regra, oferece maiores benefícios fiscais e menos burocracia, pois tem o recolhimento unificado de seus impostos e previdência social em uma única guia.

Já para as demais empresas, as exigências tributárias são mais rígidas e numerosas, as que faturam mais que R$ 3,6 milhões e até R$ 78 milhões anuais são enquadradas como pequenas e médias empresas (PMEs) e podem optar pelo Lucro Presumido, que estabelece alíquotas de recolhimento de impostos de acordo com atividade da empresa, incidentes sobre a receita bruta, e por fim o Lucro Real obrigatório para as empresas ligadas às instituições financeiras, seguradoras, e as que faturam acima de R$ 78 milhões anuais, que têm os impostos calculados sobre o Lucro Líquido obtido dos balanços ajustados pelas regras fiscais para o Lucro Real. Este sistema de apuração de impostos é complexo e exige conhecimento específico da Lei tributária e controle rígido sobre os custos e despesas contabilizados.

Em relação às Entidades sem Fins Lucrativos, elas não pagam o Imposto de Renda, pois são consideras isentas ou imunes. As imunes são aquelas previstas na Constituição Federal que exercem atividade beneficente de assistência social, e reconhecidas como de utilidade pública, por exemplo, as APAEs, os hospitais Santa Casa, entre outras. Por sua vez, as entidades isentas são definidas pela Lei, alguns exemplos são igrejas, sindicatos, clube de futebol, associação de moradores e amigos de bairro, entre outras.

1.2.2 Características contábeis

Para o ambiente contábil, a Lei nº 11.638/2007 estabelece que as normas brasileiras devem ser elaboradas em consonância com os padrões internacionais de contabilidade. Para tanto, criou-se o Comitê de Pronunciamento Contábil – CPC – como responsável pelos pronunciamentos técnicos e atribuiu ao Conselho Federal de Contabilidade – CFC – a responsabilidade por sua adoção. Definiu ainda referida Lei que as Demonstrações Financeiras das sociedades anônimas e as empresas de grande porte – EGP (receita bruta maior que R$ 300 milhões ou ativo maior que R$ 240 milhões) que são obrigadas a prestação pública de suas contas sejam auditadas por auditor independente registrado na Comissão de Valores Mobiliários e publicadas.

Assim, o CFC determinou que sejam adotadas por estas empresas, que têm a obrigação pública de prestação de contas, as normas técnicas contábeis completas, ou seja, as NBC-TG 1 a 46 (juntas todas estas normas somam mais de 3.000 páginas), e para as demais empresas, conforme sua receita bruta anual, da seguinte forma:

- Para as pequenas e médias empresas – PME, que não têm a obrigação pública de prestação de contas, cuja receita bruta anual se enquadre entre R$ 3,6 milhões até R$ 300 milhões, deverão adotar a norma contábil definida na NBC-TG 1000, CPC-PME, que representa aproximadamente 300 páginas; e
- Por fim, para o microempresário individual – MEI –, microempresas – ME – e as empresas de pequeno porte – EPP, cuja receita bruta anual não seja superior a R$ 3,6 milhões, deverão adotar no mínimo a ITG 1000. Esta norma tem 13 páginas apenas.

Classificação das Empresas conforme Receita Bruta Anual	Norma Contábil
Conforme a Lei nº 11.638 – Empresa de Grande Porte (EGP) Acima de 300 milhões anuais e Ativo superior a R$ 240 milhões e Companhias Abertas (S.A. – Lei nº 6.404/1976)	NBC-TG – completa (CPC 1 a 46) + ou – 3.000 páginas
PME – Pequenas e Médias Empresas cuja receita bruta anual se enquadre entre R$ 3,6 milhões até 300 milhões	NBC-TG 1000 – simplificada 300 páginas
Microempreendedor Individual (MEI), Microempresa (ME) e Empresa de Pequeno Porte (EPP) cuja receita bruta anual não seja superior a R$ 3,6 milhões	Opção pela ITG 1000 – reduzida e simplificada – 13 páginas

Considerando a estatística do SEBRAE (acima), é possível concluir que a grande maioria das empresas está obrigada a cumprir com a ITG 1000 para elaboração de seus balanços patrimoniais, pois se tratam de Microempresas e Empresas de Pequeno Porte (MEs e EPPs), um número intermediário não tão expressivo de empresas de Pequeno e Médio Portes (PME), obrigadas às normas das PMEs, e, por fim, as de grande porte e as sociedades anônimas, a cumprirem com a normas completas, que representam um pequeno número de empresas.

A Bovespa registra cerca de 500 empresas de capital aberto que negociam suas ações na Bolsa de Valores de São Paulo; são mais de 53 mil empresas de serviços contábeis e mais de 528 mil contabilistas registrados no Conselho Federal de Contabilidade – CFC.

RESUMO DO CAPÍTULO

A análise das demonstrações financeiras contábeis certamente é uma importante ferramenta que procura desmistificar um pouco o universo dos números dos relatórios financeiros contábeis através de quocientes algébricos. Pois é muito mais fácil entender e comparar informações desta natureza com o uso da álgebra, para se tomarem decisões baseadas nas estatísticas de dados pregressos, para tentar modelar cenários preditivos, que, projetados com o auxílio das informações geradas pela análise das demonstrações financeiras contábeis, podem mitigar o risco de erros inerentes ao ambiente e de processos que a empresa está inserida corrigindo tempestivamente os desvios para evitar prejuízos.

A razão deste capítulo foi dar uma visão ampla dos tipos de empresas que existem, desde um único dono, passando pela sociedade limitada de dois ou mais sócios até a mais complexa das sociedades por ações. Seu ambiente e relacionamento com os stakeholders, que incluem, além dos sócios e acionista, muitos outros participantes, como os clientes, que é a principal razão da existência da empresa, mas a empresa precisa se relacionar com empregados, fornecedores, governo, prestadores de serviços, tal como é o contador, que deve ser um dos mais importantes especialistas em termos financeiros para a empresa; certamente o contador não tem a missão de potencializar a receita da empresa, mas deve ter a competência e sabedoria de ajudá-la a não perder dinheiro com impostos recolhidos errados ou contabilidades que de nada servem.

É grande o número de empresas existentes no Brasil, incluindo as entidades de terceiro setor, as quais certamente devem contar com um dos mais de meio milhão de profissionais da contabilidade ou uma das mais de 50 mil empresas de serviço contábil; estes profissionais são um dos maiores responsáveis e interessados pela análise das demonstrações financeiras contábeis.

EXERCÍCIO PROPOSTO

1) De acordo com a leitura do capítulo, julgue os itens a seguir como Verdadeiros (V) ou Falsos (F) e, em seguida, assinale a correta.

   I. A entidade de terceiro setor não é obrigada a elaborar as demonstrações contábeis, pois é isenta de Imposto de Renda. (**falso**)

   II. A análise das demonstrações contábeis se utiliza das informações pregressas para calcular os índices/quocientes que servirão para o gestor tomar decisões preditivas com maior assertiva e assim mitigar riscos de erros e prejuízos. (**verdadeiro**)

III. As sociedades por ações cuja receita bruta anual é de até R$ 240 milhões e Ativo Total de R$ 300 milhões não estão obrigadas a publicarem suas demonstrações financeiras contábeis. (**falso**)

IV. O profissional da contabilidade tem a obrigação de ter uma relação muito íntima com as empresas, conhecendo-as em todos os seus detalhes, para que, além de facilitar o levantamento dos dados da contabilidade para a geração dos índices (quocientes) da análise das demonstrações financeiras contábeis, procure auxiliar como consultor, um facilitador dos gestores, proprietários, sócios e/ou acionistas na tomada de decisões sobre o caminho a seguir com suas respectivas empresas. (**verdadeiro**)

a) V-F-V-F
b) F-F-V-V
c) **F-V-F-V – resposta correta**
d) V-F-F-V

Necessidade e Importância da Estrutura, Análise e Interpretação de Balanços

2.1 ABRANGÊNCIA DA EXPRESSÃO *ANÁLISE DE BALANÇOS*[1]

As normas contábeis destacam que as demonstrações contábeis para fins gerais são dirigidas às necessidades comuns de vasta gama de usuários externos à entidade, por exemplo, sócios, acionistas, credores, empregados e o público em geral. O objetivo das demonstrações contábeis é oferecer informação sobre a posição financeira (balanço patrimonial), o desempenho (demonstração do resultado) e fluxos de caixa da entidade, que sejam úteis aos usuários para a tomada de decisões econômicas, tais como:

a) decidir quando comprar, manter ou vender instrumentos patrimoniais;
b) avaliar a administração da entidade quanto à responsabilidade que lhe tenha sido conferida e quanto à qualidade de seu desempenho e de sua prestação de contas;
c) avaliar a capacidade de a entidade pagar seus empregados e proporcionar-lhes outros benefícios;
d) avaliar a segurança quanto à recuperação dos recursos financeiros emprestados à entidade;
e) determinar políticas tributárias;
f) determinar a distribuição de lucros e dividendos;
g) elaborar e usar estatísticas da renda nacional; ou
h) regulamentar as atividades das entidades.

---

[1] Por brevidade, utilizaremos a expressão resumida *Análise de Balanços* daqui em diante, como equivalente da mais longa.

Assim, para efeito deste livro, incluímos na expressão *Análise de Balanços* não apenas o *Balanço Patrimonial,* propriamente dito, como também a *Demonstração dos Resultados do Exercício.* Atenção também será dedicada à *Demonstração de Fontes e Usos de Capital de Giro Líquido* (Origens e Aplicações de Recursos), bem como, subsidiariamente, à *Demonstração das Mutações do Patrimônio Líquido.* Todas as demonstrações e relatórios contábeis podem ser úteis à análise (o Fluxo de Caixa também é de grande utilidade).

2.2 IMPORTÂNCIA DA ANÁLISE DE BALANÇOS NA GESTÃO EMPRESARIAL E NA AVALIAÇÃO DE TENDÊNCIAS POR PARTE DOS USUÁRIOS

A necessidade de analisar demonstrações contábeis é pelo menos tão antiga quanto a própria origem de tais peças. Nos primórdios da Contabilidade, quando esta se resumia, basicamente, à realização de inventários, o "analista" se preocupava em anotar as variações quantitativas e qualitativas das várias categorias de bens incluídos em seu inventário. É muito provável que já realizasse algum tipo de análise *horizontal* ou *vertical*. Suponha que o criador de rebanhos *Ukr Semanthal* tivesse levantado os inventários a seguir transcritos:

	Ano de 3689 a.C. dia da Terceira Lua Cheia	Ano de 3688 a.C. dia da Terceira Lua Cheia
Cabras	1.100	1.155
Vacas	300	380
Carneiros	50	40

Admitamos a não existência de moeda (entretanto, não deixaria de haver troca). Por exemplo, o criador poderia estabelecer uma homogeneização de seu rebanho total, expressando tudo em termos de vacas. Se cada vaca pudesse, na época, ser trocada por 10 carneiros ou 11 cabras, poderíamos expressar o inventário em termos de vacas. Assim, é como se o criador possuísse:

	Inventário inicial	Inventário final
"Vacas"	405	489

Mesmo dispondo apenas de rudimentares noções de cálculo, o criador percebeu que sua "riqueza" havia aumentado em cerca de 21%.

Esta é uma espécie de *análise horizontal,* isto é, avalia-se a variação de período a período, de um item qualquer do balanço. Apesar da simplicidade do problema, não deixa de se constituir num exemplo de um dos aspectos da análise de balanços.

Certamente, a apreciação da evolução poderia ter sido feita comparando-se a variação de cada espécie de animal dentro do rebanho, sem se recorrer à homogeneização.

A dificuldade maior, no caso, residiria na *análise de porcentagens* ou *análise vertical.* Assim, no primeiro inventário, o total de itens é de 1.450 e no segundo inventário, de 1.575. Denominar tais totais de 100% e calcular quanto representa cada item individual (cabras, vacas ou carneiros), em relação ao total, tem um valor apenas relativo, pois as quantidades não representam grandezas homogêneas. Mesmo assim, provavelmente a informação ainda poderia ser de algum interesse, pois se o criador pudesse antecipar uma mudança futura nos relacionamentos de troca entre os vários animais, digamos, se o carneiro passar a "valer" mais quantidades de vaca, poderia tomar medidas para aumentar a participação relativa dos carneiros sobre os demais componentes do rebanho.

Adicionalmente, ainda recorrendo ao "equivalente-vaca", outro tipo de cálculo poderia ser realizado. Tomemos apenas o primeiro inventário como exemplo:

Inventário Original		Inventário Original expresso em termos de vacas	%
Cabras	1.100 ⇔	100	25
Vacas	300 ⇔	300	74
Carneiros	50 ⇔	5	1
TOTAL	1.450 ⇔	405	100

Desta forma, avaliaríamos o estoque de cabras em cerca de 25% da potencialidade de mercado total do rebanho; o de vacas, em 74%, e o de carneiros seria praticamente irrelevante.

Assim, o homem primitivo já aplicava noções rudimentares de análise de balanços ou, mais simplesmente, de análise.

Os bancos, a partir da segunda metade do século XX, se utilizaram com mais frequência da análise de balanço através de quocientes para relacionar os valores a receber com os valores a pagar com a intenção de determinar de forma aritmética o risco envolvido em emprestar dinheiro para as empresas.

Obviamente, o surgimento dos bancos governamentais de desenvolvimento, regionais ou nacionais, em vários países, deu grande desenvolvimento à análise de balanços, pois tais entidades normalmente exigem, como parte do projeto de financiamento, uma completa análise econômico-financeira.

O relacionamento entre os vários itens do balanço e das demais peças contábeis publicadas também é de grande interesse para os investidores, de maneira geral. Numa economia de mercado bastante desenvolvida, uma razoável parcela dos motivos que levam o investidor a adquirir ações da empresa A e/ou da empresa B reside nos resultados da análise realizada com relação aos balanços das empresas, demais peças contábeis (Demonstração de Resultado – DRE, Demonstração do Valor Agregado – DVA, Demonstração do Fluxo de Caixa – DFC e a Demonstração das Mutações do Patrimônio Líquido – DMPL) e avaliação das perspectivas do empreendimento (carta da administração e as notas explicativas, por exemplo). Claramente, nunca houve um caso conhecido em que o investimento tivesse sido realizado apenas baseado nos resultados das análises contábeis da empresa. Mas também não é conhecido caso de sucesso a longo prazo no investimento em ações em que a análise de relacionamentos contábeis não desempenhe algum papel, como infraestrutura de uma análise fundamentalista.

Assim, torna-se claro por que as peças contábeis são elementos quase que familiares para muitas pessoas, nos países mais desenvolvidos. É que a ampliação da qualidade e quantidade de investidores e a democratização do acesso à participação acionária nas empresas são características das economias de mercado mais desenvolvidas; fatalmente, havendo mais e mais desenvolvimento, mais se realça a importância da análise financeira e contábil em particular, e da Contabilidade em geral.

Mas, se uma boa análise de balanços é importante para os credores, investidores em geral, agências governamentais e até acionistas, ela não é menos necessária para a gerência: apenas o enfoque e, possivelmente, o grau de detalhamento serão diferenciados. Para a gerência, a análise de balanços faz mais sentido quando, além de sua função de informar o posicionamento relativo e a evolução de vários grupos contábeis, também serve como um "painel geral de controle" da administração. Neste sentido, podemos construir uma série de indicadores financeiros e avaliar sua evolução em espaços de tempo mais curtos, digamos, mês a mês. Ou alguns indicadores serão acompanhados mês a mês, outros, quinzena a quinzena, outros, ainda, semanalmente e outros até diariamente. Por exemplo, a porcentagem de disponibilidades sobre o ativo global, se existir um indicador prévio de qual a porcentagem ideal ou adequada, pode ser monitorizada até diariamente. Entretanto, como não é muito comum conseguirmos obter uma composição diária do ativo total, é mais provável que controlemos o nível absoluto de disponibilidades diariamente. A taxa desejada de retorno sobre o investimento pode ser comparada com a efetivamente obtida no final de cada ano. Em alguns sistemas, entretanto, o acompanhamento pode ser até mensal. Por outro lado, a gerência estará sempre atenta ao desempenho da empresa com relação a seus concorrentes. Claramente, isto exige a compilação de muitos dados e informações publicados de forma esparsa. Quando nos utilizamos de um instrumento do tipo *Melhores e Maiores* (publicação da Editora Abril sobre os principais índices das principais empresas brasileiras) ou *Valor1000* (publicação da Valor Econômico que destaca as 1.000 maiores empresas do ano), é preciso sabermos bem sobre a técnica e as limitações de análise implícitas no modelo. Acreditamos que em toda empresa de médio para grande porte deveria existir um setor de análise de competidores e estudo de tendências, o qual deveria agregar profissionais de várias especializações e não apenas economistas, como hoje frequentemente é feito.

Alguns administradores de empresa chegam a admitir que a mesma deveria montar um verdadeiro sistema de informações, não somente no que se refere aos concorrentes, mas também no que se refere a todos os grupos de pessoas e interesses externos à empresa que possam ter ou vir a ter influência sobre a empresa, em virtude de mudanças em suas orientações e comportamentos. Assim, os concorrentes seriam apenas um grupo, os fornecedores poderiam ser outro, as agências governamentais outro e assim sucessivamente. Na verdade, sabemos muito bem que mudanças de comportamento nos gostos dos consumidores, por exemplo, refletem em mudanças para uma empresa, para um grupo e até para um setor. Este é o caso mais dramático, entretanto. A empresa precisa estar atenta a todas as mudanças externas que possam vir a atingi-la, já que é considerada um sistema aberto que interage com seu ambiente repleto de riscos e vieses. O acompanhamento das tendências e do desempenho financeiro e de rentabilidade da concorrência é essencial para a empresa "situar-se" no mercado, saber em que ponto da curva se encontra e, o fundamental, decidir se está satisfeita com a posição ocupada ou se pretende desempenho mais ambicioso.

Em alguns casos, a comparação deverá ser possível apenas com outras poucas empresas, no país ou até no exterior.

Adicionalmente, as empresas poderão desejar não somente comparar-se com relação a seus concorrentes, mas também fixar uma medida de tendência de longo prazo à qual o comportamento de certo índice deva-se ater.

A longo prazo, por exemplo, poderíamos fixar que a empresa deveria desenvolver-se à taxa média de desenvolvimento da economia como um todo, ou do setor, e expressar essa *taxa de desenvolvimento* provavelmente em função de algum tipo de "retorno". Seria um quociente relacionando o lucro com algum conceito de investimento.

Por outro lado, em certas situações, a empresa pode construir um modelo de comportamento ideal para o setor a que pertence e comparar o perfil da empresa com o ideal do setor.

A análise de balanço não se restringe apenas às empresas de direito privado que visam lucros, sua metodologia de quocientes e índices pode ser tranquilamente adaptada para as entidades sem fins lucrativos do terceiro setor, bem como às empresas governamentais de direito publico e autarquias, haja vista que são entidades as quais os gestores se utilizam de recursos de terceiros, e a essência de sua responsabilidade (*accountability*) (NAKAGAWA, 2009, p.18) é a obrigação pela execução das atividades e prestação de contas dos resultados obtidos. A autoridade pode ser delegada, mas a responsabilidade de seus atos e a prestação de contas não.

2.3 CONCEITUAÇÃO DE ANÁLISE DE BALANÇOS

Podemos afirmar que análise de balanço se caracteriza como a "arte de saber extrair relações úteis, para o objetivo econômico que tivermos em mente, dos relatórios contábeis tradicionais e de suas extensões e detalhamentos, se for o caso". Consideramos que a análise de balanços é uma arte, pois, embora existam alguns cálculos razoavelmente formalizados, não existe forma científica ou metodologicamente comprovada de relacionar os índices de maneira a obter um diagnóstico preciso. Ou, melhor dizendo, cada analista poderia, com o mesmo conjunto de informações e de quocientes, chegar a conclusões ligeiras ou até completamente diferenciadas. É provável, todavia, que dois experientes analistas, conhecendo igualmente bem o ramo de atividade da empresa, cheguem a conclusões bastante parecidas (mas nunca idênticas) sobre a situação atual da empresa, embora quase sempre apontariam tendências diferentes, pelo menos em grau, para o empreendimento.

2.4 CONDIÇÕES NECESSÁRIAS PARA UM BOM ENTENDIMENTO DA ANÁLISE DE BALANÇOS

Existe um conjunto de informações e conhecimentos básicos necessários para um entendimento mais profundo das vantagens e limitações da análise de balanços. Um dos fatores mais importantes é entender as premissas básicas contábeis que determinam a forma pela qual os próprios demonstrativos objetos de análise são elaborados. São os denominados *Princípios de Contabilidade*.

Analisaremos, no próximo capítulo, o *Sistema de Informação Contábil e os Princípios*.

RESUMO DO CAPÍTULO

Basicamente, o anseio de analisar os demonstrativos contábeis, e de seus relacionamentos numéricos extraírem indicações de importância para determinado interesse decisório de ordem econômica, é tão antigo quanto a existência da Contabilidade. A expressão "Análise de Balanços" deve ser entendida em sentido amplo, incluindo os principais demonstrativos contábeis e outros detalhamentos e informações adicionais que sejam necessários (por exemplo, no caso de a análise destinar-se à administração da empresa). Depreende-se que a análise de balanços tem valor somente à medida que o analista:

- *estabeleça uma tendência (uma série histórica) dentro da própria empresa;*
- *compare os índices e relacionamentos realmente obtidos com os mesmos índices e relacionamentos expressos em termos de metas;*
- *compare os índices e relacionamentos com os da concorrência, com outras empresas de amplitude nacional ou internacional.*

É preciso, por outro lado, destacar que a Análise de Balanços é uma arte, pois não existe um roteiro padronizado que determine sempre as mesmas conclusões, dentro das mesmas circunstâncias. Adicionalmente, a análise de balanços, pela sua natureza financeira, apresenta limitações, as quais serão sempre lembradas.

Sistema de Informação Contábil e os Princípios de Contabilidade

3.1 CONTABILIDADE COMO SISTEMA DE MENSURAÇÃO E INFORMAÇÃO

Jaedicke e Sprouse, em seu livro *Fluxos contábeis*, Editora Atlas, p. 20 a 25, definem com bastante propriedade o sistema de mensuração contábil. Na verdade, trata-se de um sistema de informação que inclui um sistema de mensuração como parte do processamento. Os referidos autores consideram que, comandando todo o sistema de mensuração contábil (e de informação), existe o que eles denominam de *Política Contábil – Determinação dos Conceitos, Definições etc.* – que é a base do sistema de medição (Informação).

Referindo-se ao assunto, os citados autores comentam, à página 24: "O sistema de informações (contábil) da firma dependerá da combinação das opções de mensuração que forem escolhidas. Logo, o problema de política contábil deve ser resolvido como condição necessária para fazer o sistema funcionar [...] Antes que um sistema possa ser estabelecido [...] o conceito de renda deve ser definido, e os princípios de mensuração apropriados para tal conceito devem ser escolhidos (UEPS *versus* PEPS, custo de substituição *versus* custo histórico etc.)."

Ora, esta é a área de política contábil, compreendida pelos princípios de Contabilidade, que passaremos a estudar. Como os próprios referidos autores afirmam, mais adiante, "a utilidade e a eficácia de qualquer instrumento de análise são, via de regra, aumentadas à medida que o usuário se familiariza com ele [...] A eficiência com que o administrador financeiro pode usar dados contábeis e analisá-los variará na razão direta de sua compreensão dos conceitos, das definições e dos princípios de mensuração sobre os quais repousam os dados".

Isto vem reforçar a necessidade de entendermos as raízes profundas e os motivos que fizeram com que os demonstrativos contábeis fossem o que são.

Mas o sistema de informação contábil, embora comandado obviamente pela política contábil (princípios contábeis), contém outras fases que passaremos a enunciar, sempre segundo os citados autores:

- *Fase de Coleta dos Dados*
- *Fase de Ajustes*
- *Saídas do Sistema*

Esta última fase é de particular interesse para as nossas finalidades.

As *saídas* do sistema contábil podem ser classificadas em quatro categorias:

1. Relatórios sobre a posição financeira em determinado momento (exemplo: Balanço Patrimonial).
2. Relatórios sobre mudanças (Fluxos) durante determinado período (Demonstrativos de Fluxos).
   2.1 Demonstração de Resultados.
   2.2 Demonstração dos Fluxos de Caixa.
3. Dados para planejamento e controle de lucro, principalmente dados e relatórios de orçamento, de experiência real em comparação com previsões de orçamento.
4. Dados para estudos especiais que podem ser necessários a decisões relativas a investimentos de capital, combinação de produtos etc.

Os autores alertam que as saídas 1 a 3 são bem definidas com antecedência e repetitivas por natureza, e que os sistemas de informação contábil tendem a ser desenhados para a produção dessas saídas. Por conseguinte, os sistemas contábeis são, não raro, pouco eficientes na produção da saída 4.

Consideremos que a análise de balanços esteja intimamente associada com o entendimento e o uso dos relatórios do tipo 1 e 2, não sendo anormal, todavia, a utilização de saídas do tipo 3, principalmente na análise de balanços para finalidades gerenciais (usuário interno). Uma extensão total do conceito de análise como um *painel geral de controle* poderia chegar ao estabelecimento de *padrões* para orçamento de capital, decisões do tipo fabricar *versus* comprar (custo de oportunidade) etc., padrões com os quais os índices reais seriam comparados.

A análise de balanços, todavia, repousa, essencialmente, em índices extraídos de relatórios contábeis tradicionais, ao passo que certas decisões do tipo *substituição de equipamento* repousam no fornecimento de informações do tipo *fluxos futuros descontados de caixa, custos de oportunidade etc.*, normalmente não retratados *a posteriori* nos relatórios contábeis (depois que foram realizados).

Aqui é preciso qualificar, com algumas noções acessórias, a parte do sistema que diz respeito à *política contábil*, a que mais nos interessa para este livro.

Se estivermos interessados nos balanços e demonstrações contábeis como analistas externos à empresa, o sentido da expressão *política contábil* deve ser associado aos *princípios*. Isto é, todas as saídas do sistema financeiro, principalmente se a empresa for auditada por auditores independentes (SA e as empresas de Grande Porte – EGP), deverão ater-se aos princípios contábeis. Todavia, dentro de um mesmo princípio (por exemplo, o do custo como base de valor), vários critérios estão, às vezes, à disposição da empresa e atendem ao princípio; é o caso dos métodos de avaliação de estoques conhecidos como PEPS, MÉDIA PONDERADA e UEPS; este último não é aceito pela legislação fiscal brasileira, o que não quer dizer que não possa ser utilizado para finalidades gerenciais e até de contabilidade financeira, desde que, para efeito de tributação, sejam processados os necessários ajustes, em relatórios à parte, no fim do período. Estas formas de avaliação de estoque, embora filiadas ao mesmo princípio geral do Custo como Base de Valor, podem ser escolhidas, e a aplicação de uma ou outra irá promover resultados sensivelmente diferenciados para o lucro mercantil, para a mesma massa de operações e dados.

O conhecimento, portanto, dos princípios gerais e das normas contábeis segundo os quais os demonstrativos contábeis (financeiros) são elaborados precisa ser *temperado* pelo conhecimento de algumas *convenções* que qualificam tais princípios, pelo conhecimento de usos, costumes e práticas tradicionais em cada ramo de atividade e por uma adequada compreensão de todas as informações adicionais e complementares que as demonstrações contábeis podem retratar.

Entretanto, embora admitindo certa liberdade de manobra no âmbito dos princípios contábeis, os relatórios emanados da contabilidade financeira (e de uso do analista externo) não poderão deixar de se basear em tais princípios; ou, então, a gama de exceções e de desvios deve ser perfeitamente enumerável e controlável. Já o mesmo não se pode dizer, a rigor, de certos sistemas de informação gerencial mais avançados que chegam a neles inserir conceitos como *custos de reposição, custos de oportunidade, custos e receitas marginais* etc. Neste caso, o analista interno (análise de balanços para a administração) deverá estar perfeitamente a par dos conceitos de lucro admitidos e das mensurações necessárias, a fim de adequar suas análises aos novos conceitos introduzidos no sistema. No caso de uma empresa que, habitualmente e de maneira consistente, corrige os demonstrativos financeiros pelas variações do poder aquisitivo da moeda, o analista deverá, obviamente, calcular os índices e quocientes com base nos valores corrigidos e compará-los aos índices e quocientes calculados com base nos valores originais, bem como explicar à gerência o sentido das variações. O mais difícil, entretanto, é quando tais conceitos não são explicitamente admitidos (mesmo que paralelamente aos conceitos tradicionais) no sistema, mas vagamente manipulados ora por este ora por aquele gestor, em condições subjetivas e pessoais. Nesse caso, o contador deverá cuidadosamente alertar estes gestores de que estas análises se baseiam em relatórios informais não elaborados conforme as práticas e normas contábeis, a fim de, inclusive, delimitar sua responsabilidade profissional.

Pelo fato de o número de conceitos alternativos ser muito grande na contabilidade gerencial, nossa análise neste texto se deterá preferencialmente nos *Princípios de Contabilidade*, o que, vale dizer, terá maior validade para os analistas externos, bem como para os demais usuários das informações das demonstrações contábeis (financeiras) das empresas sociedade anônima (SA), de grande porte (IGP) e a de Pequeno e Médio Porte (PME).

Observe-se, entretanto, que o simples fato de os relatórios sumarizados financeiros representarem a cúpula do processo de contabilidade financeira não significa que não apresentem interesse para os gestores.

Certos parâmetros básicos, como, por exemplo, o retorno sobre o patrimônio líquido, sempre haverão de basear-se nos relatórios financeiros tradicionais. Assim, a análise dos princípios contábeis também é importante para finalidades gerenciais, pelo menos para os gestores conhecerem bem as diferenças entre os conceitos frequentemente usados na empresa (custos e receitas marginais, custos de oportunidade etc.), para certas decisões, e os conceitos usuais da Contabilidade.

3.2 PRINCÍPIOS CONTÁBEIS – ABORDAGEM CONCEITUAL

3.2.1 Introdução

Para melhor entender a natureza dos princípios contábeis é preciso, antes, entender a natureza da própria Contabilidade. Sem a pretensão de definirmos a disciplina, pode-se observar claramente que, na empresa, sua função principal é a mensuração do lucro e o reporte da posição patrimonial em determinados momentos. De qualquer maneira, o esforço em acompanhar a evolução do patrimônio das entidades está sempre presente na Contabilidade. Teve de valer-se a Contabilidade, portanto, de conceitos trazidos da Economia, como *capital, renda, consumo* (despesa); outros conceitos derivaram do Direito e outros ainda da Administração da Produção, apenas para citar três das principais ligações contábeis. Isto dá uma ideia da dificuldade da missão contábil. É, basicamente, um processo de mensuração de alguns conceitos derivantes de outras disciplinas, principalmente da economia. Por outro lado, as formas de atividade econômica têm sido amplamente influenciadas, no decorrer dos tempos, pelas instituições sociais, políticas, religiosas e até por usos e costumes de cada época. No início do século XV, era comum aparecer no ativo imobilizado das empresas uma conta do tipo "Marta-Nossa Escrava", pois, efetivamente, os escravos eram propriedade do empreendimento e eram registrados pelo valor de aquisição. Por outro lado, raramente apareciam consignadas no demonstrativo de resultado receitas ou despesas de juros, pois tal prática era severamente condenada pela Igreja, na época.

Deve-se entender, portanto, que certos conceitos que regem a Contabilidade são mutáveis, parcial ou totalmente, no tempo e no espaço, adaptando-se às peculiaridades econômicas, institucionais, políticas e sociais de cada época e, às vezes, observando peculiaridades de cada país. É claro que outros são imutáveis, como o princípio da dualidade, cuja evidenciação contábil resume-se no método das partidas dobradas. Ainda assim, a forma de consubstanciar as partidas dobradas, por exemplo, pode alterar-se. Um lançamento contábil pode ser feito: em forma de registro no livro Diário, no Razão de folhas soltas, numa representação didática de razonete em T, num cartão perfurado ou mesmo numa matriz.

A própria Comissão de Procedimentos de Auditoria do Instituto Americano de Contadores Públicos Certificados, em seu Boletim n° 33, página 41 (Tradução do Dr. Jorge Fischer Júnior e editado pelo ICPB, atual IAIB), assevera que "os princípios de contabilidade geralmente aceitos evoluem e sofrem modificações. Os pronunciamentos feitos por comissões autorizadas do Instituto Americano dos Contadores Públicos Certificados reconhecem estas mudanças. A primeira norma do parecer reconhece que o auditor independente está alerta para esses pronunciamentos. Outrossim, ele deve estar atento às modificações que se tornam aceitáveis através do uso generalizado nos negócios, embora não sujeitas a pronunciamento do Instituto".

Sob a denominação genérica de *Princípios e Convenções Contábeis*,[1] englobam-se, na verdade, se analisarmos o problema de um ponto de vista mais rigoroso, axiomas e postulados, princípios propriamente ditos, normas e procedimentos. Trataremos o todo sob o manto de "princípios" (as diretrizes mais gerais) e "convenções" (as normas e procedimentos que qualificam e delimitam a aplicação dos princípios).

A formação dos princípios contábeis deveu-se preferencialmente a respostas graduais que os contadores foram desenvolvendo, ao longo dos séculos, a problemas e desafios formulados pelas necessidades práticas. Na verdade, muitos princípios representam a "explicação científica" de normas e procedimentos que foram, primeiro, utilizados na prática, para em seguida serem racionalizados em teoria. Tentativas recentes, contudo, seguem um caminho inverso, ou seja, procura-se axiomatizar a teoria contábil numa série de premissas básicas bem gerais que somente em seguida serão testadas na prática.

Um princípio para se tornar "geralmente aceito" precisa ser reconhecido pelo consenso profissional (ou legal) como:

---
[1] Muitos autores preferem a expressão *Princípios Fundamentais de Contabilidade*.

- útil (relevante);
- objetivo;
- praticável.

As maiores discussões giram em torno da utilidade ou relevância desse ou daquele princípio, pois tal utilidade depende, em grande parte, dos objetivos que se pretendem alcançar através dos relatórios financeiros e da perspectiva dos vários usuários da informação contábil.

Assim, demonstrativos avaliados a custos históricos podem ser relevantes para finalidades de auditoria e como reporte do retorno do dinheiro originariamente investidos, mas podem ser irrelevantes como elemento preditivo para o investidor. É apenas um exemplo das divergências que podem existir ao escolhermos uma base de avaliação para a Contabilidade.

Frequentemente, os contadores têm sido conservadores na escolha dos princípios, pois estão premidos por vários fatores, a saber:

- necessidade de objetividade;
- os custos dos sistemas de informação contábil não podem ser muito altos, caso contrário a contabilidade entraria numa "faixa de concorrência" indesejável com outras técnicas;
- a profissão e a disciplina devem manter uma posição de neutralidade com relação aos proprietários, administradores e investidores. Esta posição de neutralidade frequentemente significa um reforço adicional ao conservadorismo na descrição da situação financeira e patrimonial da empresa, pois é preciso "esfriar" o frequente e compreensível excesso de otimismo por parte dos administradores e proprietários do empreendimento;
- frequentemente, as normas fiscais que afetam a contabilidade tendem a nivelar por baixo o grau de relevância que, com maior grau de criatividade e independência, a contabilidade poderia atingir. Por exemplo, por uso e costume a empresa normalmente reconhece entre 3 a 5% as provisões para créditos de liquidação duvidosa (PCLD) sobre os saldos de contas a receber. Muitas empresas não se dão ao trabalho de verificar a porcentagem real, estatisticamente comprovada, das perdas com relação às vendas. Por "comodismo" e inércia embarcam nestes X% e podem, com isso, estar distorcendo os resultados da empresa e dando uma visão errônea, pelo menos em determinado exercício, da situação da empresa para o público.

Como resultado de todas estas "restrições", os contadores têm dado mais peso à objetividade e praticabilidade de um princípio do que à sua relevância, mesmo porque frequentemente os princípios que poderiam parecer os mais úteis (por exemplo, balanços levantados a valores de mercado) são os mais trabalhosos de serem aplicados e os que dão margem a maior perda de objetividade.

Analisaremos, resumidamente, os mais importantes princípios e convenções contábeis:

Princípios

- da Entidade;
- da Continuidade;
- do Custo Histórico como Base de Registro Inicial;
- da Realização da Receita;
- da Competência dos Exercícios;
- do Denominador Comum Monetário.

Convenções

- da Objetividade;
- do Conservadorismo (Prudência);
- da Materialidade (Relevância);
- da Consistência (Uniformidade).

3.2.2 O princípio da entidade

Este princípio tem uma concepção original, vinda do Direito, com consequências econômico-contábeis, e uma extensão mais moderna de natureza econômico-operacional, obviamente também com reflexos contábeis.

Sob o primeiro aspecto, configura-se que a Contabilidade e os registros respectivos são mantidos para as *entidades*, como pessoas distintas dos sócios, sejam pessoas físicas ou jurídicas. Nesta concepção, o ativo, o passivo e o patrimônio líquido pertencem à *entidade*. Os sócios não têm direito real a parcelas do patrimônio líquido até que a Assembleia, os Estatutos Sociais ou a Lei destinem uma parte dos lucros à distribuição ou o sócio se retire da sociedade.[2] Por outro lado, os contadores devem efetuar esforços ingentes de apropriação, em casos extremos. Por exemplo, numa firma individual, o proprietário pode retirar fisicamente dinheiro do próprio bolso para pagar uma fatura da empresa. Todavia, a Contabilidade da empresa registrará o fato como

---

[2] Entretanto, nem a Assembleia nem os Estatutos podem privar o acionista do direito de participar dos lucros (artigo 109 da Lei nº 6.404, de 15-12-1976). O artigo 132 da mesma Lei atribui à AGO a capacidade de deliberar sobre a destinação do lucro líquido do exercício e a distribuição de dividendos. A AGO, em última análise, é o órgão volitivo, pois mesmo o dividendo obrigatório (tratado no artigo 202 da referida Lei) deixa de sê-lo nas condições apresentadas no § 4º.

saída do "Caixa" da empresa (ou primeiramente, como empréstimo do proprietário à empresa para em seguida a empresa pagar a despesa).

Numa sociedade familiar, marido e mulher podem explorar uma pequena atividade comercial e morar no mesmo prédio no qual a empresa negocia. Pagam contas de luz, água, aluguel, impostos etc. para o prédio como um todo. Qual a parcela que deverá ser atribuída como despesa da empresa e qual a das pessoas físicas? Embora nem sempre seja fácil responder a esta pergunta, a Contabilidade procurará atribuir uma parcela equitativa para as pessoas físicas e outra para a jurídica e não toda a carga a uma só delas.

Sob o segundo aspecto, o princípio da entidade deve ser entendido numa conotação mais complexa, isto é, desde que determinado setor da empresa (centro de lucro) seja capaz de adicionar utilidade aos fatores, contribuindo para a apuração de um lucro, também merecerá um reporte individualizado por parte da Contabilidade. A condição é que os departamentos sejam substancialmente independentes uns dos outros e que os departamentos comprador e vendedor tenham a opção de adquirir e vender no mercado. Nesse caso, os departamentos constituem subentidades contábeis distintas.

Ampliaríamos ainda mais o conceito, dizendo que todo setor, departamento, núcleo operacional (que, a juízo da gerência, for tão crítico ou importante que mereça um reporte separado de custos ou de receitas e custos) pode ser considerado como uma subentidade contábil, dentro de uma entidade maior. O conceito pode ser aplicado também aos conglomerados contábeis. Um balanço consolidado também representa um aspecto particular da entidade contábil.

Assim, a disposição da apresentação da equação do patrimônio é muito mais indicativa e importante do que poderia parecer à primeira vista.

Ativo – Passivo = Patrimônio Líquido (Proprietário) é uma apresentação que simboliza a *Teoria do Proprietário,* na qual as obrigações são deduções dos ativos possuídos pelo proprietário e, logicamente, o patrimônio líquido é do proprietário.

Ativo = Passivo é conotação da *Teoria da Entidade,* na qual os direitos dos acionistas sobre o patrimônio líquido estão restritos à parcela declarada como distribuível pela assembleia e a outras restrições legais, pelo menos na continuidade das operações.

Fundos Aplicados = Fundos Obtidos é conotação da *Teoria do Fundo,* segundo a qual os passivos (fundos obtidos) são restrições econômicas, institucionais e legais sobre o uso do ativo. Esta abordagem tem significativas aplicações nas entidades de finalidades não lucrativas.

O princípio da entidade é de grande validade, e a aceitação da personalidade própria da entidade, distinta da dos sócios que a compõem (mesmo que o dono seja um só), representa um dos grandes marcos históricos da Contabilidade.

3.2.3 O princípio da continuidade

A continuidade das atividades operacionais de uma entidade deve ser presumida indefinida pela Contabilidade, até que surjam evidências em contrário bastante fortes, tais como: histórico persistente de prejuízos, iminência de liquidação judicial ou extrajudicial etc.

A Contabilidade, portanto, gosta de analisar e "ver" a empresa como "algo em movimento" continuado (*going concern*), com investimentos, consumos, poupanças, reinvestimentos e assim por diante.

A aceitação desta premissa é muito importante, pois irá condicionar o sistema de avaliação da Contabilidade. O raciocínio é simples: se a descontinuidade não é aceita (a não ser em casos extraordinários), então as formas de avaliação adequadas para casos de liquidação não são aceitas como *base normal* de avaliação do ativo. Ora, claramente o tipo de valor relevante numa liquidação é um *valor de realização*, um *valor de venda*, um *valor de saída*, portanto. Entretanto, como a liquidação não é a norma, o *valor de saída* não poderá ser a norma na Contabilidade, mas sim um *valor de entrada*, um custo (original, original corrigido ou de reposição), com exceção dos produtos para revenda e, talvez, dos títulos adquiridos para rendimento (não para controle), casos em que um valor de saída ainda seria mais aconselhável (porém, às vezes, não possível, devido a incertezas quanto ao exato valor de venda e quanto às despesas a serem incorridas até a venda).

Na hipótese da continuidade, a empresa é vista como um mecanismo voltado a adicionar valor aos recursos que utiliza, e o sucesso da empresa é mensurado, basicamente, pelo valor das "Vendas" ou "Serviços" *menos* os custos dos recursos utilizados (consumidos) no esforço de produzir a Receita.

Portanto, recursos adquiridos mas ainda não utilizados são evidenciados pelo seu custo e não pelo valor que a empresa poderia obter vendendo-os. O valor corrente de revenda é, usualmente, irrelevante, pois presume-se que os recursos não serão vendidos como se encontram, mas serão usados na criação de produtos e de serviços.

Boa parte dos autores e o consenso oficial da profissão consideram que uma consequência da continuidade é a adoção, como norma geral de avaliação do ativo, do custo histórico. Consideramos por demais restritiva esta interpretação, pois parece-nos mais adequado dizer que a consequência do princípio da continuidade deveria ser a adoção de um *valor de entrada*. Entretanto, temos vários tipos de valor de entrada, dentre os quais: custos históricos, custos correntes e de reposição, valor realizável líquido menos margem normal de lucro (originariamente, este último é um valor de saída; subtraindo-se, porém, a margem de lucro, aproxima-se de um valor de entrada) etc.

3.2.4 O princípio do custo histórico (original) como base de registro inicial

Um ativo é incorporado nos registros contábeis pelo preço pago para adquiri-lo (mais os desembolsos necessários para colocá-lo em condições de funcionamento ou de venda) ou pelo custo dos insumos utilizados para fabricá-lo; este valor é a base para todas as contabilizações subsequentes relativas ao uso do ativo.

Os processos de amortização, depreciação e depleção são, portanto, alocações de custos (de ativos) para despesa dos períodos, de forma sistemática e racional. Em alguns casos, a norma geral será qualificada (parcialmente alterada) pela regra "custo ou mercado dos dois o menor", muito comum em inventários e títulos negociáveis. (Esta última regra está filiada à convenção do Conservadorismo, como veremos mais adiante.)

Alguns países, normalmente por legislação de agências governamentais, admitem a correção do ativo fixo e de algumas outras contas ou grupos pelas variações do poder aquisitivo da moeda ocorridas desde a data de compra ou fabricação do ativo até a data dos demonstrativos contábeis. Teremos, então, um custo histórico corrigido. Não se trata, propriamente, de uma invalidação da regra geral, mas da "restauração" dos custos históricos por um índice geral de preços (não confundir com custos de reposição).

O resultado da adoção do princípio do custo histórico é que o balanço não representa o valor corrente do patrimônio, mas sim *quanto custaram,* na data da transação, seus componentes, do lado do Ativo e os *fundos cometidos,* do lado do Passivo.

De certa forma, portanto, a aceitação deste princípio decepciona os que desejariam observar, através dos demonstrativos contábeis, o retrato atualizado, em termos de valor (e mesmo de custo), da empresa.

O princípio do custo histórico como base de registro inicial é um bom exemplo do dilema que os contadores enfrentam para equilibrar a satisfação dos três parâmetros fundamentais da aceitabilidade de qualquer princípio, a saber: utilidade (relevância), objetividade e praticabilidade.

Se a utilidade fosse o único fator a ser observado, é possível que o princípio não fosse aceito, pois grande número de agentes decisórios prefere uma descrição do balanço em termos correntes a uma descrição do balanço em termos de valores históricos.

O conceito visto, portanto, indica a vontade por parte de quem edita os princípios contábeis de sacrificar algum grau de utilidade em troca de maior objetividade e praticabilidade.

3.2.5 O princípio da realização da receita

Um dos problemas fundamentais do sistema de mensuração contábil é definir *quando* a receita deve ser reconhecida contabilmente. Sabemos que, sob um enfoque econômico, o valor adicionado aos fatores pelo processo produtivo e de distribuição acumula-se continuamente ao longo do processo, embora não se conheça o comportamento exato da função "valor adicionado", se definida dessa forma. A Contabilidade, como sistema de mensuração, precisa escolher em cada caso o ponto do processo mais adequado para o "reconhecimento" da receita. No fundo, reconhecimento de receita implica reconhecimento de lucro (ou prejuízo) e, portanto, receita e despesa são duas facetas de um mesmo problema geral, embora, no tempo, primeiro se reconheça a receita e, em seguida, a despesa, direta ou indiretamente associada.

Existem algumas condições básicas para que a receita possa ser reconhecida:

a) é preciso que exista uma avaliação de mercado objetivamente verificável para o produto ou serviço;
b) o esforço, em termos de cumprimento de etapas básicas do produto ou da prestação do serviço, precisa ter-se desenvolvido totalmente;
c) é necessário que tenhamos condições de estimar, com apreciável grau de precisão, as despesas associadas ao ganho das receitas, de cujo reconhecimento estamos tratando.

A observância de tais condições é muito mais indicadora das circunstâncias nas quais poderemos reconhecer receita ou não, do que uma listagem exaustiva das exceções, juntamente com a regra. Podemos dizer, apenas, que a regra geral consiste em se considerar a receita "ganha" e, portanto, reconhecível, quando produtos ou serviços são colocados "à disposição" do cliente. A fim de podermos colocar serviços ou produtos à disposição, é necessário, antes de mais nada, que tenham sido completados. Podemos notar que as três condições são observadas plenamente na regra geral: existe um preço de transferência dos produtos ou serviços perfeitamente determinado, acertado entre as partes e verificável em várias fontes: contrato (se existir), nota fiscal (quando da entrega do produto), fatura etc.; o esforço em produzir e distribuir o produto ou serviço foi integralmente desenvolvido; e, tendo sido a produção já terminada, conhecemos seu custo, bem como temos condições de prever, na maioria dos casos, os desembolsos futuros que derivam da venda presente (gastos com serviços de garantia, devedores insolváveis, desembolsos com comissões a vencedores pela venda ora efetuada etc.). É preciso, portanto, ter condições de reconhecimento dos desembolsos, mesmo os ocorridos após o ponto de venda, mas que, pela competência, são gerados ou associados à venda. Uma comissão pode ser paga posteriormente à venda, todavia, deveremos reconhecê-la no mesmo período em que é reconhecida a venda.[3]

Numa análise de balanços é preciso atentar para os critérios utilizados por uma empresa para o reconhecimento de suas receitas, para não somente permitir cálculo de índices significativos para a empresa em si, como também permitir comparações entre empresas do setor. Se algumas empresas de construção, digamos, utilizam para reconhecimento da receita (e do lucro) o ponto de entrega da unidade imobiliária, enquanto outras já reconhecem a receita à medida que o imóvel vai sendo construído (numa base proporcional aos custos incorridos), e outras ainda reconhecem a receita no ato da assinatura do contrato de financiamento e de venda com o cliente etc., as comparações de quocientes e índices financeiros entre tais empresas ou de uma delas com a média do setor industrial precisam ser feitas com muito cuidado se não quisermos cometer erros grosseiros. Este é apenas um dos aspectos que derivam da adoção de uma variante ou outra dentro dos mesmos princípios contábeis aceitos que podem provocar dificuldades de análise. Felizmente, a maioria das empresas de determinado setor tende a utilizar, pelo menos, o mesmo procedimento para o reconhecimento da receita, pois certas práticas tornam-se uso comum, por liderança e iniciativa de uma ou outra empresa maior pertencente ao grupo. Às vezes, porém, as firmas tendem a escolher a forma de reconhecimento de receita que mais condiz com as normas fiscais. O problema sempre surge quando queremos comparar nossa empresa com uma congênere que utiliza práticas diferentes. Para isto, somente o conhecimento íntimo do setor é que poderá propiciar os necessários informes para as devidas adaptações.

3.2.6 O princípio da competência dos exercícios

Intimamente associado ao anterior, este princípio estabelece que o reconhecimento de receitas e despesas está identificado com períodos específicos e associado ao surgimento de "fatos geradores" de natureza econômica, legal e institucional, não sendo evento fundamental para tal reconhecimento o desembolso de caixa ou o recebimento de numerário.

As despesas do período corrente, portanto, incluem o custo dos produtos vendidos, das mercadorias vendidas ou o custo direto dos serviços prestados (despesas estas diretamente associadas à receita do período), mesmo que tais produtos tenham sido adquiridos ou manufaturados em períodos anteriores; incluem os salários e

---

[3] Alguns autores consideram tais comissões, se proporcionalmente variáveis em relação às vendas, como dedução da receita e não como despesa de venda. Em exemplos posteriores adotamos a forma dedutiva, para efeito de análise.

ordenados ganhos pelos empregados e que diretamente contribuíram (nesse caso uma parcela da folha de pagamento estará incluída no custo dos produtos vendidos), ou então indiretamente, para a produção e venda dos produtos, mercadorias e serviços, quer sejam eles totalmente pagos ou não no período de reconhecimento; incluem também os gastos com telefone, eletricidade e outros serviços e consumos usados durante o período *em conexão com a produção da receita*. Assim, desde que a receita tenha sido reconhecida, todas as despesas que tenham contribuído para a realização daquela receita, independentemente do período de desembolso, devem ser reconhecidas e confrontadas com as mesmas. Existem despesas que não estão diretamente relacionadas com a produção da receita nem contribuem diretamente para a mesma, conforme os exemplos abaixo:

a) despesas associadas à manutenção da organização e mais relacionadas com um período de tempo – devem ser reconhecidas no período que beneficiaram;
b) gastos incorridos, cuja contribuição para a realização da receita de períodos futuros é duvidosa ou indeterminada – deverão ser registrados como despesas na data de sua ocorrência;
c) perdas ou despesas futuras estatisticamente previsíveis e resultantes de operações correntes – devem ser provisionadas (a débito de contas de resultado) nos exercícios correntes;
d) perdas extraordinárias e imprevisíveis – deverão ser registradas como diminuição de patrimônio líquido na data de sua incorrência;
e) diminuições de patrimônio líquido oriundas de retificações de eventos registrados em períodos passados ou de falta de registro em períodos passados – deverão ser debitadas em contas de efeitos de exercícios findos, claramente identificadas no exercício corrente e distintas das demais despesas e perdas. O raciocínio é análogo, embora invertido, no caso de ganhos. O diferimento de uma despesa para exercícios futuros somente é válido para os gastos para os quais se conhece, com razoável exatidão, o número de períodos que irão beneficiar ou seu efeito sobre a geração de receita futura.

Para a análise de balanços, a aplicação de critérios diferenciados no reconhecimento de gastos, ora como despesa do período, ora como ativo para posterior amortização, é de grande importância, devido aos efeitos sobre os resultados dos vários períodos, principalmente nas análises de retorno de investimento que se podem realizar a partir de tais dados e como elemento preditivo das perspectivas da empresa. Como sabemos, os gastos realizados para sustentar o *goodwill* da empresa e até aumentá-lo em sua significância econômica normalmente recaem em itens de natureza intangível, em gastos com pesquisa e desenvolvimento etc. Ora, o procedimento adotado pelas empresas com relação a tais itens objetiva influenciar toda a análise financeira, principalmente a análise de rentabilidade. Com efeito, muitas empresas tendem a ativar todo e qualquer gasto com pesquisa e desenvolvimento e a amortizá-lo para despesa de forma mais ou menos arbitrária; a tendência de outras é descarregar tais gastos como despesa à medida que vão ocorrendo; outras ainda descarregam para despesa dos períodos aquelas parcelas necessárias para sustentar a atividade normal dos departamentos de pesquisa e desenvolvimento (mormente as despesas fixas), ativando os gastos relacionados com projetos específicos e que são capazes de gerar receitas específicas. A norma geral de ativar os gastos, apenas se conhecermos adequadamente quais períodos futuros e receitas futuras irão beneficiar, continua válida, em teoria, mas os procedimentos, inclusive os firmados em normas editadas arbitrariamente por agências governamentais, são os mais variados possíveis, fato que dificulta a comparabilidade dos relatórios de empresas pertencentes ao mesmo ramo industrial. Também, a particular forma adotada para amortizar um elemento do ativo imobilizado para despesa causa diferenciações apreciáveis entre empresas, mesmo que os resultados econômicos, em termos de custo-benefício, sejam semelhantes. Na parte de avaliação de estoques, é conhecida e já foi citada alhures neste livro a influência dos vários métodos de avaliação, todos filiados ao mesmo princípio geral do custo como base de registro inicial. Portanto, todos esses itens devem ser levados na devida conta, antes de pretendermos tirar conclusões sobre a análise efetuada.

3.2.7 O princípio do denominador comum monetário

O entendimento desse princípio é importante, pois nele está baseada toda a estrutura de mensuração da Contabilidade. Em primeiro lugar, a Contabilidade preocupa-se, fundamentalmente, com eventos econômicos suscetíveis de avaliação monetária; lembramos, todavia, que nem todos os eventos econômicos são suscetíveis de registro contábil e alguns registros contábeis não caracterizam eventos econômicos. Os dois conjuntos de fenômenos, portanto (eventos econômicos e fatos contábeis), não são isomórficos. A avaliação dos fatos registrados pela Contabilidade em unidades monetárias é muito importante para podermos agregar e homogeneizar elementos patrimoniais os mais diversos possíveis.

Outro aspecto do princípio do Denominador Comum Monetário é que, independentemente de a unidade monetária utilizada na Contabilidade ter variado seu poder aquisitivo no tempo, as contas a receber serão recebidas em valores previamente estabelecidos e as contas a pagar o serão pelos montantes previamente fixados, a não ser que os contratos contenham em si uma cláusula de reajuste monetário automático.

Isto, entretanto, deverá ser aceito pelas partes contratantes. O vendedor ou comprador, o possuidor de um direito ou o devedor de uma obrigação não poderão reajustar, de livre e espontânea vontade, seus valores a receber ou a pagar pelo simples fato de ter variado o poder aquisitivo da moeda em determinado período. Mattessich[4] referenda este princípio como "*Inequity of Monetary Claims*".

3.2.8 A convenção da objetividade

A finalidade desta convenção, como, de resto, de todas as demais convenções, é eliminar ou restringir as áreas de liberalidade na aplicação dos princípios de contabilidade, especificamente no que se refere às evidências de bases de avaliação. Assim, entre vários procedimentos igualmente relevantes ou até desigualmente relevantes, tenderemos a escolher sempre o mais objetivo. O termo *objetividade* pode ser encarado:

a) do ponto de vista da referência a uma documentação formal ou tipo de evidência que suporte o registro e sua avaliação;
b) do ponto de vista da tangibilidade do objeto passível de mensuração;
c) do ponto de vista da posição de neutralidade que a Contabilidade deveria manter.

Sob o primeiro aspecto, os registros devem ter suporte, sempre que possível, em documentos de transações, normas e procedimentos escritos e práticas geralmente aceitas no ramo comercial específico. Sob o segundo aspecto, recai a preferência de avaliação nos elementos patrimoniais tangíveis ou com suporte em direitos e obrigações determinadas entre as partes. Por exemplo, o reconhecimento do *goodwill* criado pela própria empresa é frequentemente desenfatizado pela Contabilidade, pois, embora economicamente significativo, recai na qualidade de intangível geral (não específico, como seriam marcas e patentes etc.). Sob o terceiro aspecto, devido à necessidade de neutralidade por parte da Contabilidade com relação aos sócios, gerência e investidores, é frequentemente aceito o ponto de vista de que quanto mais objetivos formos, mais neutros tenderemos a ser. Isto é verdade até o ponto em que uma falsa noção de objetividade, levada ao exagero, não prejudique em demasia o poder preditivo dos demonstrativos financeiros. Por exemplo, se não dermos conhecimento, de alguma forma, nem que seja em notas explicativas, dos esforços realizados pela empresa para manter ou aumentar seu *goodwill*, embora possamos ter sido extremamente objetivos,[5] estaremos prejudicando de tal forma a utilidade dos demonstrativos financeiros, que acabarão tornando-se "não neutros", pois os relatórios serão enviesados, não refletindo as perspectivas da empresa.

Além do mais, a objetividade de determinado procedimento contábil deve ser o resultado de um consenso profissional. Toda profissão liberal precisa utilizar julgamento,

---

[4] Veja Bibliografia.
[5] Encarando objetividade num sentido restrito.

e tal julgamento, no caso, deve lidar adequadamente com fatores presumidamente subjetivos. John W. Wagner definiu da melhor maneira possível *objetividade* para a Contabilidade. Diz ele: "A objetividade pode ser examinada de uma forma muito mais útil como uma qualidade emergente de um processo psicossocial de percepção." Em outro trecho de seu trabalho, afirma: "Se realmente desejarmos obter maior objetividade na Contabilidade não o conseguiremos simplesmente eliminando o uso do julgamento ou permitindo que cada indivíduo use livremente seu julgamento. Em vez disso, precisamos de:

a) padrões de competência e ética;
b) pontos de referência."[6]

Isto significa que a profissão, reunida em comitês de estudo e pesquisa, precisa examinar atentamente a extensão e o conteúdo da expressão *objetividade* em Contabilidade. A *objetividade* deverá ser o resultado de um consenso profissional sobre a melhor maneira de enfrentar certas situações, mesmo que esta forma, de um ponto de vista mais imediatista, não pareça objetiva. O profissional contábil deverá perseguir, também, o subjetivismo responsável.

3.2.9 A convenção do conservadorismo (Prudência)

O conservadorismo tem vasta influência na Contabilidade, devendo ser encarado de duas formas:

a) como atitude "vocacional" da profissão perante outras disciplinas de avaliação e perante os vários grupos de interessados nos relatórios financeiros; e
b) como um guia menos sofisticado de procedimento diante de várias alternativas igualmente válidas, segundo os princípios contábeis.

Sob o primeiro aspecto, é lícito imaginar e pretender que a Contabilidade, dentre as várias abordagens à avaliação dos demonstrativos financeiros que seriam adotados pelos administradores, proprietários e interessados externos, forneça usualmente a avaliação mais conservadora para a mensuração do ativo, passivo e patrimônio líquido das entidades. Sob o segundo aspecto, o conservadorismo significa que, quando o contador defrontar-se com duas alternativas de avaliação de ativos, igualmente válidas do ponto de vista dos princípios contábeis geralmente aceitos, registrará o evento de forma tal que o patrimônio líquido resultante seja o menor. "Não antecipar receitas e apropriar todas as despesas e perdas possíveis" parece ser uma máxima a ser seguida. Esta convenção é importante principalmente como modificadora e qualificadora do princípio do custo como base de registro inicial. O conservadorismo

---

[6] WAGNER, John W. Defining objectivity in accounting. *The Accounting Review*, p. 599-605, July 1965.

afeta principalmente a categoria de ativos denominada *ativos correntes*, precipuamente os estoques. É aplicado com menos insistência hoje do que em décadas passadas, quando era prática comum registrar-se o ativo por preço inferior ao do custo ou do valor corrente de mercado. Muitos contadores estão prontos a afirmar que o conceito é ilógico e que o contador deveria tentar o relato de dados consistentes, com base no custo ou no mercado e não com base na escolha da mais conservadora das duas possíveis abordagens. Todavia, o conceito existe e é consagrado inclusive pela nossa legislação antiga e atual (Decreto-lei nº 2.627, de 1940, Circular nº 179 do Banco Central e, parcialmente, pela Lei das Sociedades por Ações). Frequentemente, os efeitos da regra não têm sido notados em nossa conjuntura inflacionária, pois raramente o preço de mercado (que pode ser entendido, técnica e primeiramente, como custo de reposição e, na falta deste, como valor de realização líquido) tem sido inferior aos preços de custo e, mais do que isto, raramente tem havido reversão nos movimentos dos preços específicos dos ativos. Ocorrendo tal reversão, o efeito da aplicação da regra "custo ou mercado, dos dois o menor" é enviesado, prejudicando as comparações de períodos.

Afirmaríamos, para finalizar esse tópico, que a convenção do Conservadorismo precisa ser utilizada com muita cautela. Sua aplicação irrestrita pode levar à perda de controle de seus efeitos, que são os mais caprichosos, quando se verificarem, de um período para outro, reversões nas expectativas e nos preços específicos dos ativos. Uma razoável dose de conservadorismo, no sentido vocacional do termo, entretanto, é altamente salutar para a profissão, a fim de se retratar uma visão cautelosa dos resultados empresariais perante os vários grupos de interessados e, principalmente, para condimentar o frequente excesso de otimismo dos donos e gestores com o tempero contábil da prudência e, portanto, da neutralidade.

3.2.10 A convenção da materialidade (Relevância)

Esta convenção reza que, a fim de se evitarem desperdícios de tempo e dinheiro, devem-se registrar na Contabilidade apenas os eventos dignos de atenção, pela sua materialidade, e no momento oportuno. Por exemplo, conforme lembra R. Anthony, sempre que os empregados se utilizam de lápis e esferográfica em seus trabalhos diários, teoricamente poderíamos lançar uma parcela diária do valor dos ativos como despesa, na proporção exata da porcentagem física do material que foi gasto no dia. Isto seria correto, mas absolutamente irrelevante. Por isso, prefere-se lançar tais despesas no fim dos períodos, por diferenças de estoque. Da mesma forma, ninguém deveria preocupar-se, em princípio, com uma diferença de um real no balancete de verificação do mês. Nem sempre um detalhe que se revela errado, todavia, pode ser desprezado. Pode significar a existência de outros erros maiores ou falta de controles adequados que talvez venham a produzir grandes distorções futuras.

É preciso entender que as cifras contábeis são sempre aproximações de uma complexa realidade e que, frequentemente, o custo adicional para proporcionar certas informações extremamente detalhadas e em períodos curtíssimos é maior que os benefícios adicionais gerados.

3.2.11 A convenção da consistência (Uniformidade)

Representa um dos conceitos mais importantes em todo o esquema contábil. Desde que tenhamos adotado determinado critério, dentre vários igualmente válidos à luz de certo princípio contábil, o critério não deve ser levianamente alterado nos relatórios periódicos, caso contrário estaríamos prejudicando a comparabilidade dos relatórios contábeis e o poder preditivo dos mesmos. Entretanto, se condições supervenientes aconselharem decididamente a mudança de critério, isto não significa que, em obediência à convenção da consistência, não possamos adotar o novo critério. Apenas, deveremos, em forma de evidenciação, no próprio corpo do balanço (o que é difícil) ou em notas explicativas especiais, fazer a devida anotação, indicando, sempre que possível, qual o valor patrimonial a ficar afetado pela adoção do novo critério em comparação com os resultados que seriam apresentados se o antigo não tivesse sido abandonado.

Dessa forma, o analista de investimentos poderá avaliar melhor a tendência e o desempenho da empresa. É comum o parecer dos auditores independentes afirmar: "... examinamos o balanço... e representam adequadamente a posição financeira da empresa X ... de acordo com os princípios fundamentais de Contabilidade, *aplicados de maneira uniforme* com os do exercício anterior, *com exceção do procedimento objeto da nota explicativa nº....*"

A convenção da consistência é um dos pontos mais importantes dentro da prática contábil, no sentido de que consegue, inclusive, diminuir o impacto negativo da relativa falta de maior relevância de certos princípios. Talvez, segundo os críticos, a Contabilidade somente consiga tirar retratos algo desfocados de certa realidade empresarial, porém o faz com consistência e, por isso mesmo, permite ao analista iniciado extrair tendências.

3.2.12 Um conceito que é mais do que princípio ou convenção: Prevalência da Essência sobre a Forma

Permeando toda a estrutura conceitual básica da Contabilidade, existe o conceito de que a Essência deve prevalecer sobre a Forma, na preocupação dos contadores. Assim, apenas como *um* dos exemplos, se uma operação de *leasing,* apesar do aspecto jurídico-formal, for, na essência, uma compra a prazo, deverá ser registrado no Ativo e no Passivo, ao mesmo tempo, tomando-se, depois, as providências necessárias quanto ao registro da depreciação e da amortização da dívida, bem como quanto à despesa de juros.

RESUMO DO CAPÍTULO

A finalidade do Capítulo foi apresentar, principalmente para o analista externo de balanços, uma visão sumária do sistema de informação contábil e do entendimento dos princípios e convenções contábeis que são a cúpula de todo o sistema, principalmente da Contabilidade Financeira (ou Geral). A ênfase, de fato, deve ser colocada na devida avaliação, entendimento e perspectiva dos princípios e convenções contábeis. Esse conjunto de conceitos, normas e procedimentos está longe de constituir um grupo monolítico e imutável em face da realidade econômica, social, institucional e política de cada época e até de cada país, mas amolda-se às mutações em tais realidades, constituindo elemento incessante de discussão e aperfeiçoamento da disciplina. Conquanto certas normas possam ser amplamente discutidas à luz da menor ou maior relevância, é preciso forçosamente admitir que mesmo os princípios que parecem mais inadequados e retrógrados à primeira vista têm sua razão de ser na concatenação que todo o corpo da doutrina contábil precisa manter com os três parâmetros fundamentais, a saber: relevância, praticabilidade e objetividade. A Contabilidade é um árduo exercício na otimização da satisfação das condições acima, e, às vezes, para manter certo equilíbrio entre as três variáveis, é preciso sacrificar, em parte, uma delas. Pelo fato de a praticabilidade e a objetividade não poderem, quase, ser sacrificadas, o sacrifício, em geral, recai na relevância. É muito importante para o analista de balanços ter uma ideia bem fundamentada sobre o que são os princípios contábeis. Grande parte do sucesso em saber entender os resultados de sua análise e as limitações advém desse conhecimento. Caso contrário, o analista seria um mero calculador de índices e quocientes.

Estrutura das Demonstrações Financeiras e Contábeis[1]

4.1 DEMONSTRAÇÕES FINANCEIRAS E CONTÁBEIS

As demonstrações financeiras e contábeis devem representar apropriadamente a posição financeira e patrimonial, o desempenho e os fluxos de caixa da entidade. Deve fazer uma exposição resumida e ordenada dos principais fatos registrados pela contabilidade que causam mutação no patrimônio das empresas, em determinado período. São elaboradas e apresentadas para usuários externos em geral, tendo em vista suas finalidades distintas e necessidades diversas.

Para as sociedades por ações e empresas de grande porte, as demonstrações são denominadas de financeiras, por serem obrigadas a publicar a prestação de suas contas (principalmente para seu acionista); para as demais empresas, as demonstrações são denominadas de contábeis. Desta forma vamos procurar esclarecer brevemente as diferenças.

4.1.1 Demonstrações financeiras (sociedades por ações e das empresas de grande porte)

A Lei nº 6.404/1976, das Sociedades por Ações, define em seu artigo 176 que, ao fim de cada exercício social, a diretoria fará elaborar com base na escrituração mercantil da companhia as seguintes demonstrações financeiras, que deverão exprimir com clareza a situação do patrimônio da companhia e as mutações ocorridas no exercício:

---

[1] Agradecemos ao Prof. José Carlos Marion por ter gentilmente concordado em que utilizássemos, como base deste capítulo, a discussão feita no *Contabilidade comercial*. São Paulo: Atlas, 1987, de nossa coautoria.

- Balanço Patrimonial;
- Demonstração dos Lucros ou Prejuízos Acumulados;
- Demonstração do Resultado do Exercício;
- Demonstração dos Fluxos de Caixa; e
- Se companhia aberta, a Demonstração do Valor Adicionado.

Estas Demonstrações deverão ser publicadas com a indicação dos valores correspondentes das demonstrações do exercício anterior (para fins de comparabilidade).

A Lei nº 11.638/2007 igualmente exigiu a publicação das demonstrações financeiras para as Empresas de Grande Porte (EGP), definidas como aquela sociedade ou conjunto de sociedades sob controle comum que tiver no exercício anterior ativo total superior a R$ 240 milhões, ou receita bruta anual superior a R$ 300 milhões.

Sobre a Demonstração dos Fluxos de Caixa no caso de companhias fechadas com patrimônio liquido inferior a R$ 2 milhões, na data do balanço, a Lei nº 6.404/1976, artigo 177, no parágrafo 6º, dispensa sua elaboração e publicação.

Desta forma são empresas que têm obrigação pública de prestação de suas contas.

4.1.2 Demonstrações contábeis (demais empresas)

Para as sociedades limitadas e demais sociedades comerciais, desde que não enquadradas pela Lei nº 11.638/2007 como sociedades de grande porte, são tidas como pequenas e médias empresas, por não terem obrigação pública de prestação de contas, e normalmente elaboram demonstrações contábeis para usuários externos, que incluem proprietários que não estão envolvidos na administração do negócio, credores existentes e potenciais, e agências de avaliação de crédito.

Quanto às empresas com receita bruta anual de até R$ 300 milhões e ativo total não superior a R$ 240 milhões, podemos afirmar que são consideradas pequenas e médias empresas, e estão obrigadas a elaborar suas demonstrações contábeis em consonância com a Resolução CFC 1.255/2009.

As microempresas e empresas de pequeno porte cuja receita bruta anual é de até R$ 3,6 milhões ganharam capítulo especial dentro das normas contábeis, pela Resolução CFC 1.418/2012 têm a obrigação de elaborar apenas o Balanço Patrimonial, a Demonstração de resultado e as notas explicativas, ficando facultada a elaboração das demais.

4.1.3 Notas explicativas

Devem apresentar informações adicionais sobre a base de preparação das demonstrações financeiras e das práticas contábeis específicas selecionadas e aplicadas para negócios e eventos significativos.

4.1.4 Exercício social – ciclo operacional

O exercício social tem a duração de um ano, não há obrigação que coincida com ano civil, no entanto, quando definido em seus atos constitutivos, não deve ser alterado, exceto por razões extremamente cruciais, tais como a mudança de atividade cujo ciclo operacional seja de longo prazo, por exemplo a indústria de navios, aviões e certas indústria de vinho de longa maturação, como também as atividades ligadas à produção agrícola, que pode definir seu exercício social conforme o período final de sua colheita.

Passaremos agora a estudar este conjunto de Demonstrações Contábeis (Financeiras).

4.2 PRESSUPOSTOS BÁSICOS

Para a elaboração das Demonstrações Contábeis, as características qualitativas da informação contábil-financeira útil são aquelas reputadas como mais úteis para investidores, credores por empréstimos e outros credores, existentes e em potencial, para tomada de decisões. Desta forma passaremos a relacionar algumas características e premissa subjacentes.

4.2.1 Continuidade

Como premissa subjacente, as demonstrações contábeis são elaboradas tendo como princípio que a entidade está em atividade (*going concern assumption*); desta forma parte-se do princípio que a entidade não tem a intenção nem tampouco a necessidade de entrar em processo de liquidação ou de reduzir materialmente suas operações.

4.2.2 Regime de competência

A entidade deve elaborar as suas demonstrações contábeis, conforme o regime de competência, que reconhece os efeitos das transações e outros eventos quando ocorrem (e não quando caixa ou outros recursos financeiros são recebidos ou pagos).

4.2.3 Características qualitativas das demonstrações contábeis

Dizem respeito aos atributos das informações que tornam as demonstrações contábeis úteis:

- Compreensibilidade – qualidade que torna as informações claras e prontamente entendidas pelos usuários.
- Relevância – para serem úteis, as informações devem ser relevantes às necessidades dos usuários na tomada de decisões.
- Materialidade – as informações das demonstrações contábeis resultam do processamento de grande número de transações ou de outros eventos que são agregados em classes de acordo com a sua natureza ou função. A relevância destas informações é afetada pela sua natureza e materialidade. Torna-se material se sua omissão ou distorção influenciar as tomadas de decisões dos usuários.
- Representação fidedigna – para ser representação perfeitamente fidedigna, a realidade retratada precisa ter três atributos: ela tem que ser *completa, neutra e livre de erros*. A *essência sobre a forma* foi retirada da condição de componente da condição da representação fidedigna por ser considerada redundância, no entanto, continua, na realidade, bandeira insubstituível nas normas. Também a característica *prudência (conservadorismo)* foi retirada da condição de aspecto fidedigna por ser inconsistente com a *neutralidade*.
- Comparabilidade – a informação será útil caso possa ser comparada com informação similar sobre outras entidades e com informação similar sobre a mesma entidade para outro período ou para outra data, a fim de que os usuários possam identificar tendências na sua posição financeira e no seu desempenho, possibilitando alternativas como, por exemplo, vender ou comprar um investimento.
- Tempestividade – significa ter informação disponível para os tomadores de decisão a tempo de poder influenciá-los em suas decisões.
- Verificabilidade – ajuda a assegurar aos usuários que a informação representa fidedignamente o fenômeno que se propõe representar. Mesmo que diferentes observadores, cônscios e independentes, possam chegar a um consenso embora não cheguem necessariamente a um completo acordo.

4.2.4 Restrição de custo na elaboração e divulgação de relatório contábil-financeiro útil

A geração de informação é uma restrição sempre presente na entidade no processo de elaboração e divulgação das Demonstrações Contábeis que impõe custos; assim, a entidade deve avaliar o custo-benefício de processar e divulgar estas informações.

4.3 BALANÇO PATRIMONIAL

Reflete a posição das contas patrimoniais em determinado período, normalmente mensal, ou no fim de seu exercício financeiro.

O Balanço Patrimonial (BP) é a representação gráfica constituída de duas colunas: a coluna do lado direito é denominada *Passivo e Patrimônio Líquido* – são as fontes e origens dos financiamentos, onde estão representadas as obrigações que serão reivindicadas pelos terceiros e pelos proprietários do capital (capital próprio). A coluna do lado esquerdo é denominada *Ativo,* onde são efetuados os investimentos e aplicação dos recursos originados do passivo e patrimônio líquido. Veja esta representação abaixo:

BALANÇO PATRIMONIAL
Posição Patrimonial e Financeira

ATIVO	PASSIVO
	Reivindicações de terceiros
	Obrigações
Recursos Econômicos, Bens	**PATRIMÔNIO LÍQUIDO**
Reivindicações da Empresa Direitos	Valor residual do Ativo (–) Passivo = PL
	(Capital próprio)

4.3.1 Ativo

É um recurso controlado pela entidade como resultado de eventos passados e do qual se espera que fluam futuros benefícios econômicos para a entidade. Representa todos os bens e direitos de propriedade e controle da empresa que são avaliáveis em dinheiro e que representam benefícios presentes ou futuros para a empresa.

O benefício econômico futuro embutido em um ativo é o seu potencial em contribuir, direta ou indiretamente, para o fluxo de caixa ou equivalente de caixa para a entidade. Resulta de transações ou outros eventos passados. A entidade normalmente obtém ativos comprando-os ou produzindo-os, mas outras transações podem gerar ativos.

Para ser Ativo é necessário que qualquer item preencha quatro requisitos simultaneamente:

a) constituir bem ou direito para a empresa;
b) ser de propriedade, posse ou controle de longo prazo da empresa;
c) ser mensurável monetariamente;
d) trazer benefícios presentes ou futuros.

Bens:
máquinas, terrenos, estoques, dinheiro (moeda), ferramentas, veículos, instalações etc.

Direitos:
contas a receber, duplicatas a receber, títulos a receber, ações, títulos de créditos etc.

4.3.2 Passivo

Uma característica essencial para existência do Passivo é que a entidade tenha uma obrigação presente que resulte de transações ou eventos passados, em consequência de um contrato e das práticas usuais de negócios, usos e costumes, assim, por exemplo, a aquisição de mercadorias e o uso de serviços resultam em contas a pagar, e o recebimento de um empréstimo, na obrigação de pagá-lo.

Simplificadamente, evidencia toda obrigação (dívidas vencíveis após data do balanço) que a empresa tem com terceiros: contas a pagar, fornecedores de matéria-prima (a prazo), impostos a pagar (governo), financiamentos e empréstimos bancários etc.

O Passivo é uma obrigação exigível, isto é, no momento em que a dívida vencer, será exigida (reclamada) a liquidação da mesma.

A liquidação de uma obrigação presente geralmente implica na utilização, pela entidade, de recursos capazes de gerar benefícios econômicos, a fim de extinguir a obrigação, e pode ocorrer por meio de pagamento em dinheiro, transferência de outros ativos, prestação de serviços, substituição da obrigação por outra, ou, ainda, a conversão da obrigação em capital.

4.3.3 Patrimônio Líquido

Definido como um valor residual (diferença entre o Ativo e o Passivo), evidencia o capital próprio (direito dos sócios e acionistas) e tem subclassificações no balanço patrimonial com recursos aportados pelos sócios e acionistas (capital social), as reservas para manutenção do capital e as reservas resultantes de apropriação de lucros.

A – Mutações do Patrimônio Líquido

O Patrimônio Líquido sofre mutação (modificação) em decorrência de novos investimentos de seus sócios e investidores e principalmente dos resultados decorrentes da apuração de seu desempenho, que se espera seja lucro, mas o prejuízo, mesmo não desejado, pode ocorrer.

Os ajustes decorrentes de avaliação patrimonial, a valor justo de elementos do Ativo e do Passivo, também são reconhecidos diretamente no Patrimônio Líquido.

Ocorrendo lucro, eles são de direito de seus sócios e acionistas, que podem decidir reinvesti-los na entidade em aumento o capital social, ou então distribuí-los a si, como dividendos (parte do lucro).

Em caso de prejuízo, o mesmo será compensado com os possíveis lucros e/ou reserva de lucros existentes, podendo ocorrer situações em que o patrimônio líquido fique negativo, por prejuízos vultosos, ou por prejuízos por períodos sucessivos. Quando o passivo fica descoberto, ou seja, o capital social não é suficiente para garantir e pagar todas as obrigações existentes. Fato que prejudica sua continuidade (*going concern*), pois pode ser que a entidade esteja em processo de falência e liquidação de suas atividades.

B – Obrigações da empresa (em sentido amplo)

Na verdade, tanto o Passivo quanto o Patrimônio Líquido são obrigações da empresa. No *Passivo*, há as obrigações exigíveis (reclamáveis) com terceiros e, por isso, também é conhecido como *Capitais de Terceiros*. No *Patrimônio Líquido*, há as obrigações com os proprietários da empresa. Entretanto, os proprietários, por lei, não podem reclamar a qualquer tempo a restituição do seu dinheiro investido; por isso, este grupo também é conhecido como *Não Exigível*. Ora, se o proprietário só terá a restituição de seu investimento na liquidação ou transferência do capital para outra empresa,[2] pode-se dizer que, num processo de continuidade, os recursos do Patrimônio Líquido pertencem à empresa e, por essa razão, também são conhecidos como *Capital Próprio*.

C – Equação contábil

Algebricamente, é bastante simples encontrar o Patrimônio Líquido (capital próprio): basta subtrair do Ativo (Bens + Direitos) as dívidas da empresa com terceiros, ou seja, o Passivo (Exigível).

Então:

> ATIVO = PASSIVO + PATRIMÔNIO LÍQUIDO

4.3.4 Origens e aplicações

O lado do Passivo, tanto Capital de Terceiros (Passivo Exigível) como Capital Próprio (Patrimônio Líquido), representa toda a fonte de recursos, toda a origem de Capital. Nenhum recurso entra na empresa se não for via Passivo ou Patrimônio Líquido.

---

[2] Ou quando de sua saída da empresa.

O lado do Ativo é caracterizado pela *aplicação* dos recursos originados no Passivo e Patrimônio Líquido.

Assim, se a empresa tomar emprestado recursos de uma instituição financeira (banco, por exemplo), haverá uma origem de recursos: Passivo. Todavia, esses recursos originados serão aplicados em algum lugar do Ativo: Estoques, Máquinas, Caixa...

Dessa forma, fica bastante simples entender por que o Ativo será sempre igual à soma do Passivo + Patrimônio Líquido, pois a empresa só pode aplicar aquilo que tem origem. Se há uma origem de R$ x (Passivo + PL), haverá uma aplicação de R$ × (Ativo).

4.3.5 Explicação da expressão *Balanço Patrimonial*

A expressão *balanço* decorre do equilíbrio: Ativo = Passivo + PL, ou da igualdade: Aplicações = Origens. Parte-se da ideia de uma balança de dois pratos em que sempre se encontra a igualdade.

A expressão *patrimonial* origina-se do Patrimônio da empresa, ou seja, conjunto de bens, direitos e obrigações. Daí origina-se a expressão *Patrimônio Líquido*, que significa o valor residual (parte líquida do patrimônio,) a riqueza líquida da empresa num processo de continuidade, a situação líquida.

Juntando as duas expressões, forma-se o Balanço Patrimonial, o equilíbrio do Patrimônio, a igualdade patrimonial.

4.3.6 Requisitos do balanço patrimonial

A – Cabeçalho

O Balanço Patrimonial é composto de um cabeçalho, do qual constarão:

a) Denominação da empresa.
b) Título da demonstração (Balanço Patrimonial).
c) Data do encerramento do balanço.
d) Informação da unidade da moeda da apresentação se em milhares ou milhões.

B – Corpo

O corpo do balanço é constituído por duas colunas: a da esquerda é chamada Ativo e a da direita, Passivo e Patrimônio Líquido (ou Passivo).

C – Colunas comparativas

A Lei das Sociedades por Ações dispõe que as demonstrações de cada exercício serão publicadas com a indicação dos valores correspondentes do exercício anterior.

Assim, o Balanço Patrimonial, bem como todas as demonstrações financeiras, será apresentado em duas colunas: exercício atual e exercício anterior.

Essa apresentação facilita ao usuário das demonstrações a observação da evolução de um ano para outro, ou seja, propicia a comparação de, pelo menos, dois exercícios.

Denominação da empresa: _____

BALANÇO PATRIMONIAL

ATIVO			PASSIVO E PL		
	Ano Atual	Ano Anterior		Ano Atual	Ano Anterior
BENS DIREITOS			PASSIVO P. LÍQUIDO		

4.4 GRUPO DE CONTAS DO BALANÇO PATRIMONIAL

4.4.1 Grupo de contas do Ativo

O Ativo está disposto em grupos de contas homogêneas ou de mesmas características. Os itens do Ativo são agrupados de acordo com a sua *liquidez*, isto é, de acordo com a rapidez com que podem ser convertidos em dinheiro.

A – Ativo Circulante

O dinheiro (caixa ou bancos), que é o item mais líquido, é agrupado com outros itens que são transformados em dinheiro, consumidos ou vendidos a curto prazo, ou seja, menos de um ano: Contas a Receber, Estoques, Investimentos Temporários. Este grupo denomina-se *Ativo Circulante*.

- *Contas a receber*: são valores não recebidos decorrentes de vendas de mercadorias ou prestação de serviços a prazo. São valores a receber de clientes, também denominados *Duplicatas a Receber*;
- *Estoques*: são mercadorias a serem revendidas. No caso de indústria, são os produtos acabados, bem como matéria-prima e outros materiais secundários que compõem o produto em fabricação;
- *Investimentos temporários*: são aplicações realizadas normalmente no mercado financeiro com excedente do Caixa. São investimentos por um curto período, pois, tão logo a empresa necessite do dinheiro, ela se desfaz da aplicação;

- *Despesas do exercício seguinte*: são as despesas contraídas antecipadamente e ainda não consumidas. Certamente, essas despesas serão utilizadas dentro de um ano; são elas: prêmios de seguros, assinaturas de jornais e revistas, Imposto Predial e Territorial Urbano – IPTU etc.

Deduções do Circulante

- *Contas a Receber*: a parcela estimada pela empresa que não será recebida em decorrência dos maus pagadores deve ser subtraída de Contas a Receber, com o título *Provisão para Crédito de Liquidação Duvidosa – PCLD*.
- *Parte das Duplicatas a Receber*, negociadas com as instituições financeiras com o objetivo da realização financeira antecipada daqueles títulos, deve ser subtraída de Contas a Receber com o título *Duplicatas Descontadas*.
- *Estoques*: se o valor do mercado deste item for menor que o valor do custo de aquisição ou produção, deverá ser deduzida a provisão para ajustá-lo ao valor de mercado (representação fidedigna) com o título *Provisão para perda de estoques*.

B – Não circulante

B.1 – Realizável a longo prazo

São ativos de menor liquidez (transformam-se em dinheiro mais lentamente) que o Circulante.

Neste item são classificados os empréstimos ou adiantamentos concedidos às sociedades coligadas ou controladas, a diretores, acionistas etc.

B.2 – Grupos de características permanentes: Investimentos, imobilizado e intangível

São aqueles ativos que dificilmente serão vendidos, pois sua característica básica é não se destinarem à venda. Portanto, pode-se dizer que são itens com baixíssima liquidez para a empresa.

Os subgrupos de natureza permanente são:

- *Investimentos*: as participações (que não se destinam a venda) em outras sociedades e outras aplicações de característica permanente que não se destinam à manutenção da atividade operacional da empresa, tais como: terrenos, imóveis alugados a terceiros (não de uso, mas para renda), obras de arte etc.
- *Imobilizado*: as aplicações que tenham por objetivo bens destinados à manutenção da atividade operacional da empresa, tais como: terreno e imóvel (onde está sediada a empresa), instalações, móveis e utensílios, veículos, máquinas

e equipamentos. Entende-se por Ativo Imobilizado todo ativo de natureza relativamente permanente que se utiliza na operação dos negócios de uma empresa e que não se destina à venda. Podemos diferenciar, no conceito dado, três afirmações importantes que devem coexistir para que possamos classificar um Ativo Imobilizado com característica permanente. Isso quer dizer que não basta que tenhamos apenas uma ou duas características: são necessárias três características, concomitantemente:

a) Natureza relativamente permanente.
b) Ser utilizado na operação dos negócios.
c) Não se destinar à venda.

Dizemos que é de natureza *relativamente* permanente porque praticamente nenhum bem (exceto Terrenos) possui vida ilimitada dentro da empresa, sofrendo desgaste com o uso e, com o passar do tempo, obsolescência. Isso tanto é verdade que a própria lei reconhece e autoriza as empresas a contabilizarem tais desgastes, como teremos oportunidade de estudar quando discutirmos Depreciação.

Assim, o edifício da fábrica, por exemplo, constitui-se num ativo permanente imobilizado, pois possui, concomitantemente, as três características mencionadas: é uma propriedade relativamente permanente, é utilizada na operação dos negócios e não se destina à venda.

- *Intangível*: a legislação diz que devem ser classificados no grupo Intangível os direitos que tenham por objeto bens incorpóreos destinados à manutenção da companhia ou exercidos com esta finalidade, inclusive o fundo de comércio adquirido. Sem dúvida, o item mais importante do Intangível é a marca. Os bens intangíveis, portanto, são bens que não podem ser tocados, porque não têm corpo. Na linguagem contábil, um termo que se aproxima do Intangível é *Goodwill*. A expressão *Goodwill* é comumente traduzida para o português como Fundo de Comércio, embora os significados de ambos os termos sejam diferentes. Outra expressão usada para identificar *Goodwill* é Capital Intelectual. *Goodwill* é comumente definido, de forma não perfeita, como um Ativo Intangível que pode ser identificado pela diferença entre o valor contábil e o valor de mercado de uma empresa. Mas, propriamente, é a diferença entre Valor de Mercado dos Ativos e Passivos e o Valor de Mercado da Empresa. Em outras palavras, diz-se que *Goodwill* é uma espécie de ágio, de um valor agregado que tem a empresa em função da lealdade dos clientes, da imagem, da reputação, do nome da empresa, da marca de seus produtos, do ponto comercial, de patentes registradas, de direitos autorais, de direitos exclusivos de comercialização, de treinamento e habilidade de funcionários etc.

Deduções do Permanente

- *Investimentos*: neste item encontram-se como subtrações as Provisões para Perdas, com o objetivo de cobrir as perdas prováveis na realização financeira, quando comprovadas (estas perdas) como permanentes.
- *Imobilizado*: os bens tangíveis, com o passar do tempo, sofrem deterioração física ou tecnológica (exceto terrenos). Dessa forma, perdem a sua eficiência funcional. Tal perda é acumulada, de forma aproximada, na conta Depreciação Acumulada.

Intangível: quando se tratar de bens intangíveis, como marcas, patentes, direitos autorais, benfeitorias em imóveis de terceiros..., a diminuição do valor denomina-se *Amortização Acumulada*.

Quando se tratar de recursos naturais (jazidas, reflorestamento, poço de petróleo...), a diminuição é denominada *Exaustão Acumulada*.

A entidade deve revisar constantemente o valor contábil de seus ativos, principalmente o imobilizado, que normalmente representa valores expressivos, a fim de determinar o seu valor recuperável (*impairment*) e reconhecer as perdas como redução ao valor recuperável. A contrapartida desta perda é reconhecida no patrimônio líquido em conta específica de ajuste de avaliação patrimonial.

4.4.2 Grupo de contas do Passivo

O Passivo agrupa contas de acordo com o seu vencimento, isto é, aquelas contas que serão liquidadas mais rapidamente integram um primeiro grupo. Aquelas que serão pagas num prazo mais longo formam outro grupo.

Existe analogia entre Passivo e Ativo em termos de liquidez decrescente; por um lado, no Ativo aparecem as contas que se converterão mais rapidamente em dinheiro, e, por outro lado, no Passivo, são destacadas, prioritariamente, as contas que devem ser pagas mais rapidamente.

A – Passivo Circulante

São as obrigações normalmente pagas dentro de um ano; a Lei nº 6.404 (das SAs) menciona que são aquelas que vencem no exercício seguinte ao balanço patrimonial: contas a pagar, dívidas com fornecedores de mercadorias ou matérias-primas, impostos a recolher (para o governo), empréstimos bancários com vencimento nos próximos 360 dias, as despesas reconhecidas por força do princípio da competência (13º Salário, férias, participação dos empregados no resultado), bem como aquelas provisões de despesas com perdas em processos que são consideradas como prováveis de se tornarem uma obrigação que exigirá pagamento.

B – Passivo não Circulante
B.1 – Exigível a Longo Prazo

São as dívidas da empresa que serão liquidadas com prazo superior a um ano: empréstimos, financiamentos, títulos a pagar, parcelamento de dívidas governamentais etc.

4.4.3 Patrimônio Líquido

Como já foi visto, o PL representa os investimentos dos proprietários (capital e sua reserva) mais o lucro e sua reserva (foram estudados detalhadamente no item 14.6, que tratou de Lucros ou Prejuízos Acumulados).

A – Reservas de Capital

A Lei nº 6.404/1976, em seu art. 182, define que serão classificadas como reserva de capital:

a) a contribuição do subscritor de ações que ultrapassar o valor nominal e a parte do preço de emissão das ações sem valor nominal que ultrapassar a importância destinada à formação do capital social, inclusive nos casos de conversão em ações de debentures ou partes beneficiárias;
b) o produto da alienação de partes beneficiárias e bônus de subscrição;
c) o resultado da correção monetária do capital realizado, enquanto não capitalizado. Destacamos que desde 1989 a Lei nº 7.730 revogou o art. 185 da Lei nº 6.404/1976, que tratava da correção monetária no Brasil. Dessa forma, a partir de 1990 este tipo de reserva de capital (correção monetária) não existirá mais, mantendo apenas as anteriormente existentes, não obstante o art. 182 da Lei nº 6.404/1976 ainda mantê-la como reserva.

B – Ajuste de Avaliação Patrimonial

Serão classificadas como ajustes de avaliação patrimonial, enquanto não computadas no resultado do exercício em obediência ao Regime de Competência, as contrapartidas de aumentos ou diminuições de valor atribuído a elementos do Ativo e do Passivo, em decorrência da sua avaliação a valor justo (preço de mercado).

Na prática, o ajuste da avaliação patrimonial pode ser considerado uma "correção" do valor apresentado no balanço patrimonial de um ativo ou passivo em relação ao seu valor justo.

O objetivo dessa correção é evidenciar o verdadeiro valor do ativo ou passivo em questão, o que significa dizer que esse ajuste, de acordo com o mercado, poderá ser para mais ou para menos.

Nota-se que o ajuste de avaliação patrimonial não é uma conta de reserva, porque seu valor não transitou pelo resultado. Tampouco o referido ajuste veio substituir a extinta reavaliação de bens do Ativo Permanente, haja vista que tal reserva somente apresentava saldo credor. Já o ajuste de avaliação patrimonial pode apresentar tanto saldo credor como devedor.

De uma forma singela, pode-se dizer que o ajuste de avaliação patrimonial a valor justo deve ser aplicado:

a) às aplicações em instrumentos financeiros (Lei nº 6.404/1976, art. 183);
b) aos ajustes de ativos e passivos ao valor justo, no caso de incorporação, fusão ou cisão (Lei nº 6.404/1976);
c) aos ajustes determinados pela CVM (exemplo: ajustes cambiais de investimentos no exterior, previsto na Deliberação CVM 534/2008).

C – Reservas de Lucros

Além da Reserva Legal (5% sobre o Lucro Líquido para assegurar a integridade do capital), obrigatória para as sociedades anônimas, as companhias podem, entre outras reservas, constituir sobre o Lucro:

- *Reservas Estatutárias*: são reservas estabelecidas pelo estatuto da empresa, destinadas a fins específicos, tais como reserva para renovação de equipamentos, reserva para pesquisa de novos produtos etc.
- *Reservas para Contingências*: têm a finalidade de compensar, em exercício futuro, a diminuição do lucro decorrente de perda julgada provável, cujo valor possa ser estimado.
- *Retenção de Lucros*: por proposta dos órgãos de administração, poderá deliberar reter parcela do lucro líquido prevista em orçamento de capital por ela previamente aprovado para, por exemplo, investir em projeto de expansão.
- *Reservas de Lucros a Realizar*: referem-se a lucros economicamente existentes, mas financeiramente ainda não realizados. A Reserva de Lucros a Realizar poderá ser constituída no exercício em que o montante do dividendo obrigatório ultrapassar a parcela realizada do Lucro Líquido do exercício. Assim, o excesso (que ultrapassar a parcela realizada) será destinado a Reservas de Lucros a Realizar.

Obs.: *Ver comentários sobre Reservas no item 4.6, que trata da Demonstração de Lucros ou Prejuízos Acumulados.*

4.5 DEMONSTRAÇÃO DO RESULTADO DO EXERCÍCIO – DRE

A demonstração de resultado do exercício conforme a Lei nº 6.404/1976 deve iniciar-se com a receita bruta das vendas e serviços, as deduções de vendas, os abatimentos e os impostos. No entanto, o pronunciamento CPC 26, do Comitê de Pronunciamentos

Contábeis, menciona que devem incluir a Receita e seus custos, mas nada menciona sobre os impostos; na verdade a norma internacional para divulgação desta demonstração ignora os impostos por não se tratar de uma obrigação da empresa, que apenas cobra os impostos incidentes sobre a venda e serviços e repassa para o governo brasileiro. Na prática é possível verificar que as demonstrações de Resultados publicadas pelas empresas são elaboradas a partir da venda líquida (já deduzidas as devoluções, os abatimentos e impostos).

4.5.1 Demonstração dedutiva

A demonstração do resultado do exercício é um resumo ordenado das receitas e despesas da empresa em determinado período (12 meses). É apresentada de forma *dedutiva* (vertical), ou seja, das receitas subtraem-se as despesas e, em seguida, indica-se o resultado (lucro ou prejuízo).

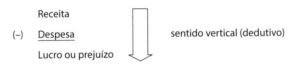

A DRE pode ser simples para micro ou pequenas empresas que não requeiram dados pormenorizados para a tomada de decisão, como é o caso de bares, farmácias, mercearias. Deve evidenciar o total de despesa deduzido da receita, apurando-se, assim, o lucro, sem destacar os principais grupos de despesas.

A DRE completa, exigida por lei, fornece maiores minúcias para a tomada de decisão: grupos de despesas, vários tipos de lucro, destaque dos impostos etc. Neste capítulo será abordado o modelo completo, embora não se pretenda esgotar o assunto.

DRE (simples)			DRE (completa)
Receita (–) Despesa Lucro ou prejuízo	V E R T I C A L	V E R T I C A L	Receita (–) Deduções (–) Custos do Período (–) Despesas (–) ------ ------ ------ Lucro ou prejuízo

4.5.2 Como apurar a Receita Líquida

```
Receita Bruta
(–) Deduções
Receita Líquida
```

Receita Bruta é o total bruto vendido no período. Nela estão inclusos os *impostos sobre vendas* (os quais pertencem ao governo) e dela não foram subtraídas as *devoluções* (vendas canceladas) e os *abatimentos* (descontos) ocorridos no período.

Impostos sobre vendas são aqueles gerados no momento da venda; variam proporcionalmente à venda, ou seja, quanto maior for o total de vendas, maior será o imposto. Destaque para os principais:

- IPI, PIS e COFINS recolhidos aos cofres públicos federais;
- ICMS, imposto devido sobre a comercialização de mercadorias, recolhido para o estado em que a empresa estiver sediada;
- ISS – Imposto Sobre Serviços de Qualquer Natureza, para as empresas prestadoras de serviço, recolhido à Prefeitura do município sede da empresa, e, em alguns casos para a Prefeitura do município onde o serviço foi prestado.

Admita-se que a Cia. Balanceada, indústria, tenha emitido uma nota fiscal de venda cujo preço do produto seja de R$ 10.000.000 mais 30% de IPI. O ICMS está incluso no preço do produto:

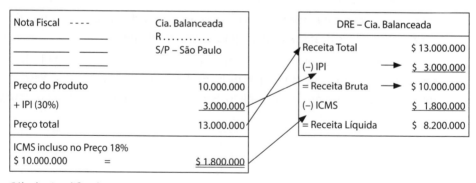

Cálculo simplificado.

Na verdade, os impostos sobre vendas não pertencem à empresa, mas ao governo. Ela é mera intermediária, responsável por cobrar do adquirente e recolher ao governo; por isso, não devem ser considerados como receita real da empresa, bem como o IPI não faz parte da receita de vencimento, devendo ser destacado à parte, como o exemplo acima.

Abatimentos – são considerados descontos incondicionais que são concedidos independentemente do implemento de qualquer condição.

São parcelas redutoras do preço de venda, em geral constantes do documento fiscal. Trata-se da concessão de determinado percentual de desconto pelo ato de comprar, não é necessário que o adquirente pratique qualquer ato subsequente ao de compra para fruição do benefício. Esse é o chamado desconto comercial, que, de fato, representa abatimento do preço.

Devoluções (vendas canceladas) – são mercadorias devolvidas por estarem em *desacordo com o pedido* (preço, qualidade, quantidade, avaria). O comprador, sentindo-se prejudicado, devolve, total ou parcialmente, a mercadoria. Às vezes, a empresa vendedora, na tentativa de evitar devolução, propõe um *abatimento* no preço (desconto) para compensar o prejuízo ao comprador. Tanto a devolução como o abatimento aparecem deduzindo a Receita Bruta na DRE.

Suponha-se que a Companhia Desequilibrada tenha vendido R$ 5.000.000 de mercadorias de má qualidade, metade para o comprador A e metade para B. A empresa A devolveu 20% do lote e a empresa B aceitou a proposta da Companhia Desequilibrada de 10% de abatimento para evitar devolução.

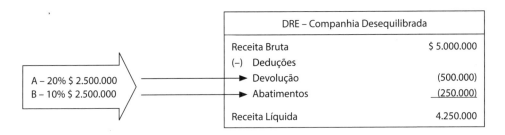

Portanto, *deduções* são ajustes (e não despesas) realizados sobre a Receita Bruta para se apurar a Receita Líquida. O que interessa para a empresa é efetivamente a Receita Líquida, que é o que sobra em termos de receita.

4.5.3 Como apurar o Lucro Bruto

```
    Receita Bruta
(–) Deduções
    Receita Líquida
(–) Custo das Vendas
    Lucro Bruto
```

Lucro Bruto é a diferença entre a Venda de Mercadorias e o Custo dessa Mercadoria Vendida, sem considerar despesas administrativas, de vendas e financeiras. Para uma empresa prestadora de serviços o raciocínio é o mesmo: Lucro Bruto é a diferença entre a Receita e o Custo do Serviço Prestado sem considerar aquelas despesas acima referidas.

Resumindo, subtrai-se da *receita* o custo da mercadoria ou do produto, ou o do serviço, para ser *colocado à disposição do contratante*, desprezando-se as despesas administrativas, financeiras e de vendas.

O Lucro Bruto, após cobrir o custo da fabricação do produto (ou o custo da mercadoria adquirida para revenda, ou o custo do serviço prestado), é destinado à remuneração das despesas de vendas, administrativas e financeiras, bem como à remuneração do governo (Imposto de Renda) e dos proprietários da empresa (Lucro Líquido).

Quanto maior for a fatia denominada Lucro Bruto, maior poderá ser a remuneração dos administradores, dos diretores, do pessoal de vendas, do governo, dos proprietários da empresa etc. A distribuição destes valores (riquezas) pode ser identificada pela Demonstração de Valor Agregado – DVA.

4.5.4 Custo das vendas

A expressão *custo das vendas* é bastante genérica, devendo, por essa razão, ser especificada por setor na economia, para empresas:

- *industriais*, o custo das vendas é denominado Custo do Produto Vendido (CPV);
- *comerciais*, o custo das vendas é denominado Custo das Mercadorias Vendidas (CMV);
- *prestadoras de serviços*, o custo das vendas é denominado Custo dos Serviços Prestados (CSP).

4.5.5 Como apurar o Lucro Operacional

```
         RECEITA BRUTA
    (–)  Deduções
         Receita Líquida
    (–)  Custo das Vendas
         Lucro Bruto
    (–)  Despesas Operacionais
         Lucro Operacional
```

O Lucro Operacional é obtido através da diferença entre o Lucro Bruto e as despesas operacionais.

4.5.5.1 Despesas operacionais

As despesas operacionais são as necessárias para vender os produtos, administrar a empresa e financiar as operações. Enfim, são todas as despesas que contribuem para a manutenção da atividade operacional da empresa. Os principais grupos de Despesas Operacionais são especificados a seguir.

A – Despesas de Vendas

Abrangem desde a promoção do produto até sua colocação junto ao consumidor (comercialização e distribuição). São despesas com o pessoal da área de venda, comissões sobre vendas, propaganda e publicidade, marketing, estimativa de perdas com duplicatas derivadas de vendas a prazo (provisão para crédito de liquidação duvidosa) etc.

B – Despesas Administrativas

São aquelas necessárias para administrar (dirigir) a empresa. De maneira geral, são gastos nos escritórios que visam à direção ou à gestão da empresa.

Podem-se citar como exemplos: honorários administrativos, salários e encargos sociais do pessoal administrativo, aluguéis de escritórios, materiais de escritório, seguro de escritório, depreciação de móveis e utensílios, assinaturas de jornais etc.

C – Despesas Financeiras e Receitas Financeiras

São as remunerações aos capitais de terceiros, tais como: juros pagos ou incorridos, comissões bancárias, correção monetária prefixada sobre empréstimos, descontos concedidos, juros de mora pagos etc.

As despesas financeiras devem ser compensadas com as *Receitas Financeiras* (conforme disposição legal), isto é, estas receitas são deduzidas daquelas despesas.

As receitas de natureza financeira são as derivadas de aplicações financeiras, juros de mora recebidos, descontos obtidos etc.

4.5.6 Variações Monetárias (Despesas Financeiras)

A legislação brasileira entende como Variações Monetárias as variações cambiais e as correções monetárias (de dívidas) não prefixadas, ou seja, pós-fixadas.

Em $ mil

DESPESA FINANCEIRA > RECEITA FINANCEIRA		DESPESA FINANCEIRA < RECEITA FINANCEIRA	
Desp. Financeiras	280.000	Desp. Financeiras	280.000
Rec. Financeiras	(80.000)	Rec. Financeiras	(390.000)
Desp./Rec. Financeiras	200.000	Desp./Financeiras	(110.000)
DESPESAS OPERACIONAIS		**DESPESAS OPERACIONAIS**	
De vendas	300.000	De vendas	300.000
Administrativas	400.000	Administrativas	400.000
Financeiras*	200.000	Financeiras*	(110.000)
	900.000		590.000

* Deve-se, com o objetivo de apresentar maior grau de detalhe, indicar o confronto Despesa Financeira x Receita Financeira dentro do grupo de Despesas Operacionais, destacando-se seus respectivos valores. De um ponto de vista conceitual rigoroso, tanto receitas como despesas financeiras não são operacionais.

4.5.6.1 Variação cambial

Se uma empresa contrai empréstimo em moeda estrangeira, por exemplo, 1.000 dólares, no início do ano, quando cada dólar está cotado a R$ 3,60, sua dívida corresponde a R$ 3.600 (1.000 dólares × 3,60).

Todavia, com a desvalorização do real, um dólar poderia estar cotado a R$ 3,90 no final do período. Dessa forma, a dívida corresponderia a R$ 3.900 (1.000 dólares × R$ 3,90) no fim do exercício, havendo uma *variação cambial* de R$ 300, que são despesas financeiras.

4.5.6.2 Correção monetária (de dívida)

O mesmo raciocínio se pode utilizar para a correção monetária (de dívidas), considerando-se que esta é o resultado da atualização de uma dívida, em moeda nacional, em virtude da queda do poder aquisitivo do dinheiro (inflação). Entretanto, não deverá ser classificado neste grupo o resultado da correção monetária (de dívidas) cujo índice de correção é *prefixado* no momento da concessão do empréstimo (neste caso, ter-se-á uma despesa financeira).

As Variações Monetárias, se despesas, serão deduzidas do lucro e acrescidas, no caso de ganho.

A – Dois lembretes

Portanto, concernente à correção monetária no grupo de Variações Monetárias, duas coisas devem ficar bem claras:
- refere-se à correção monetária de dívida (de financiamento) e não à correção monetária do balanço;
- refere-se à correção monetária pós-fixada, isto é, fixada após a concessão do financiamento, de acordo, geralmente, com a inflação.

A sugestão é que a variação monetária seja destacada na demonstração do resultado do exercício – DRE, no grupo de despesas financeiras.

A empresa Atenas adquire, em janeiro, um financiamento, para expansão, no valor de R$ 280 milhões, para pagamento após 24 meses, pós-fixado pela variação do IGPM.

Supondo uma correção de 10% do IGPM no referido exercício, o balanço patrimonial deverá registrar (princípio da competência) o valor da dívida de R$ 280 milhões atualizada, com correção monetária em 31 de dezembro, para R$ 308 milhões. Assim, houve uma variação monetária de R$ 28 milhões (R$ 308 – R$ 280).

B – Destaque de variações monetárias na DRE

	DESPESAS OPERACIONAIS		Em R$ mil
	De Vendas		RRRR
	Administrativas		RRRR
(±)	Financeiras	RRRR	
→	Variações Monetárias	28.000	RRRR

4.5.6.3 Outras despesas e receitas operacionais

Embora seja um título inadequado, pois nada define, é utilizado para despesas operacionais não enquadradas no grupo de vendas, administrativas e financeiras. Exemplos: Despesas Tributárias (não se incluindo, evidentemente, aquelas que variam proporcionalmente às vendas já subtraídas como deduções); parcela dos resultados de empresas investidas reconhecida por meio do método de equivalência patrimonial. Neste grupo, semelhantemente à Despesa × Receitas Financeiras, podem-se incluir outras Receitas Operacionais de caráter eventual, ou não, tais como: vendas de sucatas, venda de ativo imobilizado etc.

Portanto, o caminho para chegar ao Lucro Operacional:

RECEITA BRUTA		RRRRR$
(–)	Deduções	(RRRRR$)
RECEITA LÍQUIDA		RRRRR$
(–)	Custos das vendas	(RRRRR$)
LUCRO BRUTO		RRRRR$
(–)	DESPESAS OPERACIONAIS	
	De Vendas	(RRRR)
	Administrativas	(RRRR)
	Financeiras (–) Receitas Financeiras	(RRRR)
	Variações Monetárias*	(RRRR)
	Outras Despesas ou Receitas Operacionais*	(RRRR)
LUCRO OPERACIONAL		RRRRR$

* Está-se admitindo que sejam despesas, por isso, o sinal negativo. Todavia, se Receita, o sinal deverá ser positivo.

4.5.7 Lucro Antes do Imposto de Renda

4.5.7.1 Apuração do LAIR

> Lucro Operacional
> (−) Outras Despesas Operacionais
> (+) Outras Receitas Operacionais
> = Lucro Antes do Imposto de Renda (LAIR)

Outras despesas operacionais e outras receitas operacionais são aquelas cuja origem não está relacionada diretamente com o objetivo do negócio da empresa. Normalmente, trata-se de ganhos ou perdas, isto é, são aleatórias.

São exemplos:

Ganhos ou Perdas de Capital. São os lucros ou prejuízos na venda de itens do ativo não circulante, subgrupo imobilizado: venda de um veículo (imobilizado), com lucro ou prejuízo; venda de máquinas e equipamentos (imobilizado), com lucro ou prejuízo; venda com lucro ou prejuízo de ações (investimentos) etc.

4.5.8 Lucro Depois do Imposto de Renda

> Lucro Antes do Imposto de Renda
> (−) Provisão para Imposto de Renda
> = Lucro Depois do Imposto de Renda

4.5.8.1 Ano-base e exercício financeiro

O Imposto de Renda incide sobre o lucro da empresa.

Quando se apura no *exercício social* X um lucro de R$ 100 milhões, declara-se e recolhe-se aos cofres públicos (governo federal), geralmente, 25% sobre o lucro (R$ 25 milhões = 25% × R$ 100 milhões) no exercício "X + 1". Na verdade, é uma parcela do lucro atribuída ao governo.

O exercício social em que é gerado o lucro (ano X) denomina-se "ano-base". O exercício em que se paga o Imposto de Renda (ano X + 1) denomina-se "exercício financeiro".

Pelo regime de competência considera-se o Imposto de Renda pelo regime de competência no momento em que foi apurado.

Portanto, depois de apurado o valor de Imposto de Renda deduz-se do "Lucro Antes do Imposto de Renda".

Ressalte-se que a base de cálculo para o Imposto de Renda não é exatamente o lucro apurado pela contabilidade, mas aquele lucro ajustado pelo Livro de Apuração do Lucro Real (LALUR) às disposições da legislação do Imposto de Renda, que será denominado Lucro Real (Lucro fiscal).

4.5.9 Lucro Líquido

4.5.9.1 A sobra pertencente aos proprietários

Após a apuração do Lucro Depois do Imposto de Renda, faz-se a dedução das participações, previstas nos estatutos: de debêntures, de empregados, administradores e partes beneficiárias, e das contribuições para instituições ou fundos de assistência ou previdência de empregados.

Após essas deduções, encontra-se o *Lucro Líquido*, que é a sobra líquida à disposição dos sócios ou acionistas.

4.5.9.2 Participações no lucro

A – Debêntures

As companhias podem solicitar empréstimos ao público em geral, pagando juros periódicos e concedendo amortizações regulares. Para tanto, emitirão títulos a longo prazo com garantias: são as debêntures.

A debênture poderá assegurar ao seu titular, além de juros e correção monetária, *participação no lucro da companhia* (dedutível para o Imposto de Renda).

B – Empregados e administradores

É um complemento à remuneração de empregados e administradores. Normalmente, é definido no estatuto um percentual sobre o lucro.

Observa-se que a participação aos administradores é desestimulada pela legislação brasileira, uma vez que não é permitida a sua dedução para efeito de cálculo do Imposto de Renda (Lucro Real).

C – Doações

Contribuições para Instituições ou Fundos de Assistência ou Previdência de Empregados. São as doações às constituições de fundações com a finalidade de assistir seu quadro de funcionários, às previdências particulares, no sentido de complementar aposentadoria etc. que, definidas em estatutos, serão calculadas e deduzidas como uma participação nos lucros anuais (são dedutíveis para efeito de Imposto de Renda).

No que tange às participações dedutíveis, para efeito de Imposto de Renda, destaca-se que há limite fixado por aquela legislação.

4.5.9.3 Forma de cálculo das participações

A legislação brasileira prevê que as participações estatutárias de debêntures, de empregados, de administradores serão determinadas, sucessivamente e *nessa ordem*, com base nos lucros que remanescerem depois de deduzida a participação anteriormente calculada.

Assim, quando se tem um lucro de R$ 1 milhão, e a participação de debêntures, empregados e administradores está fixada no estatuto à base de 10%, ocorre:

Lucro Depois do Imposto de Renda		1.000.000
(–) Participação de Debêntures	1.000.000 × 10%	(100.000)
		900.000
(–) Participação de Empregados	900.000 × 10%	(90.000)
		810.000
(–) Participação da Administração	810.000 × 10%	(81.000)
		729.000
(–) Contribuições e doações		—
Lucro Líquido		729.000

4.5.9.4 Lucro Líquido por ação

Após deduzidas do resultado as participações e contribuições, o que remanescer é o *Lucro Líquido*.

Se se divide o Lucro Líquido pela quantidade de ações em que está dividido o capital da empresa, obtém-se o *Lucro Líquido por Ação do Capital Social*.

A legislação brasileira estabelece que o Lucro Líquido por Ação do Capital Social deve ser indicado no final da Demonstração do Resultado do Exercício.

4.5.9.5 Distribuição do lucro e Demonstração de lucros ou prejuízos acumulados

Como já foi visto, o Lucro Líquido é a sobra líquida à disposição dos proprietários da empresa. Os proprietários decidem[3] a parcela do lucro que ficará retida na empresa e a parte que será distribuída aos donos do capital (Dividendos). Essa distribuição de lucro será evidenciada na Demonstração de Mutação do Patrimônio Líquido.

4.6 DEMONSTRAÇÃO DE LUCROS OU PREJUÍZOS ACUMULADOS (INSTRUMENTO DE INTEGRAÇÃO ENTRE O BP E A DRE)

Apenas uma parte do Lucro Líquido é distribuída para os proprietários da empresa, em forma de dividendos. A maior parcela, normalmente, é retida na empresa e reinvestida no negócio.

---

[3] Na SA, o estatuto é que determina o percentual do lucro que será distribuído.

Estrutura das Demonstrações Financeiras e Contábeis   61

A Lei nº 6.404, no art. 186, menciona que a demonstração de lucros ou prejuízos acumulados discriminará:

- o saldo do início do período, os ajustes de exercícios anteriores e a correção monetária do saldo inicial;
- as reversões de reservas e o lucro líquido do exercício;
- as transferências para reservas, os dividendos, a parcela dos lucros incorporada ao capital e o saldo ao fim do período.

Como ajustes de exercícios anteriores, serão considerados apenas os decorrentes de efeitos da mudança de critério contábil, ou da retificação de erro imputável a determinado exercício anterior, e que não possam ser atribuídos a fatos subsequentes.

A DLPA também deverá indicar o montante do dividendo por ação do capital social e poderá ser incluída na demonstração das mutações do patrimônio líquido, se elaborada e publicada pela companhia.

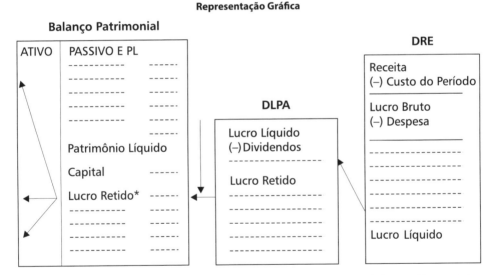

* Lucros Acumulados – De acordo com a Lei nº 11.638/2007, não pode mais permanecer, nos balanços, saldo na conta Lucros Acumulados. O resultado deverá ser obrigatoriamente destinado, ou seja, as parcelas do resultado a serem retidas precisarão ser contabilizadas em reservas próprias.

4.6.1 Demonstração das Mutações do Patrimônio Líquido (DMPL)

Ao contrário da DLPA, que fornece a movimentação apenas da conta do lucro ou prejuízo acumulado, a *Demonstração das Mutações do Patrimônio Líquido (DMPL)* contempla todas as contas do Patrimônio Líquido e evidencia suas respectivas movimentações ocorridas durante o exercício.

Embora não seja uma demonstração obrigatória pela Lei nº 6.404/1976, a DMPL é obrigatória em conformidade com o CPC 26, que estabelece que a entidade deve apresentar a demonstração das mutações do patrimônio líquido, que deve incluir as seguintes informações:

a) o resultado abrangente do período, apresentando separadamente o montante total atribuível aos proprietários da entidade controladora e o montante correspondente à participação de não controladores;
b) para cada componente do patrimônio líquido, os efeitos da aplicação retrospectiva ou da reapresentação retrospectiva, sobre Políticas Contábeis, Mudança de Estimativa e Retificação de Erro;
c) para cada componente do patrimônio líquido, a conciliação do saldo no início e no final do período, demonstrando-se separadamente as mutações decorrentes:
   i) do resultado líquido;
   ii) de cada item dos outros resultados abrangentes; e
   iii) de transações com os proprietários realizadas na condição de proprietário, demonstrando separadamente suas integralizações e as distribuições realizadas, bem como modificações nas participações em controladas que não implicaram perda do controle.

A técnica da elaboração desta demonstração é bastante simples:

a) Indica-se uma coluna para cada conta do Patrimônio Líquido (preferencialmente indicando o grupo de Reservas a que pertence). Se houver a conta dedutiva Capital a Realizar, faz-se a subtração da conta Capital Social e utiliza-se a conta Capital Realizado.

DEMONSTRAÇÃO DAS MUTAÇÕES DO PL
Empresa ....

Movimentações	Capital Realizado	Reserva de Capital	Legal	Estatutária	p/ Contingência	Orçamentária	Lucros a Realizar	Lucros Acumulados	Total

(Reservas de Lucro: Legal, Estatutária, p/ Contingência, Orçamentária)

DEMONSTRAÇÃO DAS MUTAÇÕES DO PATRIMÔNIO LÍQUIDO
Empresa ....

| Movimentações | Capital Realizado | Reserva de Capital | Reservas de Lucro ||||| Lucros a Realizar | Lucros Acumulados | Total |
			Legal	Estatutária	p/ Contingências	Orçamentária				
Saldos em 31-12-X0	—	—	—	—	—	—	—	—	—
(±) Ajustes de Exercícios anteriores	—	—	—	—	—	—	—	—	—
Aumento de Capital	—	—	—	—	—	—	—	—	—
Reversões de Reservas	—	—	—	—	—	—	—	—	—
Lucro Líquido do Exercício	—	—	—	—	—	—	—	—	—
– Proposta da Administração de Destinação do Lucro	—	—	—	—	—	—	—	—	—
– Reserva Legal	—	—	—	—	—	—	—	—	—
– Reserva Estatutária	—	—	—	—	—	—	—	—	—
– Reserva Orçamentária	—	—	—	—	—	—	—	—	—
– Reservas p/ Contingências	—	—	—	—	—	—	—	—	—
– Reserva de Lucros a Realizar	—	—	—	—	—	—	—	—	—
– Dividendos	—	—	—	—	—	—	—	—	—
Saldos em 31-12-X1										

Capítulo 4

b) Nas linhas horizontais indicam-se as movimentações das contas do mesmo modo como se fez com a Demonstração de Lucros ou Prejuízos Acumulados (DLPA).
c) A seguir são feitas as adições e/ou subtrações de acordo com as movimentações. Suponha-se que o Capital em 31-12-X0 fosse de R$ ... 7.000.000 e que durante o período houvesse um aumento com a utilização de R$ 1.000.000 de Reservas Estatutárias, cujo saldo inicial era de R$ 1.500.000.

DEMONSTRAÇÃO DAS MUTAÇÕES DO PATRIMÔNIO LÍQUIDO
Empresa ....

Em R$ mil

Movimentações	Capital Realizado	–	–	–	Reserva de Lucros Estatutária	–	–	Total
Saldos em 31-12-X0	7.000	–	–	–	1.500	–	–	8.500
Aumento de Capital	1.000	–	–	–	(1.000)	–	–	
Saldos em 31-12-X1	8.000	–	–	–	500	–	–	8.500

Obs.: Neste exemplo está-se admitindo que não houve nova Reserva Estatutária.

Faz-se uma movimentação do Patrimônio Líquido e explica-se o porquê do acréscimo no Capital e da diminuição da Reserva Estatutária.

Veja-se que, no início, o total do PL era de R$ 8.500 e em nada alterou no final do ano, pois não houve novos acréscimos no PL, mas apenas uma permuta. Repare-se ainda que, se se fizesse a Demonstração de Lucros ou Prejuízos Acumulados, não seria identificada tal movimentação no PL.

Exemplo de Demonstração das Mutações do PL

BALANÇO PATRIMONIAL
Cia. Pullgato

Em $ mil

ATIVO	31-12-X0	31-12-X1	PASSIVO e PL	31-12-X0	31-12-X1
Circulante			**Circulante**		
_____			_____		
_____			_____		
_____			_____		
Ativo Não Circulante			**Passivo Não Circulante**		
Aplicações Financeiras			_____		
Instrumentos Financeiros Derivativos			_____		
			Patrimônio Líquido		
Investimentos			Capital	7.000	8.000
_____					
_____			**Reservas de Capital**	-----	2.800
Imobilizado			**Reservas de Lucro**		
_____			Reserva Legal	70	220
Intangível			Reserva Estatutária	2.400	2.400
_____			Reserva p/ Contingência	140	395
Ágio			Reserva Orçamentária	28	208
_____			Reserva de Lucros a Realizar	14	109
			Lucros Acumulados	950	1.790
			Total PL	10.302	15.922
Total			Total		

Observe-se que pela Demonstração dos Lucros ou Prejuízos Acumulados seria explicada apenas a diferença de R$ 950.000 para R$ 2.350.000, enquanto a Demonstração das Mutações do Patrimônio Líquido explica a variação de R$ 10.302.000 para R$ 15.482.000, que, sem dúvida, é muito mais abrangente.

Os dados serão os mesmos da Demonstração dos Lucros ou Prejuízos Acumulados apresentada neste capítulo (Cia. Pullgato).

DEMONSTRAÇÃO DAS MUTAÇÕES DO PATRIMÔNIO LÍQUIDO
Cia. Pullgato

Em R$ mil

Movimentações	Capital Realizado	Reserva de Capital	Reservas de Lucros					Lucros a Realizar	Lucros Acumulados	Total
			Legal	Estatutária	p/ Contingências	Orçamentária			
Saldos em 31-12-X0	7.000	–	70	2.100	140	28	14	950	10.302
Ajustes de Exercícios Anteriores									
(–) Retificações de Erros	–	–	–	–	–	–	–	(280)	(280)
Aumento de Capital	1.000	–	–	100%	–	–	–	–	1.000
Reversão de Reservas	–	2.800	–	–	–	–	–	–	2.800
Lucro Líquido do Exercício	–	–	–	–	–	–	–	3.000	3.000
Proposta da Administração de Destinação do Lucro									
– Reserva Legal	–	–	150	–	–	–	–	(150)	–
– Reservas Estatutárias	–	–	–	300	–	–	–	(300)	–
– Reservas p/ Contingências	–	–	–	–	255	–	–	(255)	–
– Reserva Orçamentária	–	–	–	–	–	180	–	(180)	–
– Reserva de Lucros a Realizar	–	–	–	–	–	–	95	(95)	–
– Dividendos (R$ 0,225 p/ação)	–	–	–	–	–	–	–	(900)	(900)
Saldos em 31-12-X1	8.000	2.800	220	1.400	395	208	109	1.790*	14.922

*O lucro acumulado está sendo mantido com saldo no final de 31-12-x1 para fins didáticos. Lembrando que a Lei das Sociedades Anônimas obriga as companhias abertas e as empresas de grande porte que têm a obrigação pública de prestação de contas a destinar o lucro para reserva de lucro ou então que seja distribuído como dividendo para seus sócios. Nas demais empresas não há esta exigência.

4.7 NOTAS EXPLICATIVAS E OUTRAS EVIDENCIAÇÕES

4.7.1 Evidenciações

Além das Demonstrações Contábeis (Financeiras) já estudadas, a Contabilidade adiciona àquelas demonstrações outras informações complementares no sentido de enriquecer os relatórios e evitar que (esses relatórios) se tornem enganosos.

Tais evidenciações devem ser destacadas no sentido de auxiliar a compreensibilidade pelo usuário das referidas demonstrações, para que possa extrair as informações que lhe são úteis na tomada de decisão.

As evidenciações destacadas devem ser relevantes quantitativa e qualitativamente. Quando ocorre mudança nos procedimentos contábeis, de um ano para o outro, deve ser destacada se a repercussão no resultado for relevante (significativa).

As evidenciações[4] podem estar mencionadas na forma descritiva, na forma de quadros analíticos suplementares ou em outras formas.

As principais evidenciações são:

1. Notas explicativas.
2. Quadros analíticos suplementares.
3. Informações entre parênteses.
4. Comentários do auditor.
5. Relatório da diretoria e outras evidenciações.

4.7.2 Notas explicativas

As notas explicativas devem ser apresentadas, tanto quanto seja praticável, de forma sistemática. Na determinação de forma sistemática, a entidade deve considerar os efeitos sobre a compreensibilidade e comparabilidade das suas demonstrações contábeis. Cada item das demonstrações contábeis deve ter referência cruzada com a respectiva informação apresentada nas notas explicativas.

Conforme disposição legal decorrente da Lei nº 6.404/1976, art. 176, parágrafo 5º, as Notas Explicativas devem indicar:

a) Os principais critérios de avaliação dos elementos patrimoniais, especialmente estoques, dos cálculos de depreciação, amortização e exaustão, de constituição de provisões para encargos ou riscos e dos ajustes para atender a perdas prováveis na realização de elementos do Ativo:

---

[4] Evidenciações também são chamadas *disclosure*.

- Expressar as principais práticas contábeis (critérios) significa informar aos usuários das Demonstrações Financeiras o *modus operandi* da Contabilidade, o que propicia melhor abordagem da situação econômico-financeira da empresa. Veja-se a seguir cada um dos principais critérios.
- *Estoques*. Os critérios de avaliação de estoque: (a) Preço Médio; (b) LIFO (UEPS); (c) FIFO (PEPS) etc.
- *Depreciação*. Os critérios utilizados para determinação da vida útil, as taxas utilizadas por classes principais do Ativo, o método de depreciação utilizado (linha reta, taxas decrescentes, de Cole etc.).
- *Amortização e exaustão*. Os critérios utilizados para determinação da vida útil, o método de amortização e exaustão etc., os critérios adotados para fazer amortização de gastos de implantação, reorganização e outros diferidos.
- *Provisão para encargos*. A base de contabilização da Provisão para Imposto de Renda (informando se são incluídos Incentivos Fiscais), a base de constituição para Provisão para Férias, a base de constituição da Provisão para Gratificação a Empregados etc.
- *Provisões para riscos*. A base de constituição da Provisão para Crédito de Liquidação Duvidosa (limite legal, média dos últimos anos etc.).
- *Ajustes para atender a perdas prováveis na realização de elementos do ativo*. Quando o valor de mercado for menor que o custo:
  - Valores mobiliários (não classificados como Investimentos).
  - Matérias-primas, produtos em fabricação, produtos acabados, mercadorias (comércio) e bens em almoxarifado.
  - Investimentos em participação no capital social de outra sociedade e os demais Investimentos.
- *Avaliação dos elementos patrimoniais*. Critério de avaliação dos Investimentos (Custo ou Equivalência Patrimonial); critério de registros dos Passivos (Empréstimos, Financiamentos com ou sem Variação Cambial) etc.

b) Os Investimentos em outras sociedades, quando relevantes. Considera-se relevante o Investimento:
  - Em cada sociedade coligada ou controlada, se o valor contábil é igual ou superior a 10% do valor do Patrimônio Líquido da Companhia.
  - No conjunto das sociedades coligadas e controladas, se o valor contábil é igual ou superior a 15% do valor do Patrimônio Líquido da Companhia.
  - As Notas Explicativas dos Investimentos Relevantes devem conter informações precisas sobre as sociedades coligadas e controladas, bem como suas relações com a companhia, indicando o seguinte:
    I – Denominação da sociedade, de seu capital social e do Patrimônio Líquido.

II – O número, as espécies e as classes de ações ou quotas de propriedade da companhia, bem como o preço de mercado das ações, se houver.
III – O lucro líquido do exercício.
IV – Os créditos e as obrigações entre a companhia e as sociedades coligadas e controladas.
V – O montante das receitas e despesas em operações entre companhia e sociedades coligadas e controladas.

c) Os ônus reais constituídos sobre elementos do Ativo, as garantias prestadas a terceiros e outras responsabilidades eventuais ou contingentes. Os ônus reais e as garantias decorrem, geralmente, dos empréstimos e financiamentos por instituições financeiras ou pelo próprio fornecedor: hipoteca dos bens financiados, alienação fiduciária, penhora etc. Devem também ser declarados outros itens oferecidos em garantia de empréstimos: Estoques, Duplicatas a Receber, Máquinas etc.
Responsabilidades eventuais ou contingentes referem-se a causas trabalhistas, contingências físicas (oriundas de autuações fiscais) que representam riscos de perdas.

d) A taxa de juros, as datas de vencimento e as garantias das obrigações a longo prazo devem ser destacadas da seguinte forma:

Instituições Financeiras (Financiador)	Saldo do Contrato	Data de Vencimento	Taxa de Correção	Correção Monetária ou Variação Cambial	Garantias Oferecidas	Valor de Parcelas Controladas e não Liberadas

e) O número, as espécies e as classes das ações do Capital Social. Conforme a Lei das Sociedades por Ações, o Capital Social poderá ser constituído das seguintes ações:

e1) Ações com valor nominal { Ações sem valor nominal / Ações sem valor nominal

e2) Quanto às espécies { Ordinárias (com direito a voto) / Preferenciais (sem direito a voto até 2/3 do total das ações)

e3) Quanto à diversificação de classes,[5] só é permitida para:
- Ordinárias (Cia. fechada)
- Preferenciais (Cia. aberta)
  - Classe A
  - Classe B
  - Classe C
  - ....
  - ....

e4) Quanto à forma
- Nominativas
- Endossáveis

Combinações possíveis:

ON – Ordinária Nominativa.

OE – Ordinária Endossável.

PN – Preferencial Nominativa.

PE – Preferencial Endossável.

f) As opções de compra de ações outorgadas e exercidas no exercício. A companhia pode emitir, dentro do limite de aumento do *Capital Autorizado* no estatuto, títulos negociáveis, denominados "bônus de subscrição".

Os bônus de subscrição conferem aos seus titulares, nas condições constantes do certificado, direito de subscrever ações do capital social, que será exercido mediante apresentação do título à companhia e pagamento do preço de emissão das ações.

Os bônus de subscrição são alienados pela companhia ou por ela atribuídos, como vantagem adicional, aos subscritores de suas ações ou debêntures.

g) Os ajustes de exercícios anteriores.

Os principais ajustes de exercícios anteriores referem-se à mudança de critérios contábeis (quebra da consistência) e à retificação de erro imputável a determinado exercício anterior, que não possam ser atribuídos a fatos subsequentes. Quanto à mudança de critério contábil, ocorre com mais frequência:
- avaliação de estoques: Preço Médio × FIFO;
- avaliação de investimentos: Método de Custo × Equivalência Patrimonial;
- depreciação: Taxa Fixa × Taxa Decrescente;
- regime de contabilidade: Regime de Caixa × Regime de Competência etc.

---

[5] Para cada classe poderá ser estipulado dividendo diferenciado, direito (ou não) de substituição de novas ações etc.

Erros imputáveis a exercícios anteriores:
- averiguação de erro na contagem do estoque;
- erro de cálculo etc.

Observa-se, neste caso, que devem aparecer em Notas Explicativas as mudanças de critérios que interfiram no resultado do exercício de forma "relevante".

h) Os eventos subsequentes à data de encerramento do exercício que tenham, ou possam vir a ter, efeito relevante sobre a situação financeira e sobre os resultados futuros da companhia. Suponha-se que, logo após o encerramento do balanço (mas antes de sua publicação), ocorra um incêndio na fábrica. Sem dúvida, tal fato alterará o andamento normal das operações da empresa. O analista financeiro considerará este aspecto em seu parecer. Aspectos como dias de paralisação, cobertura de seguros, prejuízos estimados etc. devem ser evidenciados em Notas Explicativas.

4.7.3 Outras notas explicativas (arrendamento financeiro)

Arrendamento mercantil é um acordo pelo qual o arrendador transmite ao arrendatário em troca de um pagamento ou série de pagamentos o direito de usar um ativo por um período de tempo acordado.

Arrendamento mercantil financeiro é aquele em que há transferência substancial dos riscos e benefícios inerentes à propriedade de um ativo. O título de propriedade pode ou não vir a ser transferido.

Arrendamento mercantil operacional é um arrendamento mercantil diferente de um arrendamento mercantil financeiro. O operacional não transfere riscos e benefícios ao arrendatário.

As notas explicativas para divulgação do arrendamento mercantil financeiro conforme determina o CPC 06 – operações de arrendamento mercantil – devem evidenciar, no mínimo, as seguintes informações:

(a) para cada categoria de ativo, valor contábil líquido ao final do período;
(b) conciliação entre o total dos futuros pagamentos mínimos do arrendamento mercantil ao final do período e o seu valor presente;
(c) pagamentos contingentes reconhecidos como despesa durante o período.

4.7.4 Quadros analíticos suplementares

Alguns quadros analíticos estão contidos dentro das próprias Notas Explicativas, como, por exemplo, os casos do detalhamento dos tipos de ações que compõem o capital social, o quadro de taxa de juros, as datas de vencimento, as garantias das obrigações a longo prazo etc.

Nos quadros suplementares são apresentados pormenores de itens que constam das Demonstrações Financeiras; não seria adequado apresentar tais detalhes no corpo daquelas demonstrações. Os quadros mais comuns são:

a) Composição dos Estoques
   Matérias-primas..
   Produtos em andamento...
   Produtos acabados..
   Almoxarifado..
   Peças de reposição...
   Etc. ....

b) Composição do Ativo Imobilizado

Terrenos		....
Edifícios	....	
(–) Depreciação Acumulada	(...............)	....
Máquinas	....	
(–) Depreciação Acumulada	(...............)	....
Veículos	....	
(–) Depreciação Acumulada	(...............)	....

   Construções em Andamento...
   Importação em Andamento..
   Etc. ....

c) Projetos em Execução
   Projeto A → Prazo de entrega   ....
                  Capacidade de Produção   ....
                  Custos Estimados × Custo Real ....
                  Financiamentos obtidos   ....
                  Etc.   ....
   Projeto B → ....
                 ....
                 ....

d) Demonstrações Financeiras avaliadas a preço de reposição etc.

Informações entre parênteses

Normalmente, são anotações curtas que compõem o próprio corpo das Demonstrações Financeiras, para evidenciar mais informações.

Circulante
    Disponível
        Caixa ....
        Bancos c/Movimento ....
        Aplicações Financeiras (Renda Fixa) ....
    Créditos
        Duplicatas a Receber ....
        Títulos a Receber (Venda de Imóveis) ....
    Estoques (PEPS)
        _____ ....
        _____ ....

4.7.5 Comentários do auditor

Para maior segurança do usuário, as empresas auditadas apresentam parecer do auditor, em que se expressa haver um exame nas Demonstrações Financeiras, efetuado de acordo com os padrões de auditoria geralmente aceitos.

O auditor emite sua opinião e informa se as Demonstrações Financeiras representam, adequadamente, a Situação Patrimonial e a Posição Financeira na data do exame. Informa se as Demonstrações Financeiras foram levantadas de acordo com os Princípios de Contabilidade Geralmente Aceitos e se há uniformidade em relação ao exercício anterior.

Muitas vezes ocorre que informações contidas nos comentários do auditor já constam de Notas Explicativas. Esta dupla evidenciação traz maior segurança ainda para o usuário das Demonstrações Financeiras.

As Demonstrações Financeiras das Companhias Abertas serão obrigatoriamente auditadas por auditores independentes, registrados na Comissão de Valores Mobiliários.

4.7.6 Relatório da diretoria

São informações de caráter não financeiro que abrangem:

- dados estatísticos diversos;
- indicadores de produtividade;
- desenvolvimento tecnológico;
- contexto socioeconômico da empresa;
- políticas diversas: recursos humanos, exportação etc.;
- expectativas com relação ao futuro;
- dados do orçamento de capital;
- projetos de expansão;
- desempenho em relação aos concorrentes etc.

Essas informações seriam mais significativas se não houvesse um excesso de otimismo (inconsequente), como frequentemente se observa.

Os administradores da companhia aberta são obrigados a comunicar imediatamente à Bolsa de Valores e a *divulgar pela imprensa* qualquer deliberação da assembleia geral ou dos órgãos de administração da companhia, ou outro qualquer fato relevante ocorrido em seus negócios, fato que possa influir, de modo ponderável, na decisão dos investidores do mercado de vender ou comprar valores mobiliários emitidos pela companhia.

Por fim, é necessário apresentar evidenciações em dosagens adequadas. Não ocultar informações que favoreçam os usuários na análise da tendência da empresa. Não fornecer informações demasiadamente resumidas, que pouco (ou nada) esclarecem, nem fornecer excesso de informações, que prejudicam a objetividade.

4.8 RELACIONAMENTOS ENTRE AS VÁRIAS DEMONSTRAÇÕES

A Companhia "Atenas" apresentou os demonstrativos que transcrevemos nas páginas para os exercícios encerrados, respectivamente, em 31-12-X e 31-12-X + 1, bem como as Demonstrações dos Resultados, de Mutações Patrimoniais, de Fluxo de Capital de Giro Líquido e de Fluxo de Caixa, para o período X + 1.

Na verdade, a Demonstração de Fontes e Usos de Capital de Giro Líquido (origens e aplicações de recursos) foi construída diretamente a partir do Balanço, Demonstração dos Resultados e Demonstração de Mutações Patrimoniais. Foi utilizada a técnica de diferença de saldos entre os grupos *não circulantes*, a fim de derivar as fontes e usos de capital de giro.

Assim, o acréscimo no saldo da Conta *Dívidas a Longo Prazo* nos Balanços é simplificadamente considerado endividamento adicional. Claramente, poderia ter ocorrido um acréscimo de 20 e uma amortização de 10, resultando num acréscimo líquido de 10.

A Demonstração de Caixa, todavia, desfaz a dúvida, pois acusa 10 como recebimento de empréstimos. Logo, houve mesmo um empréstimo adicional de 10 e não houve amortizações. O acréscimo no endividamento de longo prazo é *uma fonte de capital de giro líquido* (desde que ingresse sob forma de caixa ou de direitos a curto prazo no ativo), pois aumenta o ativo corrente[6] e, em compensação, não altera o passivo corrente. Todas as operações devem ser analisadas à luz da equação:

As operações que aumentam o saldo do Capital de Giro Líquido – CGL são as Fontes de capital de giro líquido e as que diminuem são os Usos (ou aplicações). Desta forma, o lucro do período é uma fonte líquida de capital de giro, pois as receitas aumentam o ativo corrente (usualmente) e o patrimônio líquido, ao passo que as despesas (excetuadas as amortizações e depreciações de ativos permanentes) diminuem, em última análise, o ativo corrente, bem como o patrimônio líquido. Em nosso exemplo, o lucro contábil é ajustado pela depreciação, pois esta foi subtraída das receitas para chegarmos ao lucro; porém, não consome fundos (capital de giro), sendo assim adicionada ao lucro, para efeito da demonstração de capital de giro líquido.

Do lado das aplicações (usos), tivemos um acréscimo de ativo permanente representado pelo acréscimo na conta de máquinas e equipamentos. Isto representa uma aplicação (uso) de capital de giro, desde que tenha sido realizada à vista ou com endividamento de curto prazo. Se, todavia, a aquisição de equipamentos estiver, isolada e especificamente, ligada a um financiamento de longo prazo, não alteraria o capital de giro líquido. Pelas informações fornecidas, não sabemos se o acréscimo de 10 no endividamento de longo prazo serviu, em parte, para a aquisição dos equipamentos. Desta forma, consideramos os R$ 10 como fonte e os R$ 50 como aplicação. Mesmo que o financiamento estivesse diretamente ligado à aquisição de maquinaria, seria conveniente reportá-lo como *fontes*, esclarecendo que os recursos assim supridos foram aplicados na compra de equipamentos e reportar esta última como *uso de capital de giro*. Faríamos, assim, transitar o financiamento pelo caixa (aumentando o capital de giro), para com este dinheiro adquirir os equipamentos, quando, na verdade, a operação seria simultânea. Outras fontes de Capital de Giro usuais e que não aparecem nesse exemplo são:

- aumento de capital, integralizado em dinheiro ou em ativos correntes;
- venda de ativos não correntes,[7] à vista ou a curto prazo.

---

[6] Ativo Corrente = Ativo Circulante. Idem para o Passivo.
[7] Incluído, além do Ativo Permanente, o Realizável a Longo Prazo.

A) BALANÇOS PATRIMONIAIS (Em forma dedutiva)
Companhia Atenas

Em R$

	Em 31-12-X		Em 31-12-X + 1	
ATIVO CIRCULANTE				
Disponibilidades	100		120	
C/Receber	300		360	
Estoques (PEPS)	150		180	
Outros	3		4	
	553		664	
(−) **PASSIVO CIRCULANTE**				
Fornecedores	180		195	
Salários a Pagar	10		14	
Imposto de Renda a Pagar	20		28	
	(210)		(237)	
= **CAPITAL DE GIRO LÍQUIDO**		343		427
+ **ATIVO NÃO CIRCULANTE**				
Imobilizado				
Máquinas e Equipamentos	500		550	
(−) Depreciação Acumulada	(150)	350	(200)	350
		693		777
(−) **PASSIVO NÃO CIRCULANTE**				
EXIGÍVEL A LONGO PRAZO				
Dívidas de Longo Prazo		(150)		(160)
= **PATRIMÔNIO LÍQUIDO**				
Capital	500		500	
Reservas de lucros	43	543	117	617

B) DEMONSTRAÇÃO DE RESULTADOS
Companhia Atenas

Em R$

	Período X + 1	
Receita de Vendas		1.300,00
(−) Custo das Vendas		(1.000,00)
= Resultado Bruto em Vendas		300,00
(−) DESPESAS		
Depreciação	50,00	
Despesas Financeiras	21,00	
Despesas Operacionais	127,00	(198,00)
= Lucro Antes do Imposto de Renda		102,00
(−) Imposto de Renda		(28,00)
= Lucro Líquido (DIR)		74,00

C) DEMONSTRAÇÃO DAS MUTAÇÕES DO PATRIMÔNIO LÍQUIDO COMPANHIA ATENAS

Em R$

	Capital	Lucros Acumulados	Total
Saldo em 31-12-X	500	43	543
Lucro do Exercício	–	74	74
Saldo em 31-12-X + 1	500	117	617

D) DEMONSTRAÇÃO DE FONTES E USOS DE CAPITAL DE GIRO LÍQUIDO COMPANHIA ATENAS
(Origens e Aplicações de Recursos)

Em R$

Período X + 1

	Capital de Giro Líquido em 31-12-X		343
+	FONTES DE CAPITAL DE GIRO DO PERÍODO		
	• Acréscimo de Dívidas de Longo Prazo	10	
	• Providas pelas Operações, Ajustadas pela Depreciação	124	134
=	Capital de Giro Líquido Utilizável no Período		477
(–)	USOS DE CAPITAL DE GIRO NO PERÍODO		
	• Acréscimo de Máquinas e Equipamentos		(50)
=	CAPITAL DE GIRO LÍQUIDO EM 31-12-X+ 1		427

E) DEMONSTRAÇÃO DE FLUXO DE CAIXA
Companhia Atenas

Em R$

Período X + 1

	Saldo de Caixa em 31-12-X		100
(+)	ENTRADAS DE CAIXA		
	Recebimento de Empréstimos	10	
	Vendas à Vista	650	
	Recebimentos de Valores a Receber	590	1.250
=	Saldo Disponível para Aplicação		1.350
(–)	SAÍDAS DE CAIXA		
	Compras à Vista	515	
	Pagamentos Efetuados a Fornecedores	500	
	Despesas Operacionais Pagas e Outros Desembolsos	165	
	Pagamento de Equipamentos	50	(1.230)
=	Saldo de Caixa em 31-12-X + 1		120

Outros usos não relacionados no exemplo seriam:

- amortização de financiamentos de longo prazo;
- distribuição ou declaração de dividendos;
- prejuízo do período menos amortizações e depreciações de ativos permanentes.[8]

A Demonstração de Fontes e Usos de Capital de Giro Líquido é de grande utilidade, pois não somente demonstra, ao longo dos anos, a política de captação e de aplicação de recursos da empresa, como também, se projetada para o futuro, pode dar excelentes indicações sobre a capacidade de pagar compromissos por parte da empresa, a médio e longo prazos. No exemplo apresentado, a empresa fez originar do lucro a quase totalidade de suas fontes, e uma parcela muito pequena foi derivante de endividamento adicional. Por outro lado, toda a aplicação referiu-se a investimentos em imobilizado tangível, aumentando ou repondo a capacidade instalada.

No que se refere à Demonstração dos Fluxos de Caixa, foi construída a partir dos demonstrativos anteriores, com as informações adicionais necessárias, as quais não se encontram nos demonstrativos publicados. Por exemplo, se conhecermos as vendas à vista, poderemos derivar os pagamentos de clientes através do uso conjugado das informações sobre vendas, vendas à vista, saldo inicial e final de Contas a Receber. Em nosso caso, por exemplo, as vendas à vista, tendo sido de 650, podemos armar o seguinte esquema de razonetes em T:

Vendas	Caixa	Contas a Receber
650 (1)	(1) 650	$Si = 300$
650 (2)		(2) 650 $X = ?$
1.300 Sf		$Sf = 360$

As vendas à vista, de 650, foram creditadas em *Vendas* e debitadas à conta *Caixa*. Obviamente, a diferença entre vendas totais de 1.300 e vendas à vista de 650 totaliza 650 também. Este valor representa as Vendas a Prazo, sendo creditado na conta *Vendas* a débito de *Contas a Receber*. Ora, esta conta tinha um saldo inicial de 300, sofreu um débito de 650 durante o período e ficou com saldo final de 360. Qual terá sido o valor creditado na conta para que isto pudesse ter ocorrido? Resolvemos assim: $300 + 650 - X = 360$. O valor para $X = 590$. Estes 590 representam os pagamentos efetuados por clientes durante o exercício. Tal valor aparece na Demonstração de Fluxo de Caixa como "Recebimento de Valores a Receber".

---

[8] Incluídos, no Ativo Permanente, o Imobilizado, o Ativo Diferido e os Investimentos, segundo a atual Lei das S.A.

Raciocínio análogo teria lugar no caso de pagamentos efetuados a fornecedores. Deveríamos considerar as contas de compras, a parcela de compras a prazo e a movimentação do saldo da conta Fornecedores.

Procedimentos semelhantes seriam utilizados nos outros desembolsos e entradas. Entretanto, precisamos conhecer algumas informações diretamente para, em seguida, calcular outras, de forma indireta. O procedimento mais adequado é, tanto no caso da Demonstração de Caixa quanto de CGL, recorrer aos registros internos da empresa. Todavia, nem sempre isto é possível, ou às vezes o tempo disponível não permite uma indagação mais cuidadosa. Precisamos, em tais casos, trabalhar "de ouvido", na base do conhecimento íntimo dos relacionamentos entre os vários demonstrativos, preenchendo um claro aqui, outro acolá, um verdadeiro quebra-cabeça contábil-financeiro, que deve, contudo, ser resolvido.

Temos, assim, os seguintes fluxos:

Acréscimo no Patrimônio Líquido	$ 74,00
Acréscimo no Lucro	$ 74,00
Acréscimo de Capital de Giro Líquido	$ 84,00
Acréscimo de Disponibilidades	$ 20,00

O acréscimo de caixa foi, dos três, o menor. O crescimento *da renda* (lucro líquido) foi de 74 milhões, ao passo que o acréscimo de capital de giro líquido foi da ordem de 84 milhões.

O acréscimo de lucro está contido no acréscimo de capital de giro líquido. De fato, as operações supriram 124 milhões de capital de giro líquido, assim decompostos:

	Capital de Giro Provindo das Vendas		1.300,00
(−)	*Consumos de Capital de Giro*		
	Custo das Vendas	1.000,00	
	Despesas Financeiras	21,00	
	Despesas Operacionais	127,00	
	Imposto Sobre a Renda	28,00	(1.176,00)
=	Acréscimo de Capital de Giro Líquido Devido às Operações do Período		$ 124,00

Os R$ 124, entretanto, são iguais aos R$ 74 de lucro líquido contábil mais os R$ 50 de depreciação. Assim, os R$ 74 estão incluídos na Demonstração de Capital de Giro Líquido. Por outro lado, houve R$ 10 adicionais, como fonte proveniente do acréscimo de empréstimos, e foram aplicados R$ 50 milhões em máquinas e equipamentos.

Verifica-se que, economicamente, os R$ 74 milhões de lucro seriam, em princípio, distribuíveis, e que, neste caso, o saldo de caixa suportaria tal distribuição. Entretanto, será necessário prever os recebimentos e pagamentos futuros de caixa, a fim de verificar se o desembolso imediato de R$ 74 não irá enfraquecer em demasia a posição financeira da empresa. Verificando-se picos (excessos) ou vales (faltas) previstos de caixa e levando-se em conta também um saldo mínimo de segurança desejado, poder-se-ia traçar uma programação de empréstimos ou de aplicações. Daí se depreende a importância da demonstração em sua faceta de previsão (que não nos cabe desenvolver nesse trabalho). Caixa, assim, é uma conta que deve ser controlada *a priori*, de forma concomitante (através dos boletins diários de caixa) e *a posteriori*, através de demonstrativos históricos de fluxos de caixa, levantados para períodos maiores do que um dia. Num sentido previsional, representa elemento de fundamental importância a fim de evitarem excessos de disponibilidade e faltas desta. O andamento da rentabilidade não tem, necessariamente, relacionamento, no curto prazo, com a evolução da liquidez, representada pelo Disponível. Assim, por falta da demonstração do fluxo de caixa previsto, uma empresa rentável pode ter sua falência requerida por não ter fundos disponíveis em determinado período para pagar suas contas. Se o orçamento de caixa for elaborado com razoável antecedência, será possível prever a falta de saldo para aquele período particular e tomar as medidas necessárias.

RESUMO DO CAPÍTULO

O analista de balanços e o analista financeiro precisam conhecer intimamente o significado e as relações entre os principais demonstrativos contábeis. Fluxo de rendas (fluxo de lucros), fluxo de capital de giro líquido e fluxo de caixa são conceitos diferentes, com finalidades diversas, embora extraídos do mesmo conjunto básico de dados.

Assim, o fluxo de rendas é indicador da utilidade agregada aos fatores de produção pela unidade empresarial; é um indicador de desempenho de médio e longo prazos, adequado para a avaliação das perspectivas gerais da empresa, no que se refere ao valor de mercado da ação, ao lucro por ação etc.

Entretanto, no curto prazo, pode haver uma arritmia entre a posição de rentabilidade da empresa e sua situação de liquidez. Pode-se chegar ao extremo de termos uma boa posição de rentabilidade e períodos de escassez de fundos (de caixa), que, se não previstos em tempo, podem levar a empresa à insolvência. O inverso pode ocorrer: situação de rentabilidade desfavorável e posição de liquidez de curto prazo favorável. Desta forma, o fluxo de caixa (no caso, o orçamento de caixa) assume importância fundamental.

O fluxo de caixa, todavia, não é suficiente para avaliar, em seu todo, a política financeira da empresa, quanto às fontes e aplicações de capital de giro. Por outro lado, esta última análise (do capital de giro líquido) é mais adequada para previsões de médio e longo prazos.

Adicionalmente, é preciso ressaltar que os fluxos de caixa previstos têm importantes aplicações no orçamento de capital.

Conquanto a finalidade deste capítulo não seja expor como é feita a projeção de tais demonstrativos, o entendimento das relações contábeis existentes entre eles, de uma forma simplificada, é extremamente importante.

EXERCÍCIO PROPOSTO E RESOLVIDO

A Empresa "Relacionada" apresentou os demonstrativos e as informações complementares a seguir relacionados:

A) BALANÇOS PATRIMONIAIS

Em R$

		Em 31-12-X		Em 31-12-X + 1	
	ATIVO				
	Ativo Corrente (circulante)				
	Caixa e Bancos		135		104
	Duplicatas a Receber	250		280	
(−)	Provisão para Crédito de Liquidação duvidosa	(8)	242	(9)	271
	Inventários		95		101
	Despesas Pagas Antecipadamente		2*		1
	Total do Ativo Corrente		474		477
	Ativo Não Corrente (Ativo não circulante)				
	Contas a Receber (Realizável a Longo Prazo)		150		180
	Imobilizações Técnicas	350		390	
(−)	Depreciação Acumulada	(105)	245	(144)	246
	Investimentos		50		70
	Total do Ativo Não Corrente		445		496
	Total do Ativo		919		973

* Transformadas em Despesa Operacional em *X* + 1.

Capítulo 4

PASSIVO E PATRIMÔNIO LÍQUIDO		
Passivo Circulante		
Fornecedores	120	136
Contas a Pagar	15	10
Impostos a Pagar	90	33
Total do Passivo Circulante	225	179
Passivo não Circulante		
Exigível a Longo Prazo		
Financiamentos no Exterior	110	149
Contas a Pagar	12	5
Total do Passivo Exigível a Longo Prazo	122	154
Patrimônio Líquido		
Capital	300	350
Reservas	45	50
Reservas de lucros	227	240
Total do Patrimônio Líquido	572	640
Total do Passivo e Patrimônio Líquido	919	973

B) DEMONSTRAÇÃO DE RESULTADOS

Para o Período X + 1

Em R$

	VENDAS		3.600,00
(–)	CUSTO DAS VENDAS		(2.800,00)
=	RESULTADO BRUTO COM VENDAS		800,00
(–)	DESPESAS		
	• Depreciação	39,00	
	• Provisão para Crédito de Liquidação Duvidosa	9,00	
	• Financeiras	20,00	
	• Variação Cambial	39,00	
	• Outras Despesas Operacionais	582,00	(689,00)
=	LUCRO (AIR)		111,00
(–)	Imposto de Renda		(33,00)
=	LUCRO (DIR)		R$ 78,00

C) DEMONSTRATIVO DE MUTAÇÕES DO PATRIMÔNIO LÍQUIDO

Para o Período X + 1

Em R$

	Capital	Reservas	Lucros Acumulados	Total
Saldo em 31-12-X	300	45	227	572
Aumento de Capital	50		(30)	20
Lucro de X + 1		5	73	78
Distribuição de Dividendos			(30)	(30)
Saldo em 31-12-X + 1	350	50	240	640

D) INFORMAÇÕES ADICIONAIS

1. O aumento de capital foi integralizado parte com aproveitamento de Lucros Acumulados (incorporação de Lucros Acumulados ao Capital) e parte em dinheiro.
2. Os dividendos foram pagos em dinheiro.
3. As despesas financeiras foram pagas em dinheiro.
4. O crescimento do saldo da dívida em moeda estrangeira (Financiamentos no Exterior) é devido totalmente à variação cambial.
5. As vendas à vista foram de R$ 1.200,00.
6. As compras a prazo foram de R$ 1.120,00.
7. Os acréscimos em contas a receber a longo prazo e os em investimentos foram à vista.
8. Pagamentos de Contas a Pagar, no período, totalizaram R$ 588.
9. As compras a prazo e as vendas a prazo são contabilizadas nas contas Fornecedores e Duplicatas a Receber, respectivamente.

Pede-se:

Elaborar a Demonstração de Fontes e Usos de Capital de Giro Líquido e a Demonstração de Fluxo de Caixa.

SOLUÇÃO

EMPRESA "RELACIONADA"
DEMONSTRAÇÃO DE FONTES E USOS DE CAPITAL DE GIRO LÍQUIDO
(ORIGENS E APLICAÇÕES DE RECURSOS)

Para o Período X + 1

Em R$

Capital de Giro Líquido em 31-12-X		R$ 249
ORIGEM DE RECURSOS		
Aumento de Capital Integralizado em Dinheiro	R$ 20	
Lucro Líquido Ajustado pela Depreciação e Variação Cambial	R$ 156*	
Total de Origens (1)	R$ 176	
APLICAÇÕES DE RECURSOS		
Distribuição de Dividendos	R$ 30	
Acréscimo no Realizável a Longo Prazo	R$ 30	
Acréscimo nas Imobilizações Técnicas	R$ 40	
Acréscimo nos Investimentos	R$ 20	
Diminuição nas Contas a Pagar de Longo Prazo	R$ 7	
Total de Aplicações (2)	R$ 127	
Excesso de Origens sobre Aplicações (1) – (2)		R$ 49
Capital de Giro Líquido em 31-12-X + 1		R$ 298

De fato, Ativo Circulante – Passivo Circulante, em 31-12-X +1 = R$ 477 – R$ 179 = R$ 298.

* R$ 156 = Lucro Líquido de R$ 78 + Depreciação de R$ 39 + Despesa de Variação Cambial de R$ 39 (que, embora diminua o Patrimônio Líquido, não consome capital de giro líquido, pois foi creditada em Passivo Exigível a Longo Prazo). Por outro lado, o acréscimo na conta de Exigível a Longo Prazo, que deriva da Variação Cambial, não foi considerado como origens de recursos.

DEMONSTRAÇÃO DE ENTRADAS E SAÍDAS DE CAIXA (FLUXO DE CAIXA)

Para o Período X + 1

Em R$

Saldo em 31-12-X		135
ENTRADAS		
Aumento de Capital	20	
Vendas à Vista	1.200	
Recebimento de Duplicatas a Receber	2.362	
Total de Entradas	3.582	
SAÍDAS		
Pagamentos de Dividendos	30	
Despesas Financeiras	20	
Compras à Vista	1.686	
Pagamentos de Contas a Pagar de Curto Prazo	585	
Pagamentos de Contas a Pagar de Longo Prazo	7	
Pagamentos de Despesas Antecipadas	1	
Imposto de Renda Pago	90	
Aplicações em Ativos Não Correntes	90	
Pagamentos a Fornecedores	1.104	
Total de Saídas	3.613	
Excesso de Saídas sobre Entradas		(31)
Saldo em 31-12-X + 1		104

Observações:

• No cálculo do valor para o "Recebimento de Duplicatas a Receber" é necessário levar em conta que foi utilizada, durante o período, a provisão para créditos de liquidação duvidosa de R$ 8. Os R$ 9, de 31-12-X + 1, foram constituídos no último dia de X + 1. Por outro lado, as compras totais devem ser deduzidas a partir do Custo de Vendas e dos Estoques Iniciais e Finais.

• Nos exemplos até o presente Capítulo, ainda não introduzimos os efeitos derivantes da correção monetária prevista na Lei das Sociedades por Ações, a fim de mantermos em termos muito simples os relacionamentos. A correção é tratada em capítulos e exemplos posteriores.

Introdução à Análise de Balanços – Análise Horizontal e Análise Vertical

5.1 GENERALIDADES

A análise de balanços deve ser entendida dentro de suas possibilidades e limitações. De um lado, mais aponta problemas a serem investigados do que indica soluções; de outro, desde que convenientemente utilizada, pode transformar-se num poderoso "painel de controle" da administração.

Para isso, é necessário atentar para os seguintes detalhes:

a) registros contábeis da empresa devem ser mantidos com esmero para que as informações sejam produzidas com fidedignidade e sejam úteis para tomada de decisão;

b) ainda que o Departamento de Contabilidade da empresa realize um grande esforço para manter os registros de forma correta, é altamente desejável que os relatórios financeiros sejam auditados por auditor independente ou, pelo menos, tenha havido uma minuciosa revisão por parte da auditoria interna;

c) é preciso tomar muito cuidado na utilização de valores extraídos de balanços iniciais e finais, principalmente na área de contas a receber e estoques, pois muitas vezes tais contas, nas datas de balanço, não são representativas das médias reais de período;

d) os demonstrativos objetos de análise devem ser corrigidos tendo em vista as variações do poder aquisitivo da moeda, muito embora não exista mais a figura da correção monetária no Brasil desde 1995; para fins gerenciais e de análises esta necessidade não pode ser descartada (analisaremos este problema, em detalhe, em capítulo especial);

DEMONSTRAÇÕES FINANCEIRAS EM 31 DE DEZEMBRO DE 20X7
BALANÇO PATRIMONIAL *(Quadro I)*

R$

ATIVO		
CIRCULANTE		
Caixa	119	
Bancos	70.608	
Valores negociáveis (LTN)	25.000	95.727
Contas a receber		
Duplicatas	375.019	
Duplicatas e saques descontados	(24.036)	
Provisão para Créditos de liquidação duvidosa	(11.271)	
Outras	10.433	350.145
Estoques		
Produtos Acabados	82.069	
Produtos em elaboração	151.309	
Matérias-primas	78.393	
Materiais auxiliares	16.913	
Importações em andamento	405	
	329.089	
Provisão para ICMS	(15.328)	313.761
Depósitos para Importações – Resolução 443		30.546
Despesas do exercício seguinte		4.604
Total do Ativo Circulante		794.783
ATIVO NÃO CIRCULANTE		
REALIZÁVEL A LONGO PRAZO		
Empresas controladas	20.440	
Eletrobras	17.918	
Outros	3.160	
	41.518	
Provisão sobre Eletrobras	(6.091)	35.427
INVESTIMENTOS		
Empresas controladas	144.288	
Aplicações por incentivos fiscais	14.436	
Outros	1.207	
	159.931	
Provisão sobre investimentos	(32.054)	
	127.877	
IMOBILIZADO	592.583	720.460
		1.550.670

DEMONSTRAÇÕES FINANCEIRAS EM 31 DE DEZEMBRO DE 20X7
BALANÇO PATRIMONIAL *(Quadro I)*

R$

PASSIVO E PATRIMÔNIO LÍQUIDO		
CIRCULANTE		
Fornecedores		35.514
Financiamentos		
Nacionais	55.553	
Estrangeiros R$ 1.494 mil (R$ 5.014 mil menos R$ 3.520 mil – Resolução 432)	23.979	79.532
Contas e Despesas a pagar		18.642
Impostos e contribuições a recolher		59.664
Provisão para imposto de renda		66.657
Proposta à assembleia		
Gratificação de funcionários	4.000	
Porcentagem à administração	10.161	
Dividendos	57.182	71.343
Total do Passivo Circulante		331.352
NÃO CIRCULANTE		
Financiamentos		
Nacionais	93.216	
Estrangeiros USR$ 2.628 mil (USR$ 3.565 mil menos USR$ 937 mil – Resolução 432)	42.175	135.391
PATRIMÔNIO LÍQUIDO		
Capital subscrito e integralizado	334.399	
Reserva de capital	517.445	
Reserva de lucros	232.083	1.083.927
		1.550.670

e) a análise de balanços limitada a apenas um exercício é muito pouco reveladora, salvo em casos de quocientes de significação imediata. Adicionalmente, é necessário comparar nossos quocientes e tendências com:

1. quocientes dos concorrentes;
2. metas previamente estabelecidas pela administração (quocientes-padrão).

A fim de demonstrar o que acabamos de afirmar, apresentamos anteriormente um exemplo de balanço e demonstrações de resultados de uma empresa real.

O balanço e as Demonstrações de Resultados poderiam ser colocados convenientemente, para efeito de análise, na forma apresentada nas páginas 88 e 89 (Demonstrativo Sumarizado).

Evidentemente, este é apenas um dos formatos que seria possível apresentar, no grau de detalhe que, presumivelmente, interessa à análise, no caso particular. Poderíamos apresentar algo mais resumido ou mais detalhado.

DEMONSTRAÇÃO DO RESULTADO NO EXERCÍCIO

(Quadro II)

R$

RECEITA OPERACIONAL BRUTA		
Venda de produtos	1.424.602	
Outras	59.898	1.484.400
IMPOSTO SOBRE PRODUTOS INDUSTRIALIZADOS		(95.008)
Receita operacional líquida		1.389.392
CUSTO DOS PRODUTOS VENDIDOS		(540.500)
Lucro bruto		848.892
DESPESAS		
Vendas		
Comissões	152.316	
Outras	21.453	(173.769)
Gerais		
Honorários da diretoria	10.161	
Administrativas	232.083	
Impostos e taxas	1.782	(244.026)
Financeiras		
Depreciações, menos R$ 74.403 mil apropriados ao custo de produção		(12.794)
Lucro operacional		355.167
OUTRAS RECEITAS (DESPESAS) OPERACIONAIS		
Provisão sobre investimentos	(32.054)	
Reversão de provisão sobre Eletrobras	2.840	
Outras, líquido	(73.595)	(102.809)
Resultados do exercício antes do imposto de renda e proposta à Assembleia		252.358
PROVISÃO PARA IMPOSTO DE RENDA		(66.657)
PROPOSTA A ASSEMBLEIA		
Gratificação a funcionários	4.000	
Porcentagens à administração	10.161	(14.161)
Lucro líquido do exercício		171.540
(Lucro por ação do capital social: R$ 0,51)		

DEMONSTRATIVO SUMARIZADO 1
BALANÇO PATRIMONIAL EM 31-12-20X7

ATIVO

ATIVO CIRCULANTE

Disponibilidades		95.727	
Contas a Receber		350.145	
Estoques		313.761	
Depósito para Importações		30.546	
Despesas Antecipadas		4.604	794.783

ATIVO NÃO CIRCULANTE

Empresas Controladas		20.440	
Eletrobras (Líq.)		11.827	
Outros		3.160	35.427

INVESTIMENTOS

Empresas Controladas	144.288		
Imóveis de Aluguel	14.436		
Outros	1.207		
	159.931		
(–) Provisão sobre perda de Investimentos	(32.054)	127.877	
IMOBILIZADO		592.583	720.460	755.887
TOTAL DO ATIVO				1.550.670

PASSIVO E PATRIMÔNIO LÍQUIDO

PASSIVO

PASSIVO CIRCULANTE

Fornecedores		35.514	
Financiamentos		79.532	
Contas e Despesas a Pagar		18.642	
Impostos e Contribuições a Recolher		59.664	
Provisão para Imposto de Renda		66.657	
Propostas de Distribuição Dividendos		71.343	331.352

PASSIVO NÃO CIRCULANTE

Financiamentos Nacionais		93.216	
Financiamentos Estrangeiros		42.175	135.391
TOTAL DO PASSIVO			466.743

PATRIMÔNIO LÍQUIDO

Capital Subscrito e Integralizado		334.399	
Reservas de Capital		517.445	
Reservas de Lucros		232.083	1.083.927
TOTAL DO PASSIVO E PATRIMÔNIO LÍQUIDO			1.550.670

DEMONSTRATIVO SUMARIZADO 2
DEMONSTRAÇÃO DE RESULTADOS PARA O EXERCÍCIO DE 20X7

	Receita Operacional Bruta		1.484.400
(−)	Deduções de Receitas		(95.008)
=	Receita Operacional Líquida		1.389.392
(−)	Custo dos Produtos Vendidos		(540.500)
=	Lucro Bruto		848.892
(−)	DESPESAS OPERACIONAIS		
	Vendas	173.769	
	Administrativas	244.026	
	Financeiras	63.136	
	Depreciação	12.794	(493.725)
=	Lucro Operacional		355.167
(−)	Outras Despesas operacionais (líquidas)		(102.809)
=	Resultado do Exercício antes do Imposto de Renda e da Proposta de Distribuição à Assembleia		252.358
(−)	Provisão para Imposto de Renda		(66.657)
=	Resultado Líquido do Exercício (DIR)		185.701*
(−)	Proposta de Distribuição		(14.161)
=	Lucro Líquido do Exercício		171.540*

* Veja Capítulo 2, para um melhor entendimento do significado e para análise dos dois itens acima.

Em alguns casos, será interessante evidenciar as depreciações acumuladas e as provisões para créditos de liquidação duvidosa, bem como duplicatas descontadas.

Em algumas situações, poderemos querer reportar todas as contas ou quase todas. O que importa é classificá-las nos grupos circulante e não circulante, para maior facilidade de análise.

Do nosso ponto de vista, os demonstrativos para análise, principalmente em se tratando de uma análise para avaliação de tendência, devem ser os mais resumidos. Se algumas áreas-problema forem diagnosticadas, a análise pode ser aprofundada a qualquer momento. Um critério para "eleição" das contas a serem ou não incluídas nos demonstrativos, para efeito de análise, é verificar se ultrapassam ou não certa porcentagem do total do grupo a que pertencem, do Ativo etc. Entretanto, a administração pode ter interesse em acompanhar a evolução de itens que ainda não são representativos no total, mas que retratam algum plano de expansão, cuja evolução, por exemplo, desejamos monitorar nos relatórios financeiros.

O mais correto seria fazer a primeira análise com grupos o mais resumido possível e, nas áreas-problema, efetivar uma análise detalhada.

A classificação em ativo e passivo circulantes possibilita visualizar imediatamente o capital de giro líquido da empresa.

No que se refere ao DR,[1] delinearíamos o demonstrativo sumarizado 2 da página anterior.

Quanto ao subgrupo "Despesas Operacionais", é claro que seria, em muitos casos, necessária uma análise mais detalhada. Por outro lado, na parte de outras receitas e outras despesas operacionais, as rendas e despesas financeiras poderiam (e em muitos casos deveriam) ser evidenciadas individualmente.

5.2 A ANÁLISE HORIZONTAL

A finalidade principal da análise horizontal é apontar o crescimento de itens dos Balanços e das Demonstrações de Resultados (bem como de outros demonstrativos) através dos períodos, a fim de caracterizar tendências.

5.2.1 Análise horizontal de séries de vendas, Custo das Vendas e resultado

Esta análise oferece avaliações interessantes. Suponha, por exemplo, a seguinte evolução:

Item da análise	EM R$				
	20X1	20X2	20X3	20X4	20X5
Vendas	100	107	115	123	132
(–) Custo das Vendas	70	76	83	91	99
= Lucro Bruto	30	31	32	32	33

A tabela de análise horizontal sempre é realizada em termos de índices. O índice do ano estabelecido como base da série é 100, e os valores dos anos seguintes são expressos em relação ao índice base, 100. Assim, tomando-se Vendas, o primeiro ano (20X1) é expresso pelo *índice 100*. Obviamente, o segundo ano (20X2) é expresso pelo

---

[1] DR = Demonstrativo de Resultados (Demonstração dos Resultados do Exercício).

índice 107. O terceiro ano (em termos do primeiro) terá índice igual a 115, e assim por diante.

Já no caso do Custo de Vendas, o primeiro ano tem base 100. O segundo terá índice 109. Este índice é obtido dividindo-se 76 por 70 e multiplicando-se por 100, ou multiplicando-se o quociente 100/70 por 76. Este segundo procedimento é melhor, pois, no caso de uma série muito longa, basta considerar 100/70 como fator constante, colocar na memória da calculadora e multiplicar sucessivamente por todos os valores seguintes, obtendo-se automaticamente os índices. Assim procedendo, os índices seriam: 100, 109, 119, 130 e 141.

Comparemos, agora, os índices das duas séries:

Item da análise	20X1	20X2	20X3	20X4	20X5
Vendas	100	107	115	123	132
Custo das Vendas	100	109	119	130	141

Note-se que Custo das Vendas está crescendo mais rapidamente do que Vendas. Isto levou, como vimos, à estagnação do Lucro Bruto. Todavia, a tendência é pior do que pode parecer à primeira vista. Se calcularmos a taxa implícita média (composta) de crescimento anual das duas séries, veremos que Vendas cresce cerca de 7%, ao passo que Custo das Vendas cresce 9%. De fato, se aplicarmos a fórmula do Montante (Matemática Financeira), as duas séries seriam assim expressas (desprezando os anos intermediários):

Vendas:

um capital inicial de R$ 100 rendeu, no fim de 4 anos, R$ 32, ou se transformou num Montante de R$ 132.

Assim, R$ $100 \times (1 + i)^4 = 132$.

Resolvendo em i, esta é (aproximadamente) igual a 0,07 ou 7% a.a., capitalização composta (7,19%, mais exatamente).

De fato, R$ $100 \times (1,07)^4$ R$ $100 \times 1,32 =$ R$ 132.

Custo das Vendas: R$ $70 \times (1 + i)^4 = 99$;

$i = 9\%$ a.a., capitalização composta (9,05%, mais exatamente).

Se tal tendência persistir, ano chegará em que o valor do Custo das Vendas alcançará o valor das Vendas e, obviamente, a partir daquele período, haverá prejuízos. É claro que em nosso exemplo demoraria muitos anos para isto acontecer, pois a diferença entre os capitais iniciais é grande e a diferença de taxas é relativamente pequena.

Se as Vendas forem de R$ 100 no fim do ano X0, crescendo a uma taxa de 10% ao ano e o Custo das Vendas R$ 90 crescendo a 15% ao ano, teríamos (aproximadamente):

Item da análise	Fim do 1º Ano (X1)	Fim do 2º (X2)	Fim do 3º (X3)	Fim do 4º (X4)	Fim do 5º (X5)
Vendas	110	121	133	146	161
Custo das Vendas	104	120	138	159	183

Verifica-se que no fim do terceiro ano já incorreríamos em prejuízo (nas vendas).

É claro que muitos eventos poderiam ocorrer e que tenderiam a reverter ou amenizar a tendência. Um deles, sem dúvida, poderia ser configurado pelas providências que tomaríamos a partir da tomada de consciência sobre a tendência desfavorável.

Este tipo de análise é aplicável também a séries mais completas de receitas e despesas. Em última análise, toda a Demonstração de Resultados pode ser analisada horizontalmente. É claro que nem sempre poderemos realizar com tanta facilidade os cálculos de taxa implícita de crescimento, especialmente quando houver reversão de tendência de um ano para outro. Entretanto, é um instrumental que pode ser utilizado, às vezes.

O Balanço também tem sua análise horizontal realizada item por item ou grupo por grupo.

Os leitores terão oportunidade de efetuar uma análise horizontal e vertical completa em exercício posterior. O que interessa agora é caracterizá-las.

Um problema que muito afeta a significância da evolução horizontal dos índices é a inflação (se as contas não estiverem corrigidas pela correção integral, lembrando que a correção monetária foi extinta no Brasil em 1995, o que de certa forma impede as empresas de atualizarem as demonstrações contábeis para corrigir a perda da inflação do período).

As séries de Vendas e Despesas são completamente alteradas, se levarmos em conta a inflação, mudando o comportamento dos índices de forma ponderável. À medida que o Custo das Vendas contenha parcelas de estoques antigos e que o estoque final seja pequeno com relação ao inicial, o Custo das Vendas *tenderá* a sofrer uma correção maior que as Vendas. Por outro lado, as despesas de desembolso (salários, despesas administrativas etc.) *tendem* a ser corrigidas pelos mesmos coeficientes de vendas. A amortização de intangíveis e as depreciações, em média, têm um coeficiente de correção bem maior que o das vendas. Assim, de maneira geral, pode-se afirmar que, se em valores históricos as despesas crescerem mais rapidamente que as receitas, em valores corrigidos a *tendência,* geralmente, poderá ser acentuada. Se as despesas crescerem menos rapidamente que as receitas no demonstrativo histórico, a *tendência* se atenuará nos demonstrativos corrigidos. Se o crescimento for idêntico nos valores históricos, as despesas tenderão a crescer mais a valores corrigidos. Poderá haver casos, todavia, em que o acima descrito não ocorrerá, no todo ou em parte.

A análise horizontal aplicada a itens do Balanço tem o mesmo significado que a aplicada a itens do DR. Trata-se de discernir o ritmo de crescimento dos vários itens. Alguns itens, como, por exemplo, *o Disponível,* desejamos controlá-los de maneira especial. Todavia, frequentemente a análise horizontal ganha sentido apenas quando aliada à vertical. Por exemplo, o disponível pode ter crescido em valores absolutos, mas sua participação percentual sobre o ativo circulante ou total pode ter-se mantido constante ou até ter diminuído por causa do aumento do giro e das dimensões da empresa. Se o objetivo é manter o Disponível a um mínimo possível, é preciso tomar muito cuidado com a análise do seu crescimento. A análise horizontal e a análise vertical devem ser utilizadas conjuntamente.

5.3 A ANÁLISE VERTICAL

Este tipo de análise é importante para avaliar a estrutura de composição de itens e sua evolução no tempo. Suponhamos que determinado Estado apresente a seguinte evolução de Despesas Públicas:

Despesas em R$	20X2	20X3	20X4
Despesas Correntes	800	1.000	1.300
Despesas de Capital	1.500	1.800	2.250
Despesas Totais	2.300	2.800	3.550

A política de prioridades daquele Estado havia sido declarada como sendo a de aumentar a participação da despesa de capital (basicamente investimentos) sobre a despesa total. Terá sido bem-sucedida?

Pelo que os números podem indicar, claramente, **não**, pois, em 20X2, a despesa de capital representava 65% da despesa total. Em 20X3, passou a representar 64% e, em 20X4, 63%. Embora tivesse declinado lentamente, participação percentual declinante da despesa de capital representa algo desfavorável, no que se refere ao objetivo supramencionado. Aliás, em matéria de entidades estaduais, federais e municipais, é extremamente difícil e doloroso mudar a representatividade percentual destes dois itens sobre a despesa total. Muitas vezes, um acréscimo desmesurado de investimentos, não devidamente acompanhado pela adequada manutenção (que exige pessoal bem remunerado, materiais, e, portanto, despesas correntes) dos serviços, resulta em deterioração dos serviços prestados à população.

A *Companhia Midas* assim apresentava a evolução dos grupos do Ativo em relação ao Ativo Total (valores expressos em moeda de 20X9):

Item da análise	20X6	%	20X7	%	20X8	%	20X9	%
Disponibilidades	20	6	15	3,5	10	2	8	1,5
Valores a Receber a Curto Prazo	90	27	85	20	20	5	22	4
Estoques	60	18	80	19	110	25	130	24
Valores a Receber a Longo Prazo	10	3	20	5	25	6	30	6
Imobilizado	150	44	200	48	250	57	300	56
Investimentos	5	1	15	3,5	15	3	30	6
Diversos	3	1	5	1	10	2	12	2,5
	338	100	420	100	440	100	532	100

Observe-se que o ativo total teve acréscimo de 24% entre 20X6 e 20X7. De 5%, de 20X7 para 20X8. De 21%, de 20X8 para 20X9.

Dentre os grandes itens, nota-se diminuição da participação do Disponível sobre o Ativo Total, o que *pode* ser ótimo indício. Os estoques sofrem acréscimo de 18 para 19%, e para 25% em 20X8, decrescendo ligeiramente sua participação em 20X9, no nível de 24%, porém acima do nível inicial. Seria preciso investigar o porquê disso e com quais fundos foi aumentada a participação dos estoques. Em parte, talvez isso tenha sido possível pela melhor administração do Disponível.

Vejamos o que ocorre com os Recebíveis a Curto Prazo: diminuem bastante de 20X6 a 20X7, passando de 27% para 20%. Sofrem decréscimo brutal em 20X8, o qual deverá ser investigado quanto às verdadeiras causas. Entretanto, mantêm-se baixos em 20X9. Estes dois últimos valores podem ser indicativos de que a empresa praticamente não vendeu a prazo (ou de outros fatores). De qualquer forma, *pode* ser altamente positiva a diminuição percentual dos Disponíveis e Recebíveis sobre o Ativo Total.

Em compensação, a empresa conseguiu transferir recursos consideráveis para investimento em imobilizado. Este aumentou sua participação de 44%, em 20X6, para 48%, em 20X7, e 57%, em 20X8, mantendo-se praticamente estável em 20X9. A empresa tenha talvez decidido usar recursos de caixa e equivalente de caixa e recebíveis para investir em estoques e imobilizado. Seria, por outro lado, necessário analisar a composição das fontes de recursos para se ter uma ideia melhor do que ocorreu. Se esta análise revelar, por exemplo, que o endividamento de longo prazo não se alterou muito e que não houve acréscimos de capital por subscrição, efetivamente a expansão do imobilizado pode ter sido obtida às custas de uma retração do capital de giro líquido. É necessário, todavia, analisar como se comporta o Exigível a Curto Prazo. É provável que tenha pelo menos mantida, se não aumentada (dadas as hipóteses de não crescimento do endividamento a longo prazo e do capital), sua participação. Será necessário analisar mais adequadamente a situação de liquidez e sua tendência.

No Demonstrativo Operacional (DR), a análise vertical pode ser até de maior utilidade. Observe o quadro abaixo:

COMPANHIA MIDAS

DEMONSTRAÇÕES DE RESULTADOS (EM MOEDA DE 20X4)

	Item da análise			20X3				20X4	
	Vendas			R$ 385	100%			R$ 520	100%
(–)	Custo das Vendas			R$ 193	50%			R$ 244	47%
=	Lucro com Mercadorias			R$ 192	50%			R$ 276	53%
(–)	Despesas Operacionais								
	Salários	R$ 80	65%			R$ 115	65%		
	Depreciações	R$ 10	8%			R$ 15	8%		
	Impostos	R$ 8	6%			R$ 12	7%		
	Outras	R$ 25	21%	R$ 123	32%	R$ 36	20%	R$ 178	34%
=	Lucro Operacional				69	18%		R$ 98	19%
(–)	Despesas Financeiras*			R$ 10	3%			R$ 36	7%
=	Lucro (AIR)			R$ 59	15%			R$ 62	12%
(–)	Provisão para Imposto de Renda			**R$ 19**	**5%**			**R$ 22**	**4%**
=	Lucro Líquido			R$ 40	10%			R$ 40	8%

* Consideradas como item *Não Operacional*.

A análise vertical é extremamente reveladora, neste caso. Verifica-se que até o item "Lucro Operacional" a empresa manteve e até melhorou o desempenho em relação a 20X3. De fato, o custo das vendas que representava 50% das mesmas diminuiu para 47%, aumentando, portanto, a participação do lucro com Mercadorias. Entretanto, verifica-se acréscimo percentual das Despesas Operacionais, as quais passam de 32% para 34%. Interessante notar que, dentro do grupo Despesas Operacionais, seus componentes individuais mantêm as participações com relação ao total de Despesas Operacionais. Por algum motivo, a empresa não conseguiu controlar as despesas operacionais ao mesmo nível percentual de 20X3, com relação às vendas. Isto foi quase o suficiente para anular a vantagem obtida no custo das vendas.

No item Despesas Financeiras verifica-se o fator primordial que fará o desempenho da empresa empobrecer, pelo menos no que se refere o DR. Passaram de 3%, porcentagem baixa, para 7% das vendas, mais alta, embora não alarmante. Quais os motivos desta mudança? É preciso investigar em profundidade, tentando alterar o comportamento. Em consequência da piora no item Despesas Financeiras, todos os demais relacionamentos se deterioram. De um lucro líquido de 10% sobre as vendas passamos para 8%, embora em valores absolutos permaneçam iguais.

Esta deterioração da margem, entretanto, talvez possa ser recuperada pelo ganho, se houver, na rotação do ativo pelas vendas, como veremos mais adiante.

Não é altamente provável, todavia, que a rotação tenha aumentado a ponto de cancelar a perda na margem. Isto porque, por ter tido uma despesa financeira mais alta, provavelmente a empresa obteve empréstimos, os quais devem ter aumentado as aplicações no ativo. Todavia, será necessária uma análise mais detalhada para uma melhor conclusão.

Como afirmamos anteriormente, a análise de balanços revela mais áreas de problemas a serem investigadas do que soluções. Isto no que se refere à análise completa. O que dizer, então, de uma pequena parte da análise, qual seja o cálculo das porcentagens verticais? Entretanto, o "contador e os gestores poderão com mentalidade de analista" discernir uma série de fatores que motivaram certo comportamento e apontá-los aos interessados e responsáveis pela empresa. Não se devem esperar, todavia, resultados imediatos, como consequência de uma análise, a não ser em casos extremamente evidentes.

RESUMO DO CAPÍTULO

O trabalho de preparação dos dados para a análise de balanços envolve algumas etapas básicas, a saber:

1. *Revisão dos demonstrativos financeiros por auditores independentes ou internos.*
2. *Agrupamento e reagrupamento dos balanços apresentados da forma tradicional numa forma mais adequada para a análise.*
3. *Tirar o efeito da inflação dos demonstrativos financeiros, tornando-os comparáveis em termos de poder aquisitivo de uma mesma data (Correção Integral).*
4. *Efetuar a análise horizontal e vertical dos demonstrativos ou da série de demonstrativos.*

5. Coletar as demonstrações contábeis[2] das empresas com as quais deveremos comparar nossas análises. Coletar as publicações especializadas que comparam os principais índices das maiores empresas.
6. Ter sempre em mente os quocientes-padrão estabelecidos pela própria empresa, se existirem.

As análises horizontal e vertical são muito importantes como etapa preparatória à análise por quocientes propriamente dita. Todavia, tenha-se em mente que algumas análises verticais já representam quocientes. Por exemplo, a análise vertical do demonstrativo de resultados já relaciona uma série de itens de despesa e resultados com as vendas. Como veremos mais adiante, o lucro líquido sobre as vendas é um dos componentes do cálculo de retorno sobre o investimento.

Conclusões apressadas devem ser evitadas a partir das análises vertical e horizontal, tomadas isolada ou conjuntamente. Somente a apreciação conjunta dos vários quocientes poderá dar uma ideia mais nítida da situação da empresa.

EXERCÍCIO RESOLVIDO

1. A Companhia Sinapse apresentou a seguinte evolução para as Receitas, Despesas e Lucro:

	Em R$ milhões					
Descrição/Ano	**20X1**	**20X2**	**20X3**	**20X4**	**20X5**	**20X6**
Receitas globais	113	125	168	198	215	312
Despesas	96	101	125	159	189	212
Lucro	17	24	43	39	26	100

Os índices gerais de preços, no meio de cada ano, foram os seguintes: 20X1, 2.300; 20X2, 2.450; 20X3, 2.589; 20X4, 3.000; 20X5, 3.400; 20X6, 3.800.

Apenas no ano de 20X6, houve um ganho extraordinário de R$ 55, incluído nas Receitas.

Pede-se: Efetuar a análise horizontal. Como a inflação modificaria a análise? Como consideraria o Ganho Extraordinário em 20X6? A empresa não mantém estoques.

---

[2] No texto, utilizamos as expressões *demonstrações* e *demonstrativos contábeis* como sinônimos das demonstrações e demonstrativos financeiros.

SOLUÇÃO

Coeficientes de Correção:

3.800/2.300 = 1,65;

3.800/2.450 = 1,55;

3.800/2.589 = 1,47;

3.800/3.000 = 1,27;

3.800/3.400 = 1,12;

3.800/3.800 = 1,00.

Observação:

O ganho extraordinário de 20X6 deveria ser subtraído da receita 20X6 nesse caso. Toda vez que pretendemos extrair de uma série alguma tendência, devemos excluir resultados anormais ou não recorrentes. Entretanto, podemos eventualmente considerar receitas não operacionais (despesas), desde que recorrentes e usadas no empreendimento.

Apresentamos, a seguir, o quadro de Receitas, Despesas e Lucros já corrigidos pelos coeficientes, com os índices de análise horizontal:

COMPANHIA SINAPSE
QUADRO CORRIGIDO DE RECEITAS, DESPESAS E LUCROS EM MOEDA DE 20X6

Em R$ milhões

	Descrição/Ano	20X1	20X2	20X3	20X4	20X5	20X6
		×	×	×	×	×	×
	Coeficiente de correção	1,65	1,55	1,47	1,27	1,12	1,00
	Receitas	186	194	247	251	241	257
(−)	Despesas	158	157	184	202	212	212
=	Lucro	28	37	63	49	29	45
	Índices						
	Receitas	100	104	133	135	130	138
	Despesas	100	99	116	128	134	134
	Lucro	100	132	225	175	104	161

Os valores e índices calculados após a correção pela inflação, quando comparados com os valores e índices nominais (esses últimos a serem calculados), falam por si só. Na verdade, na série corrigida apontamos um decréscimo real de receita de 20X4 a 20X5 que não consta do demonstrativo histórico. Considere-se, todavia, que admitimos que o impacto da inflação na série de receitas e despesas é o mesmo, na falta de outras informações. Usualmente, entretanto, o impacto sobre os itens de despesa é maior do que sobre os de receita, a não ser que as despesas sejam todas de "desembolso".

A Análise da Liquidez e do Endividamento

6.1 INTRODUÇÃO GERAL AO CÁLCULO DE QUOCIENTES

A análise de balanços encontra seu ponto mais importante no cálculo e avaliação do significado de quocientes, relacionando principalmente itens e grupos do Balanço e da Demonstração do Resultado. Passaremos a expor as formas de cálculo, o significado e as limitações de cada um dos principais relacionamentos.

A técnica de análise financeira por quocientes é um dos mais importantes desenvolvimentos da Contabilidade, pois é muito mais indicado comparar, digamos, o ativo corrente com o passivo corrente do que simplesmente analisar cada um dos elementos individualmente.[1]

O analista externo à empresa normalmente estará apenas de posse dos balanços, demonstrativos operacionais e outras poucas informações adicionais, ao passo que o analista interno poderá dispor dos detalhes somente encontrados nos registros analíticos da empresa.

O uso de quocientes tem como finalidade principal permitir ao analista extrair tendências e comparar os quocientes com padrões preestabelecidos. A finalidade da análise é mais do que retratar o que aconteceu no passado; as informações pregressas fornecem sempre algumas bases para inferir o que poderá acontecer no futuro e assim identificar tendências que podem contribuir para decisões preditivas.

---

[1] Como vimos, ativo corrente é equivalente a ativo circulante, o mesmo ocorrendo com o passivo. Por outro lado, quando usamos *Demonstrativo* ou *Demonstração* de Resultados, referimo-nos à mesma demonstração, cuja denominação correta, pela Lei nº 6.404/1976, é *Demonstração do Resultado do Exercício*.

As limitações da análise de balanços prendem-se basicamente à diversidade de métodos contábeis adotados pelas empresas, mesmo dentro do mesmo setor, de que já tratamos no Capítulo 2. Também a própria natureza estritamente financeira das indagações retrata as limitações implícitas em todo o método contábil. Entretanto, os quocientes, devidamente calculados sobre demonstrativos depurados dos efeitos do "embonecamento" (o *window dressing* dos americanos, que consiste nas manipulações frequentemente utilizadas pelos autores dos demonstrativos, no sentido de melhorar a aparência de resultados dos mesmos), auditados e analisados por analista experimentado, comparados com padrões preestabelecidos, são de grande utilidade para a tomada de decisão dos gestores da empresa.

Uma das vantagens frequentemente citadas da análise por meio de quocientes é que, dividindo-se um valor por outro, os efeitos da inflação são depurados. Isto, entretanto, somente acontece basicamente com os índices financeiros. Teremos oportunidade de verificar que os índices de rentabilidade e outros são completamente diferenciados, conforme depuremos ou não os efeitos da inflação sobre os demonstrativos.

A periodicidade da análise depende dos objetivos que se pretenda alcançar. Tratando-se de análise para finalidades externas, basicamente um cálculo anual ou semestral é suficiente. Para a análise gerencial interna, alguns índices merecerão acompanhamento mensal, outros até de intervalos mais curtos, dependendo de quanto crítico seja o índice como um dos sinais de alarme do sistema de informação contábil-financeiro.

6.2 ANÁLISE DA LIQUIDEZ E DO ENDIVIDAMENTO

Este tópico engloba os relacionamentos entre contas do balanço que refletem uma situação estática de posição de liquidez ou o relacionamento entre fontes diferenciadas de capital. Reitera-se a importância de todos os quocientes ou grupos de quocientes, muito embora percam em significação se não forem analisados em conjunto com outros grupos. No caso específico, os quocientes de rentabilidade e de atividade têm, ao longo dos anos, um efeito muito grande sobre os de liquidez. Já no que se refere à posição de endividamento, muitas vezes ela é o foco inicial de uma boa ou má situação de rentabilidade futura. Na verdade, liquidez e rentabilidade interagem entre si, levando a uma determinada configuração empresarial.

6.2.1 Principais quocientes de liquidez

a) $\text{Quociente de Liquidez Imediata} = \dfrac{\text{Disponibilidades}}{\text{Passivo Circulante}}$

Este quociente representa o valor de quanto dispomos imediatamente para liquidar nossas dívidas de curto prazo. Considere-se que a composição etária do numerador e denominador é completamente distinta. No numerador temos fundos imediatamente disponíveis. No denominador, dívidas que, embora de curto prazo, vencerão em 30, 60, 90, 180 e até 365 dias. Assim, a comparação mais correta seria com o valor presente de tais vencimentos, ou colocando-se no denominador o valor que pagaríamos se nos dispuséssemos a pagar as dívidas de curto prazo hoje, de uma só vez. Provavelmente obteríamos um desconto. Este quociente já teve uma importância maior, quando a existência de mercado financeiro e de capitais era restrita. Hoje, sem desprezar-se certo limite de segurança que irá variar de acordo com a natureza do empreendimento, com o tamanho da empresa e o "estilo" da administração, sem dúvida que, na verdade, se procura ter uma relação disponível/passivo corrente a menor possível, em cada data. É claro que não podemos correr o risco de não contar com disponibilidades quando as dívidas vencerem. Todavia, o orçamento de caixa é o melhor instrumento para prever ou prevenir tais acontecimentos. Devemos lembrar, por outro lado, que disponível ocioso perde substância líquida quando nos encontramos em períodos de inflação.

b) Quociente de Liquidez Corrente = $\dfrac{\text{Ativo Circulante}}{\text{Passivo Circulante}}$

Este quociente relaciona o quanto dispomos, imediatamente, de disponíveis e conversíveis (de curto prazo) em dinheiro, com relação às dívidas de curto prazo. É um índice muito divulgado e frequentemente considerado como o melhor indicador da situação de liquidez da empresa. É preciso considerar que no numerador estão incluídos itens tão diversos como: disponibilidades, valores a receber a curto prazo, estoques e certas despesas pagas antecipadamente. No denominador, estão incluídas as dívidas e obrigações vencíveis a curto prazo.[2]

No quociente de liquidez é preciso, como de resto para muitos outros quocientes, atentarmos para o problema dos prazos dos vencimentos das contas a receber e das contas a pagar. Por outro lado, a inclusão dos estoques no numerador pode diminuir a validade do quociente como indicador de liquidez. Suponha que a empresa normalmente demore 90 dias para receber suas vendas a prazo. Os estoques levam, em média, 120 dias para serem vendidos, sendo 30% das vendas à vista, e o restante, a prazo. O grau de conversibilidade dos vários itens que compõem o numerador do quociente é muito variado. Temos disponibilidades imediatas, valores a

---

[2] Curto prazo, de acordo com a Lei nº 6.404, de 15-12-1976, é o período que vai até o fim do exercício seguinte, ao qual se refere o balanço analisado.

receber que se transformarão em dinheiro em 90 dias e estoques que, em 120 dias, proporcionarão uma entrada adicional em caixa de 30% do custo mais a margem de lucro. Por outro lado, as vendas a prazo derivantes dos estoques demorarão 120 mais 90 dias para serem recebidas em dinheiro. O grau de risco, por outro lado, é completamente diferente. O disponível não tem praticamente risco. Os recebíveis têm um risco associado à ocorrência de devedores insolváveis, e os estoques têm um risco muito maior, que é o da própria incerteza da venda, a qual, em certas circunstâncias, pode ser apreciável. Suponhamos que se espere uma fase de recessão conjuntural para os próximos meses. É muito provável que os estoques se transformem em dinheiro muito mais demoradamente ou até tenham de ser baixados como perda, caso sejam deterioráveis.

Exemplo: Certa empresa mantém em t_0 um Disponível de $ 100.000. Os valores a receber são de $ 450.000, com os seguintes vencimentos: $ 100.000 daqui a 30 dias, $ 170.000 daqui a 60 dias, $ 180.000 daqui a 90 dias. O estoque, no valor de $ 100.000, vai demorar 30 dias em média para se transformar em venda (vamos considerar que a empresa somente vende a prazo) e, uma vez se transformando em recebíveis, com 30% de lucro sobre o custo, vencerão: $ 29.900 em 30 dias, $ 49.111 em 60 dias e $ 50.989 em 90 dias. Por outro lado, a provisão para crédito de liquidação é de 10% de todos os saldos de contas a receber vencíveis em cada data (por simplificação). Os valores a pagar de $ 325.000 vencem em 30 dias. A taxa adequada de desconto é de 3% ao mês. Como analisaria a posição de liquidez? Na verdade, ao aplicar *simplesmente* a fórmula, teríamos um quociente igual a

$$\frac{\$\ 100.000 + \$\ 450.000 + \$\ 100.000}{\$\ 325.000} = \frac{\$\ 650.000}{\$\ 325.000} = 2$$

Para cada real de exigibilidade a curto prazo, estaríamos contrapondo 2 reais de recursos imediatamente disponíveis para fazer frente a tais compromissos.

Entretanto, este é um cálculo um tanto otimista. A rigor, deveríamos calcular valores atuais, no numerador e denominador. (E deduzir as provisões, se elas já não foram lançadas.)

	0 dias	30 dias	60 dias	90 dias	120 dias
Disponibilidades	100.000				
Valores a Receber		100.000	199.900	229.111	50.989
(−) Provisão para Crédito de Liquidação Duvidosa		(10.000)	(19.990)	(22.911)	(5.099)
Valores Líquidos	100.000	90.000	179.910	206.200	45.890
Valores Atuais[3]	100.000 +	87.379 +	169.582 +	188.702 +	40.773 = 586.436
Valor Atual das Dívidas de Curto Prazo[4]		315.534			

$$\text{Quociente de Liquidez Corrente} = \frac{\$\,589.436}{\$\,315.534} = 1,86$$

No caso, o quociente não diminuiu muito, em parte, por termos considerado um acréscimo de R$ 30.000 no numerador pela margem de lucro envolvida no estoque.

Assim, é preciso tomar muito cuidado para avaliar a sinalização real de nosso quociente de liquidez corrente (e de vários outros que envolvem prazos diferentes de vencimento de direitos e obrigações).

c) $\text{Quociente de Liquidez Seco} = \dfrac{\text{Ativo Circulante} - \text{Estoques}}{\text{Passivo Circulante}}$

Esta é uma variante muito adequada para se avaliar conservadoramente a situação de liquidez da empresa. Eliminando-se os estoques do numerador, estamos eliminando uma fonte de incerteza. Por outro lado, estamos eliminando as influências e distorções que a adoção deste ou daquele critério de avaliação de estoques poderia acarretar, principalmente se os critérios foram alterados ao longo dos períodos. Permanece o problema dos prazos do ativo circulante (no que se refere aos recebíveis) e do passivo circulante. Em certas situações, pode-se traduzir num quociente bastante conservador, visto a alta rotatividade dos estoques. O quociente apresenta

---

[3] $\$\,87.379 = \dfrac{\$\,90.000}{1,03}$; $\$\,169.582 = \dfrac{\$\,179.910}{(1,03)^2}$ etc.

[4] $\$\,315.534 = \dfrac{\$\,325.000}{1,03}$

uma posição bem conservadora da liquidez da empresa em determinado momento, sendo preferido pelos emprestadores de capitais.

d) Quociente de Liquidez Geral = $\dfrac{\text{Ativo Circulante + Realizável a Longo Prazo}^5}{\text{Passivo Circulante + Exigível a Longo Prazo}}$

Este quociente serve para detectar a saúde financeira (no que se refere à liquidez) de longo prazo do empreendimento. Mais uma vez, o problema dos prazos empobrece o sentido e a utilidade do quociente, a não ser que seja explicitamente levado em sua devida conta. Os prazos de liquidação do passivo e de recebimento do ativo podem ser o mais diferenciados possível, ainda mais se considerarmos que temos passivo e ativo a longo prazo. Às vezes, acontece que os índices de liquidez corrente e seca se apresentam como razoáveis em decorrência de vultosos empréstimos a longo prazo. Assim, ao calcularmos o Quociente de Liquidez Corrente, o numerador estará afetado *para mais,* pela entrada do disponível, ao passo que o denominador não será afetado, pois somente o passivo circulante é considerado. Entretanto, a posição de longo prazo pode ser muito menos favorável. Se não contarmos com grandes aplicações em Valores a Receber de Longo Prazo, a posição de liquidez no longo prazo ficará comprometida.

Suponha, em t_0, a seguinte situação:

		Em $
Ativo Circulante	100	
Ativo Não Corrente (Somente Realizável a Longo)	10	110
Passivo Circulante	100	
Exigível a Longo Prazo	0	
Patrimônio Líquido	10	110

O Quociente de Liquidez Corrente seria igual a 1.

Vamos supor que, logo em seguida, obtenhamos um empréstimo a longo prazo de 50.

O Ativo Circulante se alteraria para 150. O Passivo Circulante ficaria inalterado, e o Exigível a Longo Prazo aumentaria de 0 para 50.

---

[5] Às vezes, incluímos no numerador, excepcionalmente, certos investimentos financeiros assemelháveis a valores a receber a longo prazo.

Se, nesse momento, confiássemos apenas no Quociente de Liquidez Corrente para avaliar a situação de solvência da empresa, resultaria igual a 1,5. Entretanto, a posição é ilusória, no longo prazo, pois o Quociente de Liquidez Geral é $= \dfrac{160}{150} = 1{,}07$.

É muito importante, assim, associarmos os vários quocientes de liquidez entre si.

6.2.2 Principais quocientes de endividamento (estrutura de capital)

Estes quocientes relacionam as fontes de fundos entre si, procurando retratar a posição relativa do capital próprio com relação ao capital de terceiros. São quocientes de muita importância, pois indicam a relação de dependência da empresa com relação a capital de terceiros.

a) $\dfrac{\text{Quociente de Participação de Capitais}}{\text{de Terceiros sobre os Recursos Totais}} = \dfrac{\text{Exigível Total}[6]}{\text{Exigível Total + Patrimônio Líquido}}$

Este quociente (também conhecido por "*Debt Ratio*"), de grande relevância, relaciona o Exigível Total (capitais de terceiros) com os Fundos Totais Providos (por capitais próprios e capitais de terceiros).

Expressa a porcentagem que o endividamento representa sobre os fundos totais. Também significa qual a porcentagem do ativo total é financiada com recursos de terceiros.

No longo prazo, a porcentagem de capitais de terceiros sobre os fundos totais não poderia ser muito grande, pois isto iria progressivamente aumentando as despesas financeiras, deteriorando a posição de rentabilidade da empresa.

Entretanto, muito irá depender da taxa de retorno ganha pelo giro no ativo dos recursos tomados por empréstimo, quando comparada com a taxa de despesas financeiras sobre o endividamento.

Se a taxa de despesas financeiras sobre o endividamento médio se mantiver menor que a taxa de retorno obtida pelo uso, no giro operacional, dos fundos obtidos por empréstimo, a participação de capitais de terceiros será benéfica para a empresa, desde que isto não determine situação de liquidez insustentável em determinados dias, semanas ou meses do ano. Analisaremos este ponto, em detalhe, quando tratarmos da "alavancagem financeira".

---

[6] Exigível Total = Passivo Circulante + Passivo Exigível a longo prazo.
Veja o item 12.2.7 para esclarecimentos adicionais.

b) Quociente de Participação de Capitais de Terceiros/Capitais Próprios $= \dfrac{\text{Exigível Total}}{\text{Patrimônio Líquido}}$

É outra forma de encarar a dependência de recursos de terceiros. Se o quociente, durante vários anos, for consistente e acentuadamente maior que um, denotaria uma dependência exagerada de recursos de terceiros. Este quociente é um dos mais utilizados para retratar o posicionamento das empresas com relação aos capitais de terceiros. Grande parte das empresas que vão à falência apresenta, durante um período relativamente longo, altos quocientes de Capitais de Terceiros/Capitais Próprios. Isto não significa que uma empresa com um alto quociente necessariamente irá à falência, mas todas ou quase todas as empresas que vão à falência apresentam este sintoma. Daí o cuidado que deve ser tomado com relação à projeção de captação de recursos quando vislumbramos uma necessidade ou uma oportunidade de expansão. Deverão ser, na medida do possível, projetados os efeitos (sobre os demonstrativos financeiros futuros) das políticas alternativas de captação de recursos próprios (capitais de risco) e de terceiros ou uma adequada combinação de ambos, que, às vezes, é a melhor alternativa.

c) Quociente de Participação das Dívidas de Curto Prazo sobre o Endividamento Total $= \dfrac{\text{Passivo Circulante}}{\text{Exigível Total}}$

Representa a composição do Endividamento Total ou qual a parcela que se vence a Curto Prazo, no Endividamento Total.

A empresa em franca expansão deve procurar financiamento, em grande parte, com endividamento de longo prazo, de forma que, à medida que ela ganhe capacidade operacional adicional com a entrada em funcionamento dos novos equipamentos e outros recursos de produção, tenha condições de começar a amortizar suas dívidas. Por isto é que se deve evitar financiar expansão com empréstimos de curto prazo, a não ser que o período de *Payback* dos ativos seja curtíssimo, fato que raramente ocorre.

Obviamente, os quocientes *a* e *c* têm seus complementos; assim, se quisermos saber qual a porcentagem de ativo financiada por recursos próprios, basta subtrairmos 1 do quociente *a*; da mesma forma, se desejarmos conhecer qual a participação do Endividamento de Longo Prazo sobre o Endividamento Total, basta também subtrairmos 1 do quociente *c*.

Cada empreendimento possui uma estrutura otimizante de composição de recursos e não existem, a rigor, regras fixas. A natureza do endividamento, as taxas de juros, os riscos, quando comparados com o retorno que tais recursos propiciam, uma vez investidos, devem ser, por sua vez, comparados com os custos alternativos da captação de capital de risco. Mais importante do que uma posição estática de tais quocientes é sua evolução no tempo e seus efeitos sobre a rentabilidade da empresa. Mesmo que durante certo tempo a empresa se tenha beneficiado de uma alta taxa de endividamento, surgirá o momento a partir do qual, pela grandeza dos custos financeiros, o endividamento adicional não será mais desejável, mesmo porque os emprestadores de dinheiro, a partir de certo grau de endividamento da empresa, veem aumentar seus riscos de emprestar e não receber, aumentando, portanto, a taxa de juros. Isto ocorre não apenas com empresas, mas também com indivíduos e até com nações. É um fenômeno natural do mercado financeiro, que exige maiores retornos para riscos maiores.

Análise da Rotatividade (do Giro)

Estes quocientes, importantíssimos, representam a velocidade com que elementos patrimoniais se renovam durante determinado período de tempo. Por sua natureza, têm seus resultados normalmente apresentados em dias, meses ou períodos maiores, fracionários de um ano. A importância de tais quocientes consiste em expressar relacionamentos dinâmicos – daí a denominação de quocientes de atividade (rotatividade) – que acabam, direta ou indiretamente, influindo bastante na posição de liquidez e rentabilidade. Normalmente, tais quocientes envolvem itens do demonstrativo de posição (balanço) e do demonstrativo de resultados, simultaneamente.

a) $\text{Rotatividade do Estoque de Produtos Acabados} = \dfrac{\text{Custo dos Produtos Vendidos}}{\text{Estoque Médio de Produtos Acabados}}$

Este quociente, muito divulgado, procura (mensurado pelo custo das vendas) representar quantas vezes se "renovou" o estoque por causa das vendas.

Assim, uma empresa que vendeu mercadorias (ou produtos) que custaram R$ 100.000 e que manteve um estoque médio durante o período de R$ 20.000 terá um quociente de rotação de $\$ = \dfrac{100.000,00}{20.000,00} = 5$ vezes, durante o período considerado. Isto significa que o estoque demora, em média, 2,4 meses para ser vendido, se o período for anual.

Alega-se que, quanto maior a rotatividade, tanto melhor; e isto certamente é verdade, desde que a margem de lucro sobre as vendas se mantenha constante ou, se diminuir, diminuir menos do que o aumento da rotação.

Suponhamos que uma empresa mantenha uma rotação de aproximadamente 6 vezes num período, resultante de:

$$\frac{\text{R\$ 3.000.000 (custos das vendas)}}{\text{R\$ 500.000 (estoque médio)}}$$

Suponhamos, ainda, que aos R$ 3.000.000 de custo correspondam R$ 4.500.000 em valor de venda. A margem de lucro em vendas da empresa será de cerca de 0,33, isto é, 33%. Porém, admitamos que a empresa, num considerável esforço de vendas, mantendo o estoque médio de produtos a um mínimo possível, consiga vender $ 6.000.000, mantendo um estoque médio de $ 700.000. Todavia, o custo das vendas, por causa do esforço realizado, redundando em maiores despesas, absorve 75% das vendas em vez de 67%, como anteriormente. A rotação do estoque será, de fato, maior, isto é, igual $\dfrac{0{,}75 \times 6.000.000}{7.000.000} = 6{,}4$ vezes, mas o lucro manter-se-ia igual em valores absolutos (R$ 1.500.000) e declinaria como porcentagem das vendas de 33% para 25%.

Portanto, um acréscimo da rotação do giro não significa, necessariamente, aumento de lucro. Além disso, alguns acréscimos de despesa derivantes do esforço adicional de venda (como despesas financeiras para empréstimos de capital de giro necessários para sustentar a venda adicional) não seriam incluídos no Custo dos Produtos Vendidos, o que talvez nos leve a analisar o efeito de um acréscimo da rotação sobre o lucro líquido, e não sobre o lucro bruto.

Um problema adicional com este quociente relaciona-se com o método de avaliação do estoque e com o cálculo do estoque médio. Na apreciação do quociente, devemos levar em conta o método de avaliação utilizado. Quanto à forma de calcular o estoque médio, sempre devemos recorrer ao maior número possível de observações. Se estivermos calculando o quociente anualmente, evitaremos, desde que possível, o uso apenas do estoque inicial e final, e muito menos de um dos dois isoladamente. Talvez a média dos 12 meses seria o mais aconselhável, desde que tivéssemos acesso aos balancetes de verificação.

O quociente de rotatividade pode também ser aplicado aos estoques de materiais e de produtos em elaboração.

b) $\dfrac{\text{Prazo Médio de Recebimento de Contas a Receber (Derivantes de Vendas a Prazo)}}{} = \dfrac{\text{Contas a Receber Médio}}{\text{Vendas Médias}[1]}$

---

[1] Diárias, semanais ou mensais.

Este quociente indica quantos dias, semanas ou meses a empresa deverá esperar, em média, antes de receber suas vendas a prazo. *Contas a Receber Médio* deveria ser obtido a partir do maior número possível de saldos. Deveria representar a média do maior número possível de saldos da conta "Contas a Receber" (ou equivalente) durante o período observado.

As vendas médias (somente a parcela a prazo) são calculadas dividindo-se as vendas a prazo por 360 se quiser em dias ou por 12 se mensal etc., conforme desejemos o resultado expresso.

Exemplo:

	Em $					
	Janeiro	Fevereiro	Março	Abril	Maio	Junho
Saldo de Contas a Receber[2]	1.200	1.500	1.400	1.300	1.700	1.900
Vendas a Prazo	1.350	1.500	1.050	1.600	1.800	2.000

Se quiséssemos calcular o quociente para o período de 6 meses, poderíamos relacionar, entre outras variantes de cálculo:

$$\frac{\$\ 1.500\ (\text{Saldo Médio de Contas a Receber})}{\$\ 51{,}67\ (\text{Vendas Médias Diárias})} \cong 29.$$

Isto significa que a empresa demora, em média, cerca de 29 dias para receber suas vendas a prazo.

O fato de uma empresa demorar mais ou menos tempo para receber suas vendas a prazo pode derivar de vários fatores, tais como: usos e costumes do ramo de negócios, política de maior ou menor abertura para o crédito, eficiência do serviço de cobranças, situação financeira de liquidez dos clientes (do mercado) etc. É necessário fazer gestão e controle sobre os fatores que a empresa pode influenciar, a fim de encurtar o mais possível tal prazo. Obviamente, o custo da ociosidade de recebíveis é grande. Por um lado, a empresa deixa de receber dinheiro com o qual poderia investir (o desconto de duplicatas seria uma forma de dinamizar, desde que os custos financeiros não sejam excessivos) e, talvez por isto mesmo, a empresa vai perdendo poder de compra à medida que os saldos de recebíveis se acumulam, com o efeito

---

[2] Pode ser tomado o saldo bruto ou o líquido, já subtraindo-se os títulos descontados e devedores duvidosos, originando interpretações diferenciadas. Preferimos usar valores líquidos. A forma bruta é a mais utilizada. Valores de Contas a Receber, considerados no fim dos meses, e de Vendas, valores do período.

da inflação. Consideremos, entretanto, que o fato de receber em dinheiro as contas a receber e deixar este dinheiro parado também irá redundar em perdas pela inflação, embora aumente a liquidez imediata.

c) $\text{Prazo Médio de Contas a Pagar (Derivantes da Compra de Insumos Básicos a Prazo)} = \dfrac{\text{Fornecedores (Médio)}}{\text{Compras Médias a Prazo}}$

Valem aqui as mesmas observações feitas para o quociente anterior, no que se refere a expressá-lo em dias, meses etc.

Representa a outra face da questão. Mais do que analisar os quocientes *b* e *c* isoladamente, é o relacionamento ou comparação entre os dois que vai determinar a posição favorável ou desfavorável, a este respeito, da empresa.

Se uma empresa demora muito mais para receber suas vendas a prazo do que para pagar suas compras a prazo, irá necessitar de capital de giro adicional para sustentar suas vendas, criando-se um círculo vicioso difícil de romper. Uma das poucas alternativas no caso é trabalhar, se for possível, com ampla margem de lucro sobre as vendas e tentar esticar ao máximo os prazos de pagamento adicionalmente a uma política agressiva de cobranças e desconto bancário.

A forma de cálculo do quociente *c* é análoga à do quociente *b*.

d) $\text{Quociente de Posicionamento Relativo} = \dfrac{\text{Prazo médio de Recebimento}}{\text{Prazo médio de Pagamentos}}$

A empresa deveria fazer o possível para tornar este quociente inferior a 1 ou, pelo menos, ao redor de 1, a fim de garantir uma posição neutra.

Considere-se que a influência dos quocientes vistos é muito grande sobre a posição presente e futura de liquidez (a curto e a longo prazo). À medida que diminuirmos o prazo médio de recebimentos em relação ao prazo médio de pagamentos, estaremos propiciando condições mais tranquilas para obter posicionamentos estáticos de liquidez mais adequados. Como o excesso de recebíveis diminui o "giro do ativo" (veja quocientes de rentabilidade), é preciso aumentar a margem de lucro sobre as vendas para compensar o efeito negativo do giro baixo. Isto nem sempre é possível. Como dificilmente poderemos modificar sensivelmente o prazo médio de pagamentos, resta agirmos sobre o prazo médio de recebimentos e sobre a margem de lucro.

e) $\text{Rotatividade do Ativo (Giro do Ativo)} = \dfrac{\text{Vendas}}{\text{Ativo Médio}}$

Este quociente de atividade expressa quantas vezes o ativo "girou" ou se renovou pelas vendas. Pode ser desdobrado numa série de subquocientes, tais como: Vendas/Ativo Circulante, Vendas/Ativo Fixo (Permanente) etc. No numerador, podemos utilizar vendas brutas ou, como variante, vendas líquidas.

Existe um grande interesse da empresa em ter vendas expressivas e cada vez maiores em relação ao valor do ativo. Quanto maior o "giro" do ativo pelas vendas, maiores as chances de cobrir as despesas com uma boa margem de lucro. O denominador poderia ser constituído, numa variante, pelo *Ativo Médio Operacional*. Duas empresas que ganhem a mesma margem sobre as vendas, digamos, 10% sobre as vendas, terão *um retorno sobre o ativo* completamente diferente se os giros do ativo forem diferentes.

É por isso que se realiza um grande esforço para diminuir o investimento em recebíveis, estoques e outros ativos, no sentido de tornar o giro do ativo tão grande quanto possível. Não que se vá, preconcebidamente, deixar de expandir a planta da empresa ou de adquirir os insumos básicos, mas procura-se "agilizar" os investimentos a um mínimo indispensável, deixando os estoques, principalmente, e os recebíveis num mínimo possível. Disponibilidades e ativo permanente também devem ser controlados. Muitas vezes, o ativo está inflado por elementos obsoletos que estão registrados contabilmente, e que deveriam ter sido baixados do ativo, no entanto, não foram. O ativo médio, por outro lado, deveria ser calculado abrangendo o maior número de informações possível. Entretanto, o fato de usarmos apenas os saldos, inicial e final, é menos grave do que no caso de apenas um deles isoladamente. Na verdade, este denominador também poderia levar em conta o "Ativo Médio em Operação". Isto é, se uma parcela do ativo imobilizado, por exemplo, estiver em construção ainda, não gerando receitas, deveria ser excluída do denominador.

Assim, uma empresa que tenha em operação um ativo médio de R$ 3.500.000, cujas vendas para o período tenham sido de R$ 4.700.000, terá um giro do ativo de

$$\$ = \frac{4.700.000}{3.500.000} = 1,34 \text{ vezes no período.}$$

Se o período for anual, significa que o ativo é "girado" com 75% das vendas anuais. Isto é, as vendas de nove meses do ano são necessárias para que o ativo seja "recuperado", em outras palavras, as vendas levam nove meses para pagar o ativo.

Como vimos, este tipo de quociente de giro pode ser detalhado para itens individuais do ativo. A finalidade é verificar que ativo específico tem giro por demais lento e que está contribuindo negativamente para o giro do ativo total. Muitas vezes, o problema reside no estoque por causa da superestocagem na expectativa de aumento de preços de compra, ou nos valores a receber, como consequência de uma inadequada política de crédito e cobranças.

Análise da Rentabilidade (o Retorno sobre o Investimento) 8

8.1 INTRODUÇÃO

Expressar a rentabilidade em termos absolutos tem uma utilidade informativa bastante reduzida. Afirmar que a General Motors teve um lucro de, digamos, R$ 5 bilhões em 2015, e que a empresa Zafira Ltda. teve um lucro de R$ 200 em 2015 pode impressionar no sentido de que todo mundo vai perceber que a General Motors é uma empresa muito grande e a outra muito pequena, e só; não refletirá, todavia, qual das duas deu maior retorno relativo.

De maneira geral, portanto, devemos relacionar um lucro de um empreendimento com algum valor que expresse a dimensão relativa do mesmo, para analisar o quanto bem se saiu a empresa em determinado período. O melhor conceito de dimensão poderá ser ora volume de vendas, ora valor do ativo total, ora valor do patrimônio líquido, ou valor do ativo operacional, dependendo da aplicação que fizermos.

No que se refere ao lucro, por sua vez, muitas variantes podem ser empregadas: lucro operacional, lucro líquido, lucro antes ou após o imposto sobre a renda etc. É importante que o conceito usado no numerador seja compatível com o utilizado no denominador. Se estivermos interessados no quociente de retorno sobre o ativo operacional, devemos usar preferencialmente, no numerador, o lucro operacional e não o lucro líquido.

O fato é que, para determinadas finalidades, certos conceitos são melhores. Se quisermos calcular o retorno para efeito preditivo do que possa ocorrer com a rentabilidade da empresa no futuro, em termos de tendência, será melhor excluir do numerador e denominador contas e valores não repetitivos ou não operacionais. Se, por outro lado, desejarmos ter uma ideia da lucratividade como um todo, será conveniente relacionar o lucro líquido com o investimento total. Se quisermos ter uma ideia do retorno para os acionistas, o melhor será relacionarmos o lucro líquido (após o imposto de renda) com o patrimônio líquido etc.

8.2 A MARGEM DE LUCRO SOBRE AS VENDAS

Por alguns autores denominado simplesmente *Margem Operacional*, este quociente compara o lucro com as vendas líquidas, de preferência. É interessante, todavia, controlar o montante de deduções de vendas com relação às vendas brutas, numa análise à parte. Entretanto, também tem validade o cálculo dos quocientes deste tópico com vendas brutas, com interpretação ligeiramente modificada. Para este livro escolheremos a variante com vendas líquidas.

Na verdade, este quociente já pode ter sido calculado por ocasião da análise vertical do Demonstrativo de Resultados. Pode ser entendido de duas formas:

a) $\text{Margem Operacional} = \dfrac{\text{Lucro Operacional}}{\text{Vendas Líquidas}}$

b) $\text{Margem Líquida} = \dfrac{\text{Lucro Líquido (DIR)}}{\text{Vendas Líquidas}}$

Este quociente, apesar dos esforços constantes para melhorá-lo, comprimindo despesas e aumentando a eficiência, apresenta-se baixo ou alto de acordo com o tipo de empreendimento. Por exemplo, normalmente a indústria automobilística e a refinaria de petróleo têm margens pequenas e valor de venda muito alto. O inverso pode ocorrer para pequenos negócios comerciais, industriais etc.

8.3 O GIRO DO ATIVO

Este quociente já foi tratado como *quociente de rotatividade*. Aqui ele volta e ganha em realce e importância para compor o retorno sobre o investimento.

Pode ser calculado de duas formas:

a) $\text{Giro do Ativo Operacional} = \dfrac{\text{Receitas Operacionais Líquidas}}{\text{Ativo Operacional Médio}}$

b) $\text{Giro do Ativo Total} = \dfrac{\text{Receitas Operacionais Líquidas}}{\text{Ativo Operacional Médio}}$

Vejamos sua aplicação a seguir.

8.4 O RETORNO SOBRE O INVESTIMENTO

É, provavelmente, o mais importante quociente individual de toda a análise de balanços. O Retorno sobre o Investimento pode ser calculado de duas formas:

a) Retorno sobre o Investimento Operacional = Margem Operacional × Giro do Ativo Operacional

b) Retorno sobre o Investimento Total = Margem Líquida × Giro do Ativo Total

Assim, em termos gerais, o Quociente de Retorno sobre o Investimento =

Q RI = Margem × Giro

$$Q\,RI = \frac{Lucro}{Vendas} \times \frac{Vendas}{Ativo}$$

Poderia também, simplesmente, ser usado:

$$Q\,RI = \frac{Lucro[1]}{Ativo}$$

Como vimos, duas variantes podem ser utilizadas: a operacional e a líquida. Por outro lado, o denominador é o valor médio dos ativos e valem todas as observações já feitas para o cálculo de valores médios.

Exemplo: Duas empresas apresentam os seguintes dados:

	Empresa A	**Empresa B**
Vendas Líquidas	$ 1.500.000	$ 1.875.000
Ativo Médio	600.000	937.500
Lucro Líquido (DIR)	150.000	234.375

Para a Empresa A, a Taxa de Retorno (DIR) seria igual a:

---

[1] Uma variante interessante para o cálculo do retorno sobre o investimento total é: $\frac{LADEFIR}{Ativo\ Total\ Médio}$.

LADEFIR é o Lucro antes das despesas financeiras e do imposto de renda. Esta variante permite calcular o retorno "puro" dos recursos investidos no ativo, independentemente de sua origem e do ônus tributário. É semelhante à variante operacional.

$$\text{Margem Líquida} = \frac{150.000}{1.500.000} = 0,10$$

Multiplicada por

$$\text{Giro do Ativo Total} = \frac{1.500.000}{600.000} = 2,5 \text{ vezes}$$

$$= \text{Retorno} = 0,10 \times 2,5 = 0,25$$

Em porcentagem, isto significa que a taxa de retorno sobre o investimento (Quociente de Retorno sobre o Investimento) é de 25%. Veja bem que este quociente tem certo sentido recíproco ao *Payback*, isto é, quantos períodos levará para recuperar o investimento no ativo. No caso, levaríamos 4 períodos, pelo *Payback*, ou seja, 1/0,25 = 4.

A Empresa B, aplicando-se um cálculo semelhante, obteria uma taxa de retorno de 25% também (Margem de 0,125 e Giro de 2).

Assim, duas empresas com margem e giro individualmente diferentes podem acabar obtendo a mesma margem de retorno. Note-se, todavia, que, dependendo de sua estrutura de custos e despesas, as duas empresas exemplificadas atingem o ponto de equilíbrio em diferentes níveis de vendas.

Para esse efeito, suponhamos que a Empresa A tenha 50% de suas despesas totais fixas e a Empresa B apenas 25%.

A Despesa das Empresas poderia apresentar-se conforme segue (por simplificação: Despesas = Vendas – Lucro):

	Despesa Total Empresa A	**Despesa Fixa de A**
(R$1.500.000 – R$150.000) =	R$ 1.350.000	R$ 675.000 (50%)
	Despesa Total Empresa B	**Despesa Fixa de B**
(R$1.875.000 – R$ 234.375) =	R$ 1.640.625	R$ 410.156 (25%)

A Porcentagem de Despesas Variáveis em relação às Vendas seria de:

Empresa A = R$ 675.000/R$1.500.000 = 0,45

Empresa B = R$1.230.469/R$1.875.000 = 0,65625

O Ponto de Equilíbrio para as duas empresas seria alcançado em:

$$\text{Empresa A PE\$} = \frac{675.000}{1 - 0,45} = \$\ 1.227.273 \text{ de Vendas;}$$

$$\text{Empresa B PE\$} = \frac{410.156}{1 - 0,65625} = \$\ 1.193.181 \text{ de Vendas;}$$

Note-se que, como consequência das estruturas diferenciadas de despesas, a Empresa A tem que vender um pouco mais que a Empresa B para alcançar o ponto de equilíbrio, *embora a empresa B* tenha maiores dimensões, tendo obtido, ambas, o mesmo retorno líquido sobre o investimento (25%).

8.5 A IMPORTÂNCIA DE DESDOBRAR A TAXA DE RETORNO EM DOIS OU MAIS COMPONENTES

Como vimos, a taxa de retorno sobre o investimento, nas duas versões (operacional e líquida), acaba sendo expressa por uma divisão entre um conceito de lucro e um conceito de investimento. No fundo, TR = Lucro/Investimento.

Por que, então, detalhar este quociente em Margem × Giro se, afinal, o resultado é o mesmo?

A resposta deve ser encontrada no problema da maior facilidade de analisar as causas que podem ter levado a empresa a um desempenho melhor ou pior do que o desejado.

É possível que o problema da queda da taxa de retorno resida na Margem. Nesse caso, procuraremos um controle eficiente de despesas e a agilização da política de vendas. Se, todavia, o problema estiver relacionado com o giro, é possível que devamos também concentrar nossa atenção na administração de nosso ativo, evitando ociosidade de recursos.

Por outro lado, tanto a margem como o giro podem ser detalhados em seus componentes, a fim de identificarmos exatamente onde estão as áreas-problema. Por exemplo, pode ser que *na margem* o problema não esteja sempre com as despesas, mas numa falta de agressividade da política de vendas da empresa. Por outro lado, todavia, lembre-se que, se aumentarmos Vendas e não aumentarmos proporcionalmente o Lucro, a *Margem* diminuirá. Isto, por outro lado, pode ser compensado pelo aumento do *Giro*.

Como vimos, consideramos o retorno sobre o ativo como um dos quocientes individuais mais importantes de toda a Análise de Balanços, porque representa a medida global de desempenho da empresa e leva em conta todos os fatores envolvidos.

Este quociente deveria ser usado como grande teste geral de desempenho de uma empresa, numa base comparativa entre os resultados obtidos e a meta desejada de retorno. A análise dos desvios e a investigação de todos os fatores que podem ter ocasionado os desvios nos dão um grande entendimento do mecanismo empresarial.

Este método de análise de desempenho tem sido denominado *Sistema DuPont de Análise Financeira* e tem tido grande aceitação mundial. A cifra final resultante seria o ROI (*Return On Investment*), que é exatamente o nosso Quociente de Retorno sobre o Investimento ou Taxa de Retorno sobre o Investimento.

8.6 RETORNO SOBRE O PATRIMÔNIO LÍQUIDO

Este quociente é também de grande importância e pode ser calculado de duas formas, apresentando o mesmo resultado:

a) Quociente de Retorno sobre o Patrimônio Líquido = $\dfrac{\text{Lucro Líquido (DIR)}}{\text{Patrimônio Líquido}}$

b) Quociente de Retorno sobre o Patrimônio Líquido = $\dfrac{\text{Taxa de Retorno sobre o Ativo}}{\text{Porcentagem do Ativo Financiada pelo Patrimônio Líquido}}$

De fato, suponhamos uma empresa com os seguintes dados resumidos (médios, com exceção do lucro):

ATIVO		
Ativo Corrente	150.000	
Ativo Não Corrente[2]	350.000	500.000
PASSIVO E PATRIMÔNIO LÍQUIDO		
Passivo Corrente	120.000	
Passivo Não Circulante		
Exigível a Longo Prazo	170.000	290.000
Patrimônio Líquido		210.000
		500.000
Lucro do Período (DIR)	$	$ 75.000

---

[2] Ativo Não Corrente engloba o Realizável a Longo Prazo e o Ativo Permanente.

a) Quociente de Retorno sobre o Patrimônio Líquido =

$$= \frac{\text{Lucro (DIR)}}{\text{P. Líquido}} = \frac{75.000}{210.000} = 0,357 = 35,7\% \text{ ou}$$

b) $\dfrac{\text{Quociente de Retorno sobre}}{\text{o Patrimônio Líquido}} = \dfrac{\text{Taxa de Retorno sobre o Ativo}}{\text{Porcentagem do Ativo Financiada pelo Patrimônio Líquido}}$

A Taxa de Retorno sobre o Ativo seria de: $\dfrac{75.000}{500.000} = 0,15$

$\dfrac{\text{A Porcentagem do Ativo Financiada}}{\text{pelo Patrimônio Líquido}} = \dfrac{210.000}{500.000} = 0,42$

$\dfrac{\text{Quociente de Retorno sobre}}{\text{o Patrimônio Líquido}} = \dfrac{0,15}{0,42} = 0,357 = 35,7\%$

A vantagem da segunda forma de cálculo é que leva em conta a estrutura de capital da empresa e abre caminho para o entendimento do fenômeno da "alavancagem", que estudaremos mais adiante.

O Quociente *b* pode também ser expresso no denominador por = 1 – Quociente de Capitais de Terceiros sobre Capital Total (*Debt Ratio*)

Assim, ficaria:

$$\text{QRP} = \dfrac{\text{Taxa de Retorno sobre o Ativo}}{1 - \dfrac{\text{Exigível Total}}{\text{Exigível + P. Líquido}}}$$

Em nosso exemplo,

$$\text{QRP} = \dfrac{0,15}{1 - 0,58^{3}} = \dfrac{0,15}{0,42} = 0,357 = 35,7\%$$

---

[3] $0,58 = \dfrac{290.000 \text{ (Exigível Total)}}{500.000 \text{ (Exig. Total + P. Líquido)}} = $ Debt Ratio.

A importância do Quociente de Retorno sobre o Patrimônio Líquido (QRPL) reside em expressar os resultados globais auferidos pela gerência na gestão de recursos próprios e de terceiros, em benefício dos acionistas. A principal tarefa da administração financeira ainda é a de maximizar o valor de mercado para o possuidor das ações e estabelecer um fluxo de dividendos compensador. No longo prazo, o valor de mercado da ação é influenciado substancialmente pelo quociente de retorno sobre o patrimônio líquido.

Introdução ao Estudo da "Alavancagem Financeira"

9.1 INTRODUÇÃO

Imagine duas empresas distintas: A empresa A somente se utiliza de capital próprio para financiar seu ativo. Consegue obter um retorno de 20% sobre este ativo. O retorno sobre o patrimônio líquido será de 20% também, pois todo o lado direito do balanço é formado pelo patrimônio líquido, que assim é igual ao ativo.

A empresa B obtém o mesmo retorno de 20% sobre o ativo, mas recorrendo a recursos de terceiros consegue dobrar seu investimento em ativo. Vejamos o que ocorreria em três situações distintas:

1. Custo do empréstimo: igual à taxa de retorno sobre o Ativo.

	Empresa A	Empresa B
Ativo	$ 100	$ 200
Passivo	–	$ 100
Patrimônio Líquido	$ 100	$ 100
Lucro Antes dos Juros (Retorno do Ativo)	$ 20	$ 40
Despesa de Juros	–	$ 20
Lucro Após Juros	$ 20	$ 20

Verifica-se que o retorno sobre o patrimônio líquido é idêntico, igual a 20%. Nenhum benefício ou prejuízo adicional se transferiu aos acionistas, como consequência do empréstimo.

2. Custo do empréstimo: inferior à taxa de retorno sobre o Ativo. Considere o custo do empréstimo de 10%.

	Empresa A	Empresa B
Ativo	$ 100	$ 200
Passivo	–	$ 100
Patrimônio Líquido	$ 100	$ 100
Lucro Antes dos Juros	$ 20	$ 40
Despesa de Juros	–	$ 10
Lucro Após Juros	$ 20	$ 30

Neste segundo caso, a empresa A obteve um retorno de 20% sobre o patrimônio líquido, e a empresa B, recorrendo ao endividamento, teve um retorno de 30% (cálculos sobre o patrimônio líquido inicial).

Note-se que os valores colocados para o ativo nas duas empresas são apenas os iniciais. Na verdade, a receita seria adicionada ao ativo inicial, subtraindo-se os juros (se estes forem pagos) ou adicionando estes últimos ao passivo. O patrimônio líquido final ficaria alterado pela diferença entre receita e despesa.

No segundo caso, conseguiu-se aumentar o rendimento dos acionistas de 20 para 30% pelo uso do endividamento.

3. Custo do empréstimo: superior à taxa de retorno sobre o Ativo (digamos, de 30%).

	Empresa A	Empresa B
Lucro Antes dos Juros	$ 20	$ 40
Despesa de Juros	–	$ 30
Lucro Após Juros	$ 20	$ 10

Verifica-se que nesse caso foi desvantajosa a obtenção de financiamento, pois obtivemos um lucro final menor. A empresa A obteve um retorno de 20%, e a empresa B, de apenas 10% (sobre o patrimônio líquido).

O que se pode depreender dos três exemplos? É que o fator fundamental reside na comparação entre *taxa de retorno do ativo* e *custo da dívida*.

Desde que a taxa de custo da dívida seja inferior ao retorno obtido pelo emprego e giro no ativo dos recursos obtidos por empréstimo, o endividamento acarreta benefícios aos acionistas. Se a situação se inverter, o retorno para os acionistas seria maior se obtivéssemos os recursos adicionais com capitais de risco. Se as taxas forem iguais, o resultado do endividamento é neutro (pelo menos a curto prazo), dependendo a decisão de se endividar ou não de outros fatores, tais como disponibilidade de capitais de risco etc.

9.2 O EFEITO ALAVANCAGEM

O significado da "alavancagem financeira" *(Financial Leverage,* em inglês) está correlacionado aos exemplos apresentados.

Quando a alavancagem ou o grau de alavancagem é maior do que 1, o endividamento tem um *efeito de alavanca* sobre o lucro que é levado para o acionista. Puxa para cima a taxa de retorno dos acionistas. Vejamos um exemplo:

BALANÇOS $	Em T_0	Em T_1
Ativo Circulante	120	286
Passivo Circulante	–	20
Passivo Não Circulante	–	100
Patrimônio Líquido	120	166

O Empréstimo foi obtido imediatamente após o balanço de T_0.

O Ativo, assim, ficaria igual a $ 120 *mais* $ 100, o qual, a uma taxa de retorno suposta de 30%, se transformou em $ 286 em T_1, (220 × 1,30).

O juro de $ 20 está lançado na dívida de curto prazo e somente é contabilizado em T_1. O Financiamento está lançado no Passivo Não Circulante.

O lucro do período foi de $ 166 – 120 = $ 46. A taxa de retorno (sobre o patrimônio líquido inicial) é de $\frac{\$\ 46}{\$\ 120}$ = 38,33%, em percentagem.

Vamos supor, por outro lado, que os $ 100 de recursos tivessem sido supridos por acionistas. O patrimônio líquido inicial (para efeito de análise) ficaria igual a $ 220. E o patrimônio líquido final seria de $ 286, pois não teríamos a *despesa de juros* para ser subtraída (nem o passivo não circulante). O lucro, portanto, seria de $ 66. O retorno sobre o patrimônio líquido seria $ 66/$ 220 = 0,30 ou, em percentagem, 30%.

Como se explica o fato de termos uma taxa menor, tendo suprido os fundos adicionais com capital, em vez de empréstimo? Mais uma vez, a explicação reside em ser *a taxa de juros do empréstimo* menor que a taxa de retorno obtida pelo uso dos recursos supridos pelo empréstimo.

O *Grau de Alavancagem* é calculado, rigorosamente, dividindo-se a taxa de retorno obtida utilizando os empréstimos com a que teria sido obtida utilizando capital. GA = 0,3833/0,30 = 1,28. Esta é a fórmula ideal de cálculo, nem sempre possível de ser utilizada na prática.

O resultado indica que os acionistas tiveram um retorno 28% maior sobre seu capital inicial investido do que teriam obtido se tivessem, eles próprios, integralizado mais 100 milhões. Este resultado a maior deve ser entendido em relação percentual a cada real investido, em valores relativos, portanto, e não absolutos.

Assim, o grau de alavancagem foi *maior que um,* sendo indício de que a empresa auferiu, para seus acionistas, bons resultados relativos à estrutura de composição de capital que conseguiu montar. *Note-se, todavia, que o lucro, em valores absolutos, seria maior na hipótese de aumento de capital.*

Vejamos agora o que ocorreria no segundo ano.

O *Balanço em T_1 é o ponto de partida:*

Ativo Circulante	$ 286,00
Passivo Circulante	$ 20,00
Passivo Não Circulante	$ 100,00
Patrimônio Líquido	$ 166,00

O *Balanço em T_2 se apresentaria como segue:*

Ativo Circulante	$ 351,80	(retorno s/ativo
Passivo Circulante	$ 20,00	= 30% menos os
Ativo Não Circulante	$ 100,00	juros do 1º período,
Patrimônio Líquido	$ 231,80	pagos logo após T_1)

Lucro = 231,80 – 166,00 = 65,80

Taxa de Retorno sobre o Patrimônio Líquido
Inicial = = 65,80/166,00 = 0,40 ou 40%

Se os $ 100 de recursos adicionais tivessem sido supridos por acionistas, o balanço em T_1 seria:

Ativo Corrente	$ 286,00
Patrimônio Líquido	$ 286,00

Em T_2, teríamos a seguinte situação:

Ativo Corrente	$ 371,80
Patrimônio Líquido	$ 371,80

Lucro = 85,80
Retorno = 85,80/286,00 = 0,30

Grau de Alavancagem = 0,40/0,30 = 1,33, maior, portanto, que no primeiro ano. Prolongar-se-ia e acentuar-se-ia o benefício, para os acionistas, da política de endividamento, inicialmente adotada.

Os cálculos foram realizados sobre o patrimônio líquido inicial, para maior facilidade de evidenciação. Uma variante mais correta seria realizá-los sobre o patrimônio líquido médio.

Uma das fórmulas aproximadas, utilizadas, na prática, para o cálculo da alavancagem, é a seguinte:

$$\text{Grau de Alavancagem} = \frac{\dfrac{\text{Lucro Líquido}}{\text{Patrimônio Líquido Médio}}}{\dfrac{\text{Lucro Líquido + Despesas Financeiras}^1}{\text{Ativo Médio}^1}}$$

Verifica-se, portanto, que se trata de um quociente entre dois quocientes. Pode ser expresso também da seguinte forma:

$$\frac{\text{Lucro Líquido}}{\text{Patrimônio Líquido Médio}} \times \frac{\text{Ativo Médio}}{\text{Lucro Líquido + Despesas Financeiras}}$$

Se utilizássemos o quociente de retorno sobre o patrimônio líquido conforme definido na fórmula da página 124 (item 8.6), teríamos:

$$\text{Grau de Alavancagem} = \frac{\dfrac{\text{Taxa de Retorno sobre o Ativo Médio}}{1 - \dfrac{\text{Exigível Total Médio}}{\text{Ativo Total Médio}^1}}} \times \frac{\text{Ativo Total Médio}}{\text{Lucro Líquido + Despesas Financeiras}}$$

---

[1] Não estamos levando em conta, nestes exemplos preliminares, o imposto de renda e a inflação. Veja o Capítulo 13 para tais considerações.

Exemplos (utilizando a fórmula aproximada):

1	Ativo Inicial	100.000,00
	Patrimônio Líquido Inicial	50.000,00
	Lucro Líquido	30.000,00
	Despesas Financeiras	10.000,00

Aplicando *ainda* a fórmula sobre os valores iniciais (para facilidade):

$$GA = \frac{\text{Lucro Líquido/Patrimônio Líquido}}{(\text{Lucro Líquido} + \text{Despesas Financeiras})/\text{Ativo}}$$

$$GA = \frac{30.000,00/50.000,00}{40.000,00/100.000,00} = \frac{0,60}{0,40} = 1,5$$

ou

$$GA' = \frac{\text{Taxa de Retorno sobre o Ativo}}{1 - \frac{\text{Exigível Total}}{\text{Ativo Total}}} \times \frac{\text{Ativo}}{\text{Lucro Líquido} + \text{Despesas Financeiras}}$$

$$GA' = \frac{0,30}{1-0,50} \times \frac{100.000,00}{40.000,00} = \frac{0,30}{0,50} \times 2,5 = 0,60 \times 2,5 = 1,5$$

Note-se que a taxa de retorno sobre o ativo que estamos utilizando em *GA'* não é a que teria sido obtida se tivéssemos contado somente com capital próprio, mas a efetivamente obtida, isto é, dividindo-se o lucro líquido (30.000,00) pelo ativo (100.000,00). Por outro lado, o passivo não circulante financiou, neste exemplo, 50% do ativo. O ativo total, por sua vez, é igual a 2,5 vezes o lucro líquido adicionado às despesas financeiras.

Obviamente, se as despesas financeiras, no exemplo apresentado, tivessem somado $ 15.000,00 e não 10.000,00, o lucro líquido seria de apenas $ 25.000,00. A alavancagem mudaria, pois o retorno sobre o patrimônio líquido seria de: 25.000,00/50.000,00 = 0,50 e não mais 0,60. O lucro líquido mais as despesas financeiras divididos pelo ativo continuariam em 40%. A alavancagem seria de apenas 0,50/0,40 = 1,25, não mais 1,50.

2	Ativo Inicial	$ 2.350.000,00
Patrimônio Líquido Inicial	900.000,00
Lucro Líquido	180.000,00
Despesas Financeiras	290.000,00

$$\text{Grau de Alavancagem} = \frac{\text{Lucro Líquido}}{\text{Patrimônio Líquido}} \times \frac{\text{Ativo}}{\text{Lucro + Desp. Financ.}}$$

$$\text{Grau de Alavancagem} = \frac{180.000,00}{900.000,00} \times \frac{2.350.000,00}{470.000,00}$$

$$\text{Grau de Alavancagem} = 0{,}20 \times 5 = 1$$

Veja o Capítulo 13, para um estudo mais aprofundado da Alavancagem.

9.3 OUTROS QUOCIENTES DE INTERESSE (A ANÁLISE DO PONTO DE VISTA DO INVESTIDOR)

Procuramos, nos tópicos anteriores, apresentar uma visão sumária dos quocientes mais relevantes, principalmente na apreciação da liquidez, estrutura de capital e rentabilidade.

O número de relacionamentos que podem ser extraídos de demonstrativos contábeis é o mais variado possível. Alguns trabalhos chegam a relacionar centenas de quocientes com as mais variadas finalidades. Entretanto, julgamos melhor apresentar, em detalhe, a forma de cálculo e interpretação dos principais deles.

Apresentamos, a seguir, outros quocientes importantes, principalmente do ponto de vista do investidor, com exceção do primeiro, apresentado a seguir:

a) Quociente (Grau) de Imobilização do Patrimônio Líquido[2] $= \dfrac{\text{Ativo Imobilizado}}{\text{Patrimônio Líquido}}$

---

[2] Variantes: $\text{QIPL} = \dfrac{\text{Ativo Fixo (Permanente) + Realizável a Longo Prazo}}{\text{Patrimônio Líquido}}$

ou $\text{QIPL} = \dfrac{\text{Ativo Fixo (Permanente)}}{\text{Patrimônio Líquido}}$

Este quociente pretende retratar qual a porcentagem dos recursos próprios que está imobilizada em plantas e instalações, bem como outras imobilizações, ou que não está "em giro". Alega-se que tal quociente não deveria aproximar-se e, muito menos, superar a *um*. Isto somente será válido, é claro, em período plenamente operacional da empresa. Se investirmos uma parcela exagerada dos recursos em Ativo Imobilizado, poderemos ter problemas sérios de Capital de Giro Líquido.

b) Valor Patrimonial da Ação = $\dfrac{\text{Patrimônio Líquido}}{\text{Número de Ações em Circulação}}$

Este quociente pode ser de importância para o investidor em certas circunstâncias, tais como quando pretende retirar-se da empresa, em casos de fusão, incorporação etc., mas frequentemente sua relação com o valor venal da ação é pequena no nosso mercado. O resultado do quociente poderia ser comparado com o valor pago unitariamente para adquirir as ações. Nesse caso, todavia, deveríamos corrigir monetariamente os dois valores unitários. Para alguns acionistas minoritários será mais relevante comparar o valor de mercado da ação quando foi adquirida e no momento da avaliação.

Resumindo, o quociente acima expressa uma tendência de capitalização da empresa. Entretanto, note-se que o quociente é afetado, como todos os demais, pelas práticas contábeis, não representando, via de regra, muito mais que um elemento de comparação entre o valor da ação e o valor patrimonial em momentos distintos.

c) Quociente Preço/Lucro = $\dfrac{\text{Valor de Mercado da Ação}}{\text{Lucro por Ação}}$

Este é outro quociente clássico do ponto de vista do investidor. Se utilizado no ato de decidir se vale a pena ou não adquirir ações de certa empresa, significaria quantos exercícios seriam necessários para "recuperar" o valor desembolsado para adquirir a ação.

Suponha que certa empresa tivesse um lucro líquido (após o Imposto sobre a Renda) de $ 250.000,00 em determinado período. O número de ações é de 250.000. O lucro por ação, portanto, é de $ 1,00. Se o valor de mercado da ação for de, digamos, $ 5,00, o quociente Preço/Lucro será igual a $ 5,00/$ 1,00 = 5, isto é, em cinco anos recuperaríamos, com os lucros, o investimento realizado, se prevalecerem as mesmas condições.

A evolução do quociente no tempo é de interesse, embora tenha sido muito difícil em nosso mercado estabelecer tendências significativas, tendo em vista que ele tem tido comportamentos muito mais ligados a fatores emocionais, psicológicos e causados por influência de ações governamentais no setor do que propriamente por influência da evolução efetiva da empresa no tempo.

d) Lucro Ganho pelas Ações Ordinárias = $\dfrac{\text{Lucro Líquido (DIR)} - \text{\$ Dividendos Preferenciais}}{\text{Número de Ações Ordinárias}}$

O significado do quociente é imediato. No fundo, expressa o lucro ganho em cada ação ordinária, após o imposto de renda e os dividendos de ações preferenciais, se estes forem fixos.

e) $\dfrac{\text{Garantia de Pagamento de}}{\text{Dividendos Preferenciais}} = \dfrac{\text{Lucro Líquido (DIR)}}{\text{\$ Dividendos Preferenciais}}$

O quociente visa calcular qual a margem de segurança para pagamento dos dividendos preferenciais e quantas vezes tais dividendos são cobertos pela geração de lucros da empresa.

Poderíamos construir um quociente análogo para a garantia de pagamento de despesas financeiras, juros e encargos com financiamentos. Algumas vezes, transforma-se o lucro líquido (conceito de renda) em equivalente de caixa para se ter uma ideia do montante de fundos gerados para cobrir certos encargos.

f) Quociente de Dividendos por Ação = $\dfrac{\text{\$ Dividendos Pagos no Período}}{\text{Número de Ações Beneficiadas}}$

O significado deste quociente também é imediato. Procura-se avaliar a relação entre o montante de dividendos pagos e o número de ações que receberam o benefício. A tendência do quociente, no tempo, é de relevância para o valor de mercado da ação ou para sua maximização. Interessante é comparar a evolução, no tempo, dos dois quocientes: lucro por ação e dividendo pago por ação. Poderá haver períodos em que o lucro por ação é bom, mas o dividendo pago por ação não o é. Isto pode ser devido a vários fatores, inclusive uma geração de recursos de caixa não suficiente para o pagamento da taxa normal de dividendos por ação.

10
A Análise em sua Globalidade

Já afirmamos nos capítulos anteriores que o número de combinações possíveis com os dados dos demonstrativos contábeis é imenso. Alguns quocientes especiais terão interesse em casos específicos. Por exemplo, num banco, talvez seja de interesse relacionar os depósitos a prazo fixo com os depósitos sem juros. Numa empresa de seguros, por sua vez, a análise dos vários tipos de reservas técnicas e matemáticas, bem como a da carteira de ações, terá um interesse todo especial. Em outras empresas poderíamos ter um interesse especial em outros relacionamentos. As possibilidades são inúmeras. Todavia, consideramos que, num grande número de situações, os quocientes vistos neste capítulo servem às finalidades essenciais de uma análise de balanços, principalmente numa empresa industrial ou comercial.

10.1 COMPARAÇÕES DE QUOCIENTES

Já tivemos oportunidade de realçar a importância das comparações. O assunto, todavia, é tão crítico que voltamos a ele. Como vimos, qualquer análise de balanços de determinada empresa deveria ser comparada com:

a) série histórica da mesma empresa;
b) padrões previamente estabelecidos pela gerência da empresa;
c) quocientes análogos de empresas pertencentes ao mesmo ramo de atividade, bem como com as médias, medianas e modas dos quocientes do setor;
d) certos parâmetros de interesse regional, nacional ou mesmo internacional.

A série histórica da empresa, de qualquer forma, deveria ser construída. Certa empresa pode estar, em matéria de desempenho, ligeiramente abaixo da média da indústria. Se, todavia, a evolução ou tendência de evolução for positiva, num grau maior do que a média das indústrias, fatalmente a empresa alcançará e até poderá superar seus concorrentes.

É muito comum, por outro lado, desejar-se comparar os quocientes com os análogos dos concorrentes, em particular dos concorrentes diretos, ou então situar-se em relação à média dos concorrentes. Este desejo é mais do que natural, é uma necessidade a fim de sabermos a posição relativa de nossa empresa no conjunto.

Até recentemente, a não ser que a própria empresa colecionasse os balanços das concorrentes e realizasse todas as análises, isto não seria possível. De alguns anos para cá, com as facilidades da *web*, as publicações das demonstrações financeiras e contábeis podem ser obtidas diretamente dos *sites* das grandes empresas, no *site* do Diário Oficial ou na própria Bovespa; também começaram a surgir publicações periódicas em que é realizada uma espécie de *ranking* das empresas, conforme algum critério, relacionando, inclusive por setor, certos quocientes básicos. A revista *Exame* publica um suplemento anual, em setembro, sobre tais empresas. São caracterizadas, por vendas, as 500 maiores empresas privadas do Brasil, dentre outros dados de interesse. Um número básico de quocientes é reproduzido na própria listagem da classificação das 500 maiores empresas privadas.

São também realizadas análises setoriais. Existem algumas outras alternativas para consulta a quocientes comparativos. A revista *Conjuntura Econômica*, da FGV, e a revista *1000 Maiores Empresas*, do *Valor Econômico*, também realizam um trabalho semelhante, com bons resultados.

Talvez o melhor tipo de comparação seja a efetuada com padrões previamente estabelecidos pela própria administração ou direção da empresa. Esta forma de comparação favorece uma melhor análise dos desvios e do conjunto de providências para saná-los. Além do mais, não exclui a comparação com quocientes de outras empresas. Os gestores, ao fixar a meta básica de um retorno sobre o patrimônio líquido em X%, estarão sempre em estado de alerta quanto ao desempenho do setor. Em outras palavras a análise das médias de desempenho do setor sempre é realizada, mesmo que a forma de comparação escolhida pela empresa seja com quocientes-padrão internos da empresa. É que, ao estabelecer os quocientes-padrão, dificilmente a empresa deixará de olhar para o desempenho da concorrência. Assim, direta ou indiretamente, contínua ou alternadamente, os quocientes da empresa acabam sempre sofrendo uma comparação com os quocientes da concorrência.

Além disto, algumas empresas desejarão comparar certas tendências internas com tendências de caráter regional, nacional ou até internacional. Empresas de grande porte, principalmente, podem querer estabelecer como meta básica um crescimento anual de X%, pelo menos igual à taxa de desenvolvimento do país, ou da região, como tendência de longo prazo.

Por outro lado, existem empresas ou entidades tão típicas e tão grandes que, frequentemente, as comparações somente podem ser realizadas com quocientes de congêneres fora dos limites nacionais. É o caso, da Petrobras, da Embraer etc.

O gestor deve utilizar todas estas comparações na medida certa e na dose certa. Se investirmos um tempo exagerado, quase que numa atitude patológica, para sabermos onde estamos em relação aos demais, muitas vezes estaremos subtraindo tempo da tarefa mais importante, que é a de melhorar nossa posição. Por outro lado, tentar melhorá-la sem nenhum quadro de referência ou coordenadas básicas de onde nos encontramos e o quanto falta caminhar pode nos desorientar e nos desviar para caminhos perigosos.

Insistimos no fato de que cada minuto gasto no cálculo de quocientes deve ser gasto em dobro para analisar os desvios com relação às metas ou outro padrão comparativo. Que não se transforme, como muitas vezes ocorre, a arte de analisar balanços (que é única e intransferível) num cálculo meramente repetitivo e mecânico, como alguns acabam fazendo.

10.2 COMO INTERPRETAR "EM CONJUNTO" OS QUOCIENTES

Este é um dos aspectos básicos da análise de balanços. Nenhuma fórmula ou "receita de bolo" ou quadro especial etc. irá substituir o julgamento e a "arte" de cada analista, em cada caso. Da mesma forma que nenhum computador poderá substituir o médico na interpretação de um conjunto de sintomas aparentemente desconexos ou mesmo aparentemente indicando certa enfermidade, quando, na realidade, tendo em vista as características do paciente e seu histórico clínico, a doença é outra. Cada paciente é um paciente diferente, mesmo que os sintomas sejam aparentemente os mesmos. Cada empresa é uma individualidade e como tal deve ser analisada.

O que se pode formar, através da apreciação conjunta dos quocientes, o mais das vezes, é uma opinião de conjunto, mais do que um "veredicto". O equilíbrio e a ponderação devem ser as características dominantes do analista. Suponhamos que uma empresa, num lapso de tempo considerável, venha apresentando bons quocientes de rentabilidade e sofríveis de liquidez. Esta empresa está, possivelmente, numa situação pior que outra que apresente quocientes de rentabilidade e liquidez apenas razoáveis. A distorção ou arritmia entre rentabilidade e liquidez pode ser admitida em períodos curtos, mas não se deve transformar numa tendência, pois irá provocar pontos de dificuldades praticamente paralisantes para a empresa. A começar pela própria rentabilidade, ela, como consequência das cargas cada vez maiores de juros e despesas financeiras sobre empréstimos tomados para minorar os apertos financeiros, piorará e agravará cada vez mais, numa espécie de círculo vicioso, a liquidez.

As providências que aconselhamos para uma análise conjunta dos quocientes são as que a seguir enumeramos:

1. Antes mesmo de iniciar a análise de balanços, conheça intimamente a empresa que pretende analisar: o produto que transaciona, a função produção da empresa, se existem operações típicas de financiamento etc. Existem casos interessantes a respeito. Algumas empresas de fertilizantes, por exemplo, realizam as vendas aos agricultores já financiadas por bancos oficiais. Ou, visto o problema de outra forma, os agricultores somente compram mediante financiamento de bancos oficiais. Nesse caso, na verdade, o cliente verdadeiro da empresa, em termos de valores a receber, é o Governo, e, se, de um lado, isto normalmente aumenta os prazos de recebimento das contas a receber, por outro, diminui os riscos do recebimento. Um analista que, sem conhecer esse detalhe, se aventurar a interpretar de forma muito restrita os quocientes ligados a contas a receber, ou levar em conta a provisão para crédito de liquidação duvidosa (que praticamente não tem razão de existir nesse caso), estará expondo-se a erros e a críticas muito grandes. É necessário, portanto, conhecer bem as características operacionais da empresa, as formas peculiares de financiamento (se existirem), a característica dos estoques, o tipo de máquinas e equipamentos utilizados etc. Se a análise estiver sendo realizada por analistas externos, deverão estes procurar inteirar-se pelo menos do essencial sobre as peculiaridades, senão da empresa em particular, pelo menos do setor em que atua. Neste sentido, a consulta ao Google, aos *sites* das empresas específicas, à biblioteca, a revistas especializadas e a especialistas do setor é indispensável. Imaginemos um analista querendo realizar uma análise de uma companhia seguradora, ou de qualquer outra empresa de serviço, ou mesmo da Petrobras, sem um mínimo de conhecimento sobre as características do ramo, destacando que são empresas que não têm estoque, logo os índices que correlacionam esta variável devem ser ajustados ou então ignorados. Um dos grandes problemas da análise de determinados estudos amplos é justamente a natural dificuldade de levar em conta tais particularidades setoriais. Entretanto, alguns quocientes têm significado quase que em todos os tipos de empreendimento. Os relacionamentos entre contas do lado do passivo normalmente têm uma significação universal. Entretanto, quocientes que levam em conta elementos do ativo ou do Demonstrativo de Resultados sofrem muito o impacto da mudança das características técnicas e comerciais (e até financeiras) do empreendimento. De qualquer forma, conheça, o melhor que puder, a empresa que irá analisar.
2. Colecione todos os quocientes calculados e faça a análise:
    a) Individual: anote sua avaliação de cada quociente individualmente. Compare com o quociente análogo médio do setor.
    b) Por grupos: faça uma análise isolada:

1. da liquidez;
2. do endividamento (estrutura de capital);
3. da rentabilidade;
4. de outros quocientes de interesse.

Compare com os quocientes e as conformações dos grupos acima do setor. Anote algumas conclusões preliminares para cada grupo. Compare com as metas da empresa.

Faça um balanço e um demonstrativo projetados de como irá ficar a empresa no fim do próximo ano e calcule alguns quocientes projetados.

c) Coloque todos os principais quocientes numa folha de trabalho. Compare atentamente a situação de liquidez, de endividamento, os quocientes de rotatividade e a posição de rentabilidade. Procure formar uma opinião de conjunto sobre os quocientes. Se a rentabilidade for adequada e a liquidez não, verifique atentamente os quocientes de rotatividade e de endividamento. Escreva todas as suas observações e conclusões.

d) Teste tais observações e conclusões com:
   1. as informações sobre as práticas operacionais e financeiras observadas no item 10.1;
   2. discuta suas observações com os principais gestores da empresa (Diretor Financeiro, Presidente ou sócio-proprietário); os quocientes de rotatividade poderão também ser discutidos com o gestor principal da área técnica, que tem a visão operacional completa da empresa e do mercado.

e) Faça uma revisão final em suas conclusões. Elabore um relatório de recomendação aos principais gestores e interessados.

Como vimos, não foi fornecida nenhuma maneira predeterminada de escrutinar os quocientes. A opinião deve ser formada à luz da sensibilidade do analista e tendo em vista as metas desejadas e o posicionamento relativo da empresa com relação ao setor. Entretanto, será muito importante seguir a ordem prescrita. Não deixar nada sem documentação. Anotar e escrever todas as observações. Indique as providências que, a seu ver, poderão facilitar a solução de problemas ou capitalizar tendências positivas.

10.3 UTILIZAÇÃO DA ANÁLISE DE BALANÇOS NA ANÁLISE DE CRÉDITO

A análise de balanços tem auxiliado os gestores de crédito na tarefa de decidir se vale a pena ou não conceder créditos a seus clientes. Tal tipo de decisão, por ser muitas vezes recorrente, se beneficia muito de técnicas quantitativas que auxiliam a construir quadros de referência e de decisão rápidos. A esse respeito, técnicas estatísticas têm sido desenvolvidas para auxiliar na utilização de índices na análise de crédito. Um destes instrumentos é o modelo de análise discriminante reportado por Edward I. Altman (Financial Ratios, Discriminant Analysis and the Prediction of Corporate Bankruptcy. *Journal of Finance*, 23 Sept. 1968). Em seu modelo, Altman combina certo número de quocientes de liquidez, alavancagem, rotatividade e rentabilidade, a fim de estimar a probabilidade de uma empresa ir à falência. O modelo tem sido capaz de prever a falência com adequabilidade para um período de um ou dois anos no futuro.

No Brasil, Stephen C. Kanitz, do Departamento de Contabilidade e Atuária da Faculdade de Economia, Administração e Contabilidade da Universidade de São Paulo, desenvolveu esforços numa linha semelhante de trabalho. Alguns resultados preliminares foram publicados num artigo da revista *Exame*, de dezembro de 1974, sob o título "Como Prever a Falência das Empresas". Na época, construiu o chamado "termômetro da insolvência" que explicaremos rapidamente a seguir, o qual é composto de um número reduzido de quocientes. Por outro lado, não revelou a metodologia empregada para construir o termômetro. Somente pesquisa e experimentação continuadas poderão testar definitivamente a validade de tais técnicas.

No artigo citado, através de tratamento estatístico de dados de algumas empresas que realmente faliram, conseguiu montar o que denominou de "fator de insolvência" e que consiste em relacionar alguns quocientes, atribuindo pesos aos mesmos e somando e subtraindo os valores assim obtidos. Conforme a soma recaia entre certos intervalos de valor, a empresa estará na faixa de "insolvência", de "penumbra" ou de "solvência".

A metodologia do "Fator de Insolvência" está devidamente consagrada, e este é calculado da seguinte forma:

$$X_1 = \frac{\text{Lucro Líquido}}{\text{Patrimônio Líquido}} \times 0{,}05$$

$$X_2 = \frac{\text{Ativo Circulante + Realizável a Longo Prazo}}{\text{Exigível Total}} \times 1{,}65$$

$$X_3 = \frac{\text{Ativo Circulante} - \text{Estoques}}{\text{Passivo Circulante}} \times 3{,}55$$

$$X_4 = \frac{\text{Ativo Circulante}}{\text{Passivo Circulante}} \times 1{,}06$$

$$X_5 = \frac{\text{Exigível Total}}{\text{Patrimônio Líquido}} \times 0{,}33$$

FATOR DE INSOLVÊNCIA $= X_1 + X_2 + X_3 - X_4 - X_5$.

Se a soma resultar num valor compreendido entre *0* e *7*, a empresa estará na faixa de "solvência". Se recair entre *0* e *–3*, estará na zona de "penumbra", e se cair na faixa *–3* e *–7*, estará na zona da "insolvência".

Apesar de ter apresentado resultados, às vezes, até espetaculares, consideramos que nenhum critério estatístico, por mais relevante e adequado que seja, possa substituir o julgamento, a sensibilidade e a experiência do analista. Na melhor das hipóteses, tais formulações poderão constituir-se em ponderações para a boa análise de balanços.

10.4 OUTROS INDICADORES FINANCEIROS PARA UMA ANÁLISE DE BALANÇOS COMPLETA

A utilização de quocientes é o instrumental mais tradicional e mais importante para uma análise completa de balanços, mas de forma alguma é o único. O analista tem de extrair o máximo das demonstrações contábeis publicadas, se for externo à empresa, e colher o máximo de informações adicionais; recorrer às notas explicativas às demonstrações contábeis é uma boa opção, se tiver acesso às mesmas.

Pela Demonstração de Fluxo de Caixa – DFC, numa análise retrospectiva (do passado), mas também preditiva (em caráter previsional), pode se obter muitas indicações inteligentes sobre como a entidade auferiu seus recursos de capital de giro líquido e como os aplicou. Importante verificar se boa parte das fontes de recursos é provinda das operações, isto é, basicamente do lucro, ou se vem de empréstimos a longo prazo ou de venda de ativos permanentes ou mesmo de chamadas de capital. Por outro lado, a forma como os recursos vêm sendo aplicados é de fundamental importância para o analista; por exemplo, se uma política sadia de distribuição de dividendos aos acionistas está sendo mantida, se recursos estão sendo aplicados na expansão da planta e na liquidação de dívidas de longo prazo etc. Do ponto de vista ideal, o melhor seria uma entidade que financiasse suas fontes de capital de giro preferencialmente através de lucros e que as aplicasse na modernização e ampliação das instalações, a fim de poder gerar mais lucro no futuro. É claro que uma empresa real observará várias situações intermediárias à ideal, descrita. De qualquer forma, cabe ao analista acompanhar e estudar atentamente os sinais emanados da demonstração aludida. Às vezes, tal demonstração "fala mais" ao analista do que o próprio Balanço Patrimonial.

Outro indicador a ser observado é a capacidade de a entidade gerar recursos financeiros (caixa) para saldar seus compromissos. Esse indicador é de especial importância *para análise de crédito*. Para o analista externo não restam muitas alternativas a não ser derivar esta capacidade da própria *Demonstração de Resultados,* em conjugação com balanços iniciais e finais e da própria Demonstração de Fontes e Usos de Recursos. Uma vez determinado o montante de geração de caixa, vários quocientes podem ser calculados; um deles, interessante, consiste em colocar no numerador o valor atualizado da dívida fundada da empresa (o Exigível a Longo Prazo), dividindo-o pelo valor resultante da transformação do fluxo de receitas e despesas (DR) em fluxo de geração de recursos financeiros para pagamento de dívidas. Interessante seria calcular o valor da geração de recursos financeiros em termos previsionais, para os próximos três a cinco anos, a fim de verificar se a entidade tem condições de amortizar suas dívidas. Outras variantes de cálculo que levam em conta os elementos fundamentais já descritos podem ser utilizadas.

Outro indicador financeiro de muito interesse, aliás muito pesquisado atualmente nos EUA, é o retorno do investimento em termos de caixa. Seria, a rigor, definido como:

$$RIC = \frac{\text{Valor Presente dos Fluxo de Caixa Futuros Gerados pelos Ativos}}{\text{Valor de Custo Corrente dos Ativos Geradores de Fluxos de Caixa}}$$

Se definido para um projeto específico, tal quociente aproxima-se muito da taxa interna de retorno (TIR). Para a entidade como um todo poderíamos utilizar a fórmula acima ou variantes adequadas em cada caso. Obviamente, temos de estabelecer um horizonte razoável.

Cada vez mais os analistas estão recorrendo a informações em termos de caixa relativas ao passado e muito mais ao futuro para complementar e condimentar suas análises de balanços. Claramente, de forma alguma devemos abandonar os quocientes tradicionais e principalmente o estudo da alavancagem financeira. O conjunto desses indicadores mais tradicionais (quocientes) e menos (demonstrações projetadas, fluxos de geração de recursos financeiros etc., vistos neste item) constitui o embasamento sobre o qual o analista formará sua opinião. Temos por experiência própria, todavia, que devemos evitar excessivas especulações (além das analisadas) sobre demonstrações projetadas para um horizonte muito longínquo, pois as condições do negócio e da economia podem mudar nesse prazo. A análise de balanços serve para apontar o porquê de determinada situação de rentabilidade e de liquidez de uma entidade e o que vai ocorrer se mudanças não forem realizadas (ou se o cenário econômico não mudar). Não se trata de um exercício de futurologia, apenas para demonstrar que sabemos construir alguns fluxos projetados.

10.5 OUTROS INDICADORES

Michel Fleuriet denomina como variável de tesouraria o resultado da reclassificação das contas de Ativo e Passivo que não se relacionam com as atividades operacionais; esta metodologia de Fleuriet, exposta no livro *A dinâmica financeira das empresas brasileiras*, expressa com propriedade como os fatos financeiros das empresas se refletem na Contabilidade, pois estes recursos financeiros identificados como Fonte no Passivo Circulante foram aplicados em contas do Ativo Circulante.

As principais contas que podemos classificar como tesouraria são:

No Ativo
Caixa
Depósitos Bancários à Vista
Numerário em trânsito
Aplicações de Liquidez Imediata
Investimentos Temporários
Títulos a Receber
Cheques em Cobrança
Dividendos Propostos a Receber
Bancos – Contas Vinculadas
Juros a Receber
Adiantamentos a Terceiros
Impostos a Recuperar
Operações em Bolsa de Valores

No Passivo
Empréstimos e Financiamentos
Debêntures
Arrendamento Mercantil a Pagar
Juros a Pagar
Duplicatas Descontadas (esta reclassificada do Ativo Circulante)
Adiantamentos sobre Contratos de Câmbio
Provisão para o Imposto de Renda
Provisão para Contribuição Social
Impostos e Taxas não Incidentes sobre o Faturamento

Dividendos a Pagar
Contas a Pagar que não se Referem a Despesas

Também podemos reclassificar as contas para compor a Tesouraria por exclusão, ou seja: identificamos as que fazem parte das Necessidade Líquida de Capital de Giro, as demais pertencem à Tesouraria.

Assim, a Tesouraria pode ser calculada pela equação:

Tesouraria = (AC − PC − NLCDG), onde:

NLCDG → Necessidade Líquida de Capital de Giro é calculada pela diferença entre o valor das aplicações de capital de giro menos o valor das fontes de capital de giro.

Para melhor entendimento do NLCDG, vamos abaixo elencar as contas do Ativo Circulante que denominamos Aplicações de Capital de Giro:

Clientes
Estoques
Despesas Antecipadas
Outras contas a Receber.

e as Fontes de Capital de Giro serão:

Fornecedores
Obrigações Fiscais
Obrigações Trabalhistas
Adiantamentos a Clientes
Outras Contas a Pagar

Também podemos calcular a tesouraria da seguinte maneira:

Demais contas do Ativo Circulante
− Demais Contas do Passivo Circulante
= Tesouraria

E o resultado pode ser:

TESOURARIA POSITIVA: que é o saldo positivo e indica que as demais contas do AC apresentam saldos maiores que as demais contas do PC, expressando folga financeira de fato.

ou

TESOURARIA NEGATIVA: que é o saldo das demais contas do PC maiores que o saldo das demais contas do AC, configurando-se EXPOSIÇÃO FINANCEIRA, pois estarão sendo utilizados capitais de terceiros de curto prazo para financiar sua atividade.

A fim de analisar a Tesouraria podemos ter os seguintes casos:

1. Tesouraria Líquida: expressa o valor de Tesouraria, descontando os demais valores a receber, pois este grupo de contas pode conter escondidos alguns valores de difícil realização, calculados por:
   Tesouraria
   – Demais Valores a Receber
   = Tesouraria Líquida
2. Magnitude da Folga ou Exposição Financeira: relação que expressa dimensão da Tesouraria em relação ao nível de atividades da empresa:
   Tesouraria ÷ Vendas Brutas
3. Termômetro Financeiro: com grande sensibilidade, este indicador mostra a relação entre o valor da Tesouraria e as Necessidades Líquidas de Capital de Giro:
   Tesouraria ÷ NLCDG
4. Fluxo de Tesouraria: indica a variação do saldo de tesouraria de um período para outro:
   Tesouraria anterior
   – Tesouraria atual
   = Fluxo de Tesouraria

Como análise de Fleuriet, apresentamos a seguir:

Quadro 10.1 Ativo e Passivo Circulante (em milhares R$) – FOSFERTIL

Ativo Circulante	31-12-X1	31-12-X0	Passivo Circulante	31-12-X1	31-12-X0
Disponibilidades	151.353	166.180	Fornecedores Nacionais	10.127	14.132
Contas a Receber	7.641	9.528	Fornecedores no Exterior	32.215	40.520
Estoques	105.623	93.264	Financiamentos	87.561	87.384
Impostos a Recuperar	24.222	17.973	Cias. Controladas	689	17.508
Dividendos a Receber	23.116	35.792	Adiantamentos a Clientes	16.505	17.338
Outras	9.006	9.560	Dividendos a Pagar	34.217	35.833
			Outras	19.339	13.913
TOTAL	320.961	332.297	**TOTAL**	200.653	226.721

Fonte: Gazeta Mercantil.

Quadro 10.2 Tesouraria (em milhares R$) – FOSFERTIL

Ativo Circulante	31-12-X1	31-12-X0	Passivo Circulante	31-12-X1	31-12-X0
Disponibilidades	151.353	166.180	Financiamentos	87.561	87.384
Impostos a Recuperar	24.222	17.973	Cias. Controladas	689	17.508
Dividendos a Receber	23.116	35.792	Dividendos a Pagar	34.217	35.833
Outras	9.006	9.560	Outras	19.339	13.913
TOTAL	207.697	229.505	TOTAL	141.806	154.638
CÁLCULO DA TESOURARIA				**31-12-X1**	**31-12-X0**
CONTAS DO ATIVO CIRCULANTE (FINANCEIRAS)				207.697	229.505
(–) CONTAS DO PASSIVO CIRCULANTE (FINANCEIRAS)				141.806	154.638
(=) TESOURARIA				65.891	74.867
Tesouraria positiva expressa FOLGA FINANCEIRA					

Quadro 10.3 Tesouraria Líquida (em milhares R$) – FOSFERTIL

Ativo Circulante	31-12-X1	31-12-X0	Passivo Circulante	31-12-X1	31-12-X0
DISPONIBILIDADES	**151.353**	**166.180**	**OPERAÇÕES FINANCEIRAS**	**87.561**	**87.384**
Disponibilidades	151.353	166.180	Financiamentos	87.561	87.384
DEMAIS VALORES A RECEBER	**56.344**	**63.325**	**DEMAIS VALORES A PAGAR**	**54.245**	**67.354**
Impostos a Recuperar	24.222	17.973	Cias. Controladas	689	17.608
Dividendos a Receber	23.116	35.792	Dividendos a Pagar	34.217	35.833
Outras	9.006	9.560	Outras	19.339	13.913
TOTAL	207.697	229.505	TOTAL	141.806	154.738
CÁLCULO DA TESOURARIA LÍQUIDA				**31-12-X1**	**31-12-X0**
CONTAS DO ATIVO CIRCULANTE (FINANCEIRAS)				207.697	229.505
(–) CONTAS DO PASSIVO CIRCULANTE (FINANCEIRAS)				141.806	154.738
(=) TESOURARIA				65.891	74.767
(–) DEMAIS VALORES A RECEBER				56.344	68.387
(=) TESOURARIA LÍQUIDA POSITIVA FOLGA FINANCEIRA, MAS COM MAIS RIGOR PARA SER MAIS VERDADEIRO				9.547	6.380

Para analisarmos a MAGNITUDE da Exposição Financeira, temos as seguintes informações complementares:

VENDAS BRUTAS EM X1 = R$ 480.531.000,00
VENDAS BRUTAS EM X0 = R$ 402.132.000,00

Assim:
Tesouraria/Vendas Brutas = Magnitude
ANO X1 – 65.891/480.531 = 0,13712 → 13,7%
ANO X0 – 74.867/402.132 = 0,18617 → 18,6%

A Fosfertil Fertilizantes Fosfatados S/A teve uma redução em sua Exposição Financeira em torno de 26,25% do ano X0 para X1.

Quadro 10.4 Termômetro Financeiro (Financiamento da NLCDG)

Ativo Circulante	31-12-X1	31-12-X0	Passivo Circulante	31-12-X1	31-12-X0
APLICAÇÕES DE CDG	113.264	102.792	**FONTES DE CDG**	58.847	71.983
Clientes	7.641	9.528	**Fornecedores Nac.**	10.127	14.132
Contas a Receber	7.641	9.528	**Fornecedores Inter.**	32.215	40.520
Estoques	105.623	93.264	**Adto. de Clientes**	16.505	17.331
DISPONIBILIDADES	151.353	166.180	**OPERAÇÕES FINANCEIRAS**		
Disponibilidades	151.353	166.180	Financiamentos	87.561	87.384
				87.561	87.384
DEMAIS VALORES A RECEBER	56.344	63.325	**DEMAIS VALORES A PAGAR** Cias. Controladas	54.245	67.354
Impostos a Recuperar	24.222	17.973		689	17.608
Dividendos a Receber	23.116	35.792	Dividendos a Pagar	34.217	35.833
Outras	9.006	9.560	Outras	19.339	13.913
TOTAL	320.961	332.297	**TOTAL**	200.653	226.721
CÁLCULO DO TERMÔMETRO FINANCEIRO				**31-12-X1**	**31-12-X0**
Valor da Tesouraria (Quadro 9.2)				65.891	74.867
NLCDG (Aplicações de CDG – Fontes de CDG)				54.417	30.899
Termômetro Financeiro (Tesouraria/NLCDG)				121,1%	242,3%

Este índice confirma a redução de exposição, pois houve uma redução de quase 100%.

E por último, temos o:

Quadro 10.5 Fluxo de Tesouraria

Demais Contas do AC e do PC	31-12-X1	31-12-X0	Fonte	Aplicação
Disponibilidades	**151.353**	**166.180**	**14.405**	
Demais Valores A Receber	**56.344**	**63.325**	**6.981**	
Impostos a Recuperar	24.222	17.973		(6.249)
Dividendos a receber	23.116	35.792	12.676	
Outras	9.006	9.560	554	
Operações Financeiras	**87.561**	**87.384**	**177**	
Financiamentos	87.561	87.384	177	
Demais Valores a Pagar	**54.245**	**67.354**		**(13.109)**
Cias. Controladas	689	17.608		(16.919)
Dividendos a Pagar	34.217	35.833		(1.616)
Outras	19.339	13.913	5.426	
TOTAIS			**33.238**	**(24.784)**
Apuração do Fluxo da Tesouraria: [33.238 + (24.784)] = 8.454				

10.6 LIMITAÇÕES DA ANÁLISE FINANCEIRA

Além das já comentadas, a análise realizada levando-se em conta apenas valores de balanços e de outros demonstrativos contábeis ainda tem uma limitação adicional, que é a de não utilizar quantidades ou unidades físicas, juntamente com valores.

Na análise de eficiência e produtividade, bem como de certas relações que envolvem valores e quantidades, muitas informações úteis podem ser extraídas. Os bancos norte-americanos, por exemplo, costumam publicar relações entre volume de depósitos e número de empregados, entre valor dos empréstimos concedidos e número de mutuários etc. Certos padrões comparativos de eficiência podem ser daí retirados. Assim, sabe-se que, em média, um banco de certo porte não deveria ter mais do que X empregados por $ milhão de depósitos, e assim por diante.

Tais estatísticas estão disseminadas e espalhadas pelas várias associações patronais e são atualizadas anualmente, de forma que qualquer empresa dispõe de verdadeiro painel de comparação entre seus dados de produtividade e do setor.

Informações em unidades físicas são frequentemente tão ou mais importantes do que em valores, ou pelo menos realçam a utilidade dos quocientes quando relacionamos quantidades com valores.

Adicionalmente, uma área que deve merecer uma análise à parte é a de fluxo de capital de giro líquido e fluxo de caixa. A análise quantitativa e qualitativa das fontes e usos de capital de giro líquido pode fornecer muitas indicações úteis para otimizar a estrutura financeira de capital no médio e longo prazo. Da mesma forma, uma análise do fluxo de caixa, principalmente o projetado, auxilia a desvendar os períodos em que se torna necessário reforço de recursos de caixa ou em que devemos aplicar recursos ociosos.

RESUMO DOS CAPÍTULOS

A finalidade dos capítulos 6 a 10 foi a de apresentar as formas de cálculo e o significado dos mais importantes quocientes relacionando itens do Balanço e da Demonstração do Resultado. Consideremos, todavia, que a análise poderia ser ampliada para abarcar outros demonstrativos. Por exemplo, poderíamos realizar uma análise vertical do demonstrativo de fontes e usos de capital de giro líquido relacionando percentualmente cada tipo de fonte em relação ao total de fontes; o mesmo poderia ser feito com relação às aplicações. Além do mais, a análise por meio de quocientes pode ser aplicada a demonstrativos projetados. Estes demonstrativos projetados são o resultado final de todo um processo orçamentário e não serão tratados aqui, mas é de grande interesse; além de simplesmente projetar tais demonstrativos, calcular os quocientes, da mesma forma como é feito nos demonstrativos de períodos já encerrados. Nossa finalidade foi apresentar apenas quocientes fundamentais, válidos na quase totalidade de estruturas empresariais. Note-se, todavia, que quocientes especiais poderão ter sentido num tipo de empresa e não em outro.

Analisamos os cuidados que devem cercar a análise de balanços, para que não se torne meramente um cálculo mecânico de quocientes. Tais cuidados resumem-se no seguinte:

1. *trabalhe com demonstrativos auditados;*
2. *estabeleça uma série histórica da empresa;*
3. *compare com quocientes do setor, nacionais ou internacionais;*
4. *compare com padrões da própria empresa.*

As conclusões a serem extraídas dos quocientes calculados devem ser o mais cuidadosas possível, aliando o conhecimento técnico e a experiência do analista. Métodos estatísticos podem apenas auxiliar a sensibilidade do analista a encontrar algumas pistas. Por outro lado, é bom lembrar que análise de balanços não é realizada apenas através de quocientes. Comparações de balanços em várias datas, gráficos mostrando evolução de itens em várias datas, estabelecimento de tendências, histogramas de frequência etc. fazem parte do arsenal à disposição do analista para discernir o mais possível a partir dos dados financeiros, embora a análise por quocientes seja, sem dúvida, a parte mais importante.

Vários autores já afirmaram que a análise de balanços fornece mais perguntas do que respostas. Entretanto, todo instrumento que propiciar perguntas formuladas inteligentemente e que for suscetível de promover pesquisas mais aprofundadas será de grande utilidade para a empresa e para o analista.

EXERCÍCIO SOBRE OS CAPÍTULOS 6 A 10

Exemplo de análise por quocientes

A empresa Gama, cujos demonstrativos contábeis eram auditados por J. Shumpeter & Cirilo, auditores independentes, após os necessários ajustes e agrupamento das contas de forma a simplificar a análise, apresenta a evolução demonstrada nas páginas a seguir.

A) BALANÇOS PATRIMONIAIS

Em $

ATIVO	X	(X + 1)	(X + 2)	(X + 3)
Circulante (Corrente)				
Disponibilidades	80	90	120	125
Estoques de Produtos	150	180	191	230
Contas a Receber (líq.)	250	290	320	500
Despesas Pagas Antecipadamente	5	11	5	4
Total do Ativo Circulante	485	571	636	859

Em $

ATIVO	X	(X + 1)	(X + 2)	(X + 3)
Não Corrente				
Valores a Receber de Longo Prazo	93	95	60	60
Imobilizado (líq.)	399	490	660	1.050
Investimentos	17	25	33	41
Total do Ativo Não Corrente	509	610	753	1.151
Total do Ativo	994	1.181	1.389	2.010
PASSIVO				
Passivo Circulante	350	420	480	550
Passivo Não Circulante				
Exigível a Longo Prazo	250	300	400	800
Total do Exigível	600	720	880	1.350
PATRIMÔNIO LÍQUIDO				
Capital e Reservas de Lucros	394	461	509	660
Total do Exigível e Patrimônio Líquido	994	1.181	1.389	2.010

B) DETALHAMENTO DO PATRIMÔNIO LÍQUIDO

Em $

	X	(X + 1)	(X + 2)	(X + 3)
Capital	200	250	280	400
Reservas de Lucros	194	211	229	260
Total	394	461	509	660

Observação: Foram pagos Dividendos no final de cada exercício, da seguinte forma: fim de $X + 1$, 30 milhões; fim de $X + 2$, 15 milhões; fim de $X + 3$, 60 milhões. O Capital também foi aumentado no final de cada exercício.

C) DEMONSTRAÇÕES DE RESULTADOS

Em $

Períodos

	$X(X+1)$	$(X+1)(X+2)$	$(X+2)(X+3)$
Vendas Líquidas	1.509	1.495	1.830
(–) Custo das Vendas	1.200	1.150	1.300
= Lucro Bruto	309	345	530
(–) Despesas Operacionais	200	201	280
= Lucro Antes das Despesas Financeiras	109	144	250
(–) Despesas Financeiras	51	103	136
= Lucro Líquido (AIR)	58	41	114
(–) Imposto de Renda	11	8	23
= Lucro Líquido (DIR)	47	33	91

Nota: Cerca de 65% das vendas totais da Cia. são a prazo. Do total do Passivo Circulante, cerca de 70% referem-se a créditos de fornecedores, e as compras são praticamente realizadas totalmente a prazo.

D) DEMONSTRAÇÃO DE FONTES E USOS DE CAPITAL DE GIRO LÍQUIDO

(Origens e Aplicações de Recursos)

Período × $(X+3)$

Em $

Capital de Giro Líquido em X		$ 135
FONTES DE CAPITAL DE GIRO LÍQUIDO		
Lucros Líquidos (DIR)*	171	
Aumento de Capital por Subscrição	200	
Acréscimo de Endividamento de Longo Prazo	550	
Liquidação de Valores a Receber de Longo Prazo	33	
USOS DE CAPITAL DE GIRO LÍQUIDO		
Distribuição de Dividendos		105

A Análise em sua Globalidade **155**

Acréscimo de Imobilizado Líquido*		651
Acréscimo de Investimentos		24
Total de Fontes	954	
Total de Usos		780
Acréscimo no Capital de Giro Líquido no Período		174
CAPITAL DE GIRO LÍQUIDO EM $X + 3$		309

O acréscimo de $ 174 milhões está consubstanciado da seguinte forma: $ 45 em Disponibilidades; $ 80 em Inventários; $ 49 em acréscimos líquidos em (Valores a Receber + Despesas Antecipadas − Passivo Circulante).

* Estes dois itens estão incluídos de forma não rigorosa, tendo-se em vista os dados fornecidos. Na verdade, o lucro deveria ser ajustado pelas depreciações. Por outro lado, o acréscimo no Imobilizado deveria ser mensurado pelas diferenças entre as contas de ativo apenas e não pelas diferenças entre os valores líquidos. Como, todavia, não foram reveladas as depreciações acumuladas, esta foi a única forma, embora aproximada, de apresentar os dados. Por outro lado, reveja nossas observações sobre o demonstrativo de capital de giro líquido no Capítulo 4. A apresentação do demonstrativo de capital de giro líquido nesse exemplo tem a finalidade de propiciar alguns comentários financeiros no final da análise de balanços. Todos os dados dos demonstrativos apresentados foram sumarizados. É necessário lembrar que, na prática, teríamos de enquadrar certas contas em nossas classificações. Na grande parte dos casos, isto não acarretará dificuldades. Para outras contas, todavia, será necessário ter uma noção exata do que representam.

SOLUÇÃO

ANÁLISE HORIZONTAL E VERTICAL

Poderá ser feita pelo leitor. Basta reproduzir os demonstrativos financeiros (balanço patrimonial e demonstrativos de resultados) deixando espaço para os relacionamentos.

Por exemplo, para os balanços, teríamos:

	Análise Vertical							Análise Horizontal			
ATIVO	X	%	$(X + 1)$	%	$(X + 2)$	%	$(X + 3)$	%	X	$(X + 1)$	$(X + 2)$	$(X + 3)$
Circulante												
Disponível	$ 80	8	$ 90	8	$ 120	9	$ 125	6	100	113	150	156
.												
.												
.												
etc.												

Na coluna de porcentagem colocamos quanto representa, percentualmente, cada conta sobre o ativo total (e cada conta credora sobre o passivo). Na análise horizontal, o primeiro ano é base 100 (índice 100), e todos os demais anos são representados com relação ao índice 100. Assim, o segundo ano é igual a 113, e assim por diante.

O mesmo procedimento seria utilizado para a demonstração do resultado.

CÁLCULO DOS PRINCIPAIS QUOCIENTES

A) QUOCIENTES DE LIQUIDEZ

	X	((X + 1)	(X + 2)	(X + 3)
A_1) Quociente de Liquidez Imediata $\dfrac{\text{Disponibilidades}}{\text{Passivo Corrente}}$	0,23	0,21	0,25	0,23
A_2) Quociente de Liquidez Corrente $\dfrac{\text{Ativo Circulante}}{\text{Passivo Circulante}}$	1,39	1,36	1,33	1,56
A_3) Quociente de Liquidez Seca $\dfrac{\text{Ativo Circulante - Estoques}}{\text{Passivo Circulante}}$	0,96	0,93	0,93	1,14
A_4) Quociente de Liquidez Geral $\dfrac{\text{Ativo Circulante + Valores a Receber de Longo Prazo}}{\text{Exigível Total}}$	0,96	0,93	0,79	0,68

B) QUOCIENTES DE ENDIVIDAMENTO

	X	((X + 1)	(X + 2)	(X + 3)
B_1) Quociente de Participação de Capitais de Terceiros sobre Recursos Totais (*Debt Ratio*) $\dfrac{\text{Exigível Total}}{\text{Exigível Total + Patrimônio Líquido}}$	0,60	0,61	0,63	0,67
B_2) Quociente de Participação de Capitais de Terceiros sobre Capitais Próprios $\dfrac{\text{Exigível Total}}{\text{Patrimônio Líquido}}$	1,52	1,56	1,73	2,05
B_3) Quociente de Participação de Dívidas de Curto Prazo sobre Endividamento Total				

| $\dfrac{\text{Passivo Circulante}}{\text{Exigível Total}}$ | 0,58 | 0,58 | 0,55 | 0,41 |

C) QUOCIENTES DE ROTATIVIDADE (GIRO)

| | $X(X+1)$ | $(X+1)(X+2)$ | $(X+2)(X+3)$ |

C_1) Quociente de Rotatividade de Inventários de Produtos

| $\dfrac{\text{Custo dos Produtos Vendidos}}{\text{Inventário Médio de Produtos}}$ | 7,27 | 6,20 | 6,18 vezes num período |

C_2) Prazo Médio de Recebimentos de Contas a Receber (Derivantes de Vendas a Prazo)

| $\dfrac{\text{Contas a Receber Médio}}{\text{Vendas Médias Diárias a Prazo}}$ | 99 | 113 | 124 dias |

C_3) Prazo Médio de Pagamento de Contas a Pagar (Derivantes da Compra de Insumos Básicos)

| $\dfrac{\text{Fornecedores Médio}}{\text{Compras Médias Diárias a Prazo}}$ | 79 | 98 | 97 dias |

C_4) Quociente de Posicionamento Relativo

| $\dfrac{\text{Prazo Médio de Recebimentos}}{\text{Prazo Médio de Pagamentos}}$ | 1,25 | 1,15 | 1,28 |

C_5) Rotatividade do Ativo (Giro do Ativo)

| $\dfrac{\text{Vendas Líquidas}}{\text{Ativo Médio}}$ | 1,39 | 1,16 | 1,08 vez |

D) QUOCIENTES DE RENTABILIDADE

| | $X(X+1)$ | $(X+1)(X+2)$ | $(X+2)(X+3)$ |

D_1) Margem Líquida

| $\dfrac{\text{Lucro Líquido (DIR)}}{\text{Vendas Líquidas}}$ | 0,031 | 0,022 | 0,050 |

D_2) Giro do Ativo Total

| $\dfrac{\text{Vendas Líquidas}}{\text{Ativo Total Médio}}$ | 1,39 | 1,16 | 1,08 |

D_3) Retorno sobre o Investimento Total
Margem Líquida × Giro do Ativo Total

| | 0,043 | 0,026 | 0,054 |

D_4) Quociente de Retorno sobre o Patrimônio Líquido*

$$\frac{\text{Lucro Líquido (DIR)}}{\text{Patrimônio Líquido Médio*}} \qquad 0{,}113 \qquad 0{,}069 \qquad 0{,}164$$

E) ALAVANCAGEM

	$X(X+1)$	$(X+1)(X+2)$	$(X+2)(X+3)$
E_1) $\dfrac{\text{Lucro Líquido (AIR)**}}{\text{Patrimônio Líquido Médio}}$	0,139	0,086	0,206
E_2) $\dfrac{\text{Lucro Líquido (AIR)** + Despesas Financeiras}}{\text{Ativo Médio}}$	0,100	0,112	0,147

E_3) Grau de Alavancagem

$$\frac{E_1}{E_2} \qquad 1{,}39 \qquad 0{,}77 \qquad 1{,}40$$

F) OUTROS QUOCIENTES

	X	$(X+1)$	$(X+2)$	$(X+3)$

F_1) Grau de Imobilização Técnica do Patrimônio Líquido

$$\frac{\text{Imobilizado}}{\text{Patrimônio Líquido}} \qquad 1{,}01 \quad 1{,}06 \quad 1{,}30 \quad 1{,}59$$

* Na explicação do texto não foi esclarecido se o denominador seria expresso como patrimônio líquido inicial ou médio, embora nos exemplos posteriores sobre alavancagem trabalhássemos sempre com valores iniciais, *porém apenas para maior facilidade de explicação*. É comum relacionarmos um valor de fluxo (o lucro) com uma média de período, pois o lucro é um fenômeno contínuo dentro da empresa, se houver regularidade de receitas e despesas. Entretanto, é preciso tomar cuidado no cálculo de tais valores médios, principalmente do patrimônio líquido. Em nosso exemplo, sabemos que as distribuições de dividendos foram realizadas apenas no fim dos períodos. Logo, é preciso somar os dividendos ao patrimônio líquido final a fim de calcularmos a média. Por outro lado, precisaríamos saber quando aconteceram os acréscimos de capital. No nosso caso, também foram realizados perto do final dos exercícios. Isto significa que precisam ser subtraídos dos patrimônios líquidos finais, para efeito de cálculo do patrimônio líquido médio. A rigor, cálculo equivalente deveria ser realizado para a composição do Ativo Médio, com relação aos reflexos, no Ativo, dos eventos (e outros) citados.

** Neste caso, preferimos um conceito de lucro antes do imposto de renda, pois a soma do lucro líquido após o imposto de renda mais as despesas financeiras não tem muito sentido, porque o imposto seria outro, caso não existissem as despesas financeiras. O quociente E_2 foi calculado da mesma forma. O mais correto, entretanto, seria utilizar o conceito após o imposto de renda no patrimônio líquido e calcular *qual seria* o imposto de renda, caso as despesas financeiras não fossem incorridas. Assim, teríamos dois conceitos *após o imposto*.

Observações: (a) *Neste exemplo, os valores médios foram calculados pela média aritmética de saldos iniciais e finais, por falta de informações que determinassem um cálculo mais preciso;* (b) *Não foram calculados os outros quocientes citados das páginas 134 e 135 por falta das seguintes informações: Número de Ações em Circulação, Valor de Mercado da Ação, Dividendos Preferenciais Pagos, Número de Ações Ordinárias.*

ALGUMAS INDICAÇÕES EXTRAÍDAS DA ANÁLISE DOS QUOCIENTES CALCULADOS

Lembramos, a esse respeito, que seria necessário o perfeito conhecimento das operações da empresa, bem como dos quocientes análogos da concorrência, a fim de se poder emitir um bom parecer. Como solução do problema, analisaremos apenas a tendência da empresa em si.

Os quocientes de liquidez parecem apontar uma situação razoável. De fato, o quociente de liquidez imediata permanece mais ou menos estacionário, sendo superior à média das empresas brasileiras, o que poderia indicar ociosidade de recursos. O quociente de liquidez corrente apresenta-se em níveis aceitáveis, tendo crescido razoavelmente no último período. Considerando que o prazo médio de recebimento das contas a receber é maior do que o das contas a pagar, vemos que isso piora sua posição. O quociente de liquidez seca, com exceção de melhora no último ano, apresenta tendência evolutiva zero. Por outro lado, o quociente de liquidez geral piora de ano a ano, significando que a empresa está comprometendo cada vez mais sua situação financeira de longo prazo. Esta tendência é confirmada pelos quocientes de endividamento (estrutura de capital) que acusam dependência cada vez maior de recursos de terceiros. Assim, a parcela dos recursos totais financiada por endividamento (B_1) *é cada vez maior: de 60% em X passa a 67% em* (X + 3).

O mesmo fenômeno é atestado pelo quociente B_2, *o qual passa de 1,52 em X para 2,05 em* (X + 3).

Quanto à composição da dívida (B_3), *nota-se uma decrescente participação das dívidas de curto prazo sobre o endividamento total, fato que explica, em parte, os quocientes de liquidez de curto prazo apresentarem melhor tendência do que o quociente de liquidez geral.*

Nota-se, por outro lado, que o grau de imobilização técnica do patrimônio líquido confirma, indiretamente, por que a empresa se endividou a longo prazo; em parte possivelmente para poder fazer frente à crescente expansão do Imobilizado. Para cada real investido pelos acionistas em X, um real e um centavo estavam investidos no Imobilizado. Em (X + 3) *esta relação passa para um real e cinquenta e nove centavos. A Demonstração de Fontes e Usos de Capital de Giro Líquido confirma o que dissemos.*

No que se refere aos quocientes de atividade, a empresa demora mais para receber suas vendas a prazo do que para pagar suas compras a prazo. Isto é desfavorável e aumenta a dependência de capital de terceiros.

O giro do ativo e, principalmente, a rotação dos estoques apresentam índices positivos. Entretanto, há um contínuo decréscimo dessa rotatividade, o que pode significar problemas futuros.

Os quocientes de rentabilidade (D) são regulares. Por outro lado, verificamos que o grau de alavancagem sofreu uma brusca queda de 1,39 para 0,77 (como decorrência do aumento muito grande das despesas financeiras) e da queda de lucro ocorridos no período (X + 1) (X + 2), para se recuperar e voltar a subir a um nível de 1,40. Apesar do grande endividamento da empresa (fato que pode inviabilizá-la no futuro), o aproveitamento do endividamento, em termos de rendimento ou beneficiamento dos acionistas, tem sido razoável, com exceção do 2º período. Isto é devido ao fato de a taxa de despesas financeiras sobre os empréstimos ser menor que a taxa ganha pelo giro dos recursos assim providos no ativo. Somente no período (X + 1) (X+ 2) as despesas financeiras apresentaram uma carga percentual maior, daí o grau de alavancagem inferior a um. De fato, pelo Demonstrativo de Resultados da página 154, verifica-se que, apesar do menor valor de Vendas em relação ao período anterior, o montante das despesas financeiras foi substancialmente maior.

A conclusão é que a empresa se encontra numa situação confortável, com rentabilidade razoável, mas que poderá ter problemas no médio e longo prazos. Uma forma de melhorar a posição da empresa seria um grande esforço para aumentar a margem líquida, através de um programa de redução de despesas. O endividamento precisa ser rigorosamente controlado daqui para frente, reduzindo-se, na medida do possível, a incidência de despesas financeiras. Esforços devem ser realizados na área de seleção de créditos, a fim de diminuir o prazo médio de recebimentos.

A aplicação da técnica do fator de insolvência

Aplicando-se aos quocientes calculados a técnica citada em páginas anteriores, apenas para o último período, observamos os seguintes valores:

$$X_1 = \frac{\text{Lucro Líquido (DIR)}}{\text{Patrimônio Líquido Médio}} \times 0,05 = 0,16 \times 0,005 = 0,008$$

$$X_2 = \frac{\text{Ativo Circulante + Valores a Receber a Longo Prazo}}{\text{Exigível Total}} \times 1,65 = 0,68 \times 1,65 = 1,122$$

$$X_3 = \frac{\text{Ativo Circulante} - \text{Estoques}}{\text{Passivo Circulante}} \times 3{,}55 = 1{,}14 \times 3{,}55 = 4{,}047$$

$$X_4 = \frac{\text{Ativo Circulante}}{\text{Passivo Circulante}} \times 1{,}06 = 1{,}56 \times 1{,}06 = 1{,}6536$$

$$X_5 = \frac{\text{Exigível Total}}{\text{Patrimônio Líquido}} \times 0{,}33 = 2{,}05 \times 0{,}33 = 0{,}6765$$

$$\textit{FATOR DE INSOLVÊNCIA} = X_1 + X_2 + X_3 - X_4 - X_5 =$$
$$= 2{,}8 \text{ aproximadamente.}$$

Este resultado coloca a empresa na faixa de "solvência".

Outra visão interessante da situação financeira da empresa é a fornecida pela Demonstração de Fontes e Usos de Capital de Giro Líquido. Apesar de revelar que cerca de 58% do total de fontes de recursos são fornecidos por acréscimos de endividamento (apenas 21% de subscrições de capital e 18% de lucros), verifica-se que 83% das aplicações de fundos destinaram-se a acréscimo de imobilizado. Embora possa ter sido enfatizada tal aplicação além da medida ótima, causando certa situação de aperto na área financeira, esta última faceta é interessante. É bem possível que grande parte do endividamento a longo prazo ou todo ele tenha sido assumido para adquirir os equipamentos e outros imobilizados, e que estes não tenham ainda trazido benefício. De qualquer forma, as fontes de fundos superaram os usos em 174 milhões, permitindo que o capital de giro líquido, no fim do período, superasse os 300 milhões.

As Variações do Poder Aquisitivo da Moeda e seus Reflexos na Análise de Balanços[1]

11.1 VARIAÇÕES DE PREÇOS NOS DEMONSTRATIVOS FINANCEIROS: O MODELO TEÓRICO DE CORREÇÃO PELO NÍVEL GERAL DE PREÇOS

A empresa "Descapitalizada S.A." apresentou, para os exercícios encerrados em 31-12-X e 31-12-X + 1, os demonstrativos de posição desta página e da seguinte, bem como o demonstrativo de resultados que medeia as duas datas. Os balanços já foram depurados dos efeitos parciais das correções monetárias oficiais e o diretor financeiro quer ter uma ideia completa dos resultados reais do ano, para efeito de distribuição de dividendos e política de reinvestimento.

DESCAPITALIZADA S.A. – BALANÇOS PATRIMONIAIS

Em $

		Em 31-12-X		Em 31-12-X + 1
ATIVO				
Disponibilidades		50		110
Valores a Receber (curto e longo)		520		600
Fundo de Comércio (*goodwill*)		50		40
Estoques (PEPS)		430		450
Imobilizado	700		800	
(–) Depreciação Acumulada	(280)	420	(340)	460
Despesas Antecipadas		5		3
Total do Ativo		1.475		1.663

---

[1] Este capítulo é de leitura facultativa.

PASSIVO E PATRIMÔNIO LÍQUIDO				
PASSIVO (EXIGIBILIDADES)				
Fornecedores e Contas a Pagar	200		280	
Dívidas em Moeda Estrangeira (à taxa do dia)	300	500	330	610
PATRIMÔNIO LÍQUIDO				
Capital	500		520	
Reservas de Lucros	475	975	533	1.053
Total do Passivo e PL		1.475		1.663

DEMONSTRATIVO DE RESULTADOS PARA O PERÍODO DE 31-12-X A 31-12-X + 1

	VENDAS			1.520
(–)	CUSTO DAS VENDAS			
	Estoque Inicial	430		
+	Compras	1.000		
		1.430		
(–)	Estoque Final	(450)		(980)
=	Resultado com Mercadorias			540
	Despesas Operacionais	180		
	Depreciação	60		
(–)	Amortização de Fundo de Comércio (*goodwill*)	10		
	Financeiras	15		
	Variação Cambial	30	<295>	
+	Outras Receitas		40	(255)
=	Lucro Líquido antes do Imposto de Renda			285
(–)	Provisão para Imposto de Renda			(60*)
=	Lucro Líquido			225

* Mantido o valor obtido após as correções oficiais.

11.1.1 A correção dos balanços

Para a correção dos balanços, é suficiente colocá-los ou transformá-los em moeda da mesma data. Poderemos escolher como base 31-12-X, 31-12-X + 1, ou mesmo outra data qualquer.

Vamos utilizar 31-12-X + 1, pelo simples motivo de que as decisões sobre distribuição de lucro, reinvestimento etc. serão facilitadas pela obtenção de cifras mais próximas de nossa "sensibilidade".

As Variações do Poder Aquisitivo da Moeda e seus Reflexos na Análise de Balanços   165

Algumas informações adicionais devem ser pesquisadas nos registros da empresa a fim de permitir a correção:

a) *Data de aquisição do imobilizado técnico*
   $ 700 milhões no início de X − 4.
   $ 100 milhões em moeda de X + 1.
b) *Data do aumento de capital*
   Início de X + 1, nova subscrição, de $ 20 milhões.
c) *Houve distribuição de lucros?*
   Sim; em fins de X + 1 foram distribuídos $ 167 milhões.
d) *Data de aquisição dos estoques*
   Os estoques foram adquiridos próximo das datas dos balanços.
e) *Data de aquisição do Fundo de Comércio* (goodwill)
   Início de X − 4.
f) *Índices gerais de preços nas datas importantes* (hipotéticos)
Início de X − 4	3.200
31-12-X	6.420
Meados de X + 1	7.511
31-12-X + 1	8.474
g) *Coeficientes em termos de 31-12-X + 1*
Início de X − 4	8.474/3.200 = 2,65
31-12-X	8.474/6.420 = 1,32
Meados de X + 1	8.474/7.511 = 1,13
Fim de X + 1	8.474/8.474 = 1,00

O Balanço de 31-12-X em termos de poder aquisitivo de 31-12-X + 1

a) *Disponibilidades*: este é um valor corrente em 31-12-X; logo será multiplicado pelo coeficiente 1,32, resultando em $ 66.
b) *Valores a Receber*: admitindo-se que o valor desta conta já tenha sido descontado pelos prazos de vencimentos (a rigor, para afirmarmos que este é um valor corrente na data, precisaríamos calcular o valor presente dos valores a receber) ou desprezando este detalhe técnico, podemos admitir que esta conta, basicamente, recai na mesma natureza de Disponibilidades. Assim, será multiplicada por 1,32, resultando em $ 686,40.
c) *Fundo de Comércio* (goodwill): adquirido em inícios de X − 4, deverá ser corrigido por 2,65, resultando em $ 132,50. Esta conta é tratada como se fosse um imobilizado, para efeito de correção.
d) *Estoques*: por terem sido adquiridos próximo da data do balanço, são valores correntes em 31-12-X; logo, aplicamos o coeficiente 1,32, resultando em $ 567,60.

e) *Imobilizado*: os $ 700,00 adquiridos no início de X – 4 são corrigidos por 2,65, resultando em $ 1.855,00. Os $ 100,00 adicionais adquiridos em meados de X + 1 são corrigidos por 1,13 resultando em $ 113,00. Este último valor, todavia, somente será adicionado ao balanço final.

f) *Depreciação Acumulada*: são decorridos 5 exercícios desde o início de X – 4. Foram depreciados $ 280,00 de $ 700,00, ou seja, 40%, o que faz supor uma taxa média de 8% a.a. A depreciação acumulada é corrigida da mesma forma que é corrigido o ativo ao qual se refere. Não importa que as depreciações tenham sido contabilizadas em X – 4, X – 3, X – 2, e assim por diante. Todas elas são parcelas dos mesmos $ 700,00; logo terão de ser corrigidas por 2,65, independentemente do ano em que foram contabilizadas. Assim, $ 280,00 × 2,65 = $ 742.

g) *Despesas Antecipadas*: supostamente verificada bem próximo da data do balanço, pode ser corrigida por 1,32, resultando em $ 6,60.

h) *Fornecedores e Contas a Pagar*: conta análoga a Valores a Receber, valem as mesmas premissas. Corrigida por 1,32, resulta em $ 264,00.

i) *Dívidas em Moeda Estrangeira*: apesar de originariamente contraída em moeda estrangeira, está expressa em reais à taxa cambial vigente no dia. É conta perfeitamente análoga à anterior, lembrando-se sempre as considerações sobre valor presente. É corrigida por 1,32, alcançando $ 396,00.

j) *Patrimônio Líquido*: no caso, pode ser calculado por diferença entre Ativo e Passivo, não interessando qual o valor corrigido de Capital e Lucros, individualmente. Resulta igual a $ 1.912,10.

O Balanço de 31-12-X + 1 em termos de poder aquisitivo de 31-12-X + 1

a) *Disponibilidades*: permanece o próprio valor histórico, pois é um valor perfeitamente corrente em 31-12-X + 1 – $ 110,00.

b) *Valores a Receber*: idem, idem, $ 600,00.

c) *Fundo do Comércio (goodwill)*: por ser originário do início de X – 4, os $ 40,00 remanescentes ainda são multiplicados por 2,65, resultando em $ 106.

d) *Estoques*: por ser corrente na data, não precisa de correção. Permanece o valor histórico de $ 450.

e) *Imobilizado*: de 31-12-X, carregamos $ 1.855,00, já corrigidos. Foram comprados mais $ 100,00 em meados de X + 1, os quais são corrigidos por 1,13, resultando em $ 113,00. Assim, o valor desta conta é de $ 1.855,00 mais $ 113,00 = $1.968.

f) *Depreciação Acumulada*: de 31-12-X, carregamos $ 742,00, já corrigidos. É preciso adicionar a depreciação de 8% aos $ 700,00 e corrigi-la, adicionando a depreciação de 8% (para um semestre) dos $ 100,00, corrigindo-a também.

8% de $ 700,00 = $ 56,00. Estes referem-se ainda aos equipamentos adquiridos no início de X – 4 e serão corrigidos por 2,65, alcançando $ 148,40.

4% (semestre) de $ 100,00 = $ 4,00. Estes serão corrigidos por 1,13, resultando em $ 4,52.

Assim, a depreciação histórica de X + 1 = $ 56,00 mais $ 4,00 = $ 60 milhões, e a *depreciação* corrigida igual a $ 148,40 mais $ 4,52 = $ 152,92 milhões.

Assim, temos:

Deprec. Acumulada até 31-12-X =	742,00
+ Deprec. ref. a X + 1 =	152,92
= Deprec. Acumulada em 31-12-X + 1 =	894,92

Observe-se, mais uma vez, que a depreciação de $ 56,00, embora contabilizada em X + 1, foi corrigida pelo coeficiente de X – 4, pois a depreciação tem a mesma idade dos equipamentos aos quais se refere, e não a idade de quando é contabilizada.

g) *Despesas Antecipadas*: admitiremos que os $ 3,00 referem-se ao mesmo estoque constante do balanço anterior, apenas que $ 2,00 já foram transferidos para despesa.[2] Os $ 3,00, sendo originários do balanço anterior, foram criados em 31-12-X; logo, terão de ser corrigidos por 1,32, resultando em $ 3,96. Ao corrigirmos a despesa, teremos de levar na devida conta os $ 2 milhões alocados. Estes não poderão ser corrigidos por outro coeficiente, a não ser 1,32. Alguns autores consideram estas contas da mesma forma que Disponibilidades, Valores a Receber e a Pagar. Entretanto, o tratamento apresentado aqui é mais rigoroso.

h) *Passivo*: vistas as considerações para o balanço inicial, podemos considerar os $ 610,00 totais já devidamente corrigidos, pois representam o valor corrente das dívidas em 31-12-X+1.

i) *Patrimônio Líquido*: por diferença, resulta em $ 1.733,04 milhões.

Lucro apurado por diferença entre patrimônios líquidos

Lucro de X + 1 =

$ 1.733,04 (PL X + 1) – $ 1.912,10 (PL X) + + $ 167,00 (dividendos) – $ 20,00 × 1,32 (aumento de capital no início de X + 1).

---

[2] Se os $ 3,00 fossem formados no exercício de X + 1, seriam corrigidos pelo coeficiente da nova data de seu surgimento. Nesse caso, os $ 5,00 do balanço anterior seriam totalmente despesa do ano de X + 1, corrigida pelo índice da sua formação (1,32), no exemplo.

> Lucro de X + 1 = $ 1.733,04 − $ 1.912,10 + $ 167,00 − $ 26,40 = $ 38,46, prejuízo!

Agora, teremos de corrigir o demonstrativo de resultados e alcançar o mesmo resultado. A primeira suposição que faremos, neste aspecto, é que Receitas, Despesas, Compras e Vendas se distribuem tão uniformemente durante o exercício que, para efeito de correção, é como se tivessem verificado em meados de X + 1.

11.1.2 Correção do DR (o DR em termos de poder aquisitivo de 31-12-X + 1)

a) *Vendas*: na hipótese assumida, é suficiente corrigirmos pelo coeficiente 1,13, resultando em $ 1.717,60.
b) *Estoque Inicial e Estoque Final*: veja correções efetuadas em 10.1.1.
c) *Compras*: mesma forma de correção de Vendas. Resulta em $ 1.130,00.
d) *Despesas*
   1. Operacionais: dos $ 180,00, devemos excluir $ 2,00, que resultaram da alocação de despesas diferidas. Assim, $ 178,00, nas premissas do problema, são corrigidos por 1,13, resultando em $ 201,14. Os $ 2,00 são corrigidos por 1,32, resultando em $ 2,64 (total = 203,78).
   2. Depreciação: já temos o valor corrigido de $ 152,92, apurado por ocasião da correção dos balanços.
   3. Amortização de Fundo de Comércio (*goodwill*): adquirido em X − 4, a quota de $ 10,00, alocada como despesa de X + 1, é corrigida por 2,65, resultando em $ 26,50 no DR corrigido.
   4. Financeiras: corrigidas normalmente pelo coeficiente 1,13, resultando em $ 16,95.
   5. Variação Cambial: esta despesa é apurada no último dia do exercício, porém pode-se presumir que se acumulou uniformemente durante o período, podendo ser corrigida por 1,13, resultando em $ 33,90.
   6. Outras Receitas: $ 40,00 × 1,13 = $ 45,20.
   7. Imposto de Renda: valor formado em 31-12-X + 1, permanece inalterado em $ 60,00.[3] Os efeitos de 5 e 7 no passivo terão de ser levados em conta no ajustamento dos chamados "itens monetários".
   Levando-se em conta todos os itens já corrigidos do demonstrativo, chegamos a um *resultado positivo* de $ 21,15. Entretanto, o resultado apurado por diferença entre patrimônios líquidos foi $ *38,46, de prejuízo*.

---

[3] A rigor, também poderia ser corrigido por um coeficiente médio.

É preciso verificar o efeito de termos trabalhado com mais ou menos saldo de caixa e valores a receber sobre os valores a pagar, em período inflacionário, como foi o caso.

8. As Perdas (Ganhos) nos Itens Monetários.

Intuitivamente, é fácil entendermos que, em períodos de inflação, quanto mais tempo ficarmos com saldos em disponibilidade, sem investir em outros ativos, mais estaremos perdendo poder aquisitivo na proporção direta da taxa de inflação durante o período de espera. Diga-se o mesmo de contas a receber. Receberemos valores constantes, de poder aquisitivo cada vez menor. Exatamente o contrário ocorre com os valores a pagar, isto é, em vez de perdas, obtemos ganhos pela inflação.

Uma forma coerente e fácil de calcular os efeitos da inflação no disponível, nos valores a receber e nos valores a pagar é considerar a soma algébrica de tais itens (disponível mais valores a receber menos valores a pagar) como uma *conta figurativa* e verificar o que ocorreu com os saldos desta conta fictícia durante o exercício. Numa coluna à parte colocamos as taxas de inflação de um período a outro (de um saldo a outro) e numa última coluna multiplicamos as taxas pelos saldos e obtemos perdas (se os saldos forem *devedores*) ou ganhos (se os saldos forem *credores*). Somando algebricamente a última coluna, teremos o montante das perdas (ganhos) nos itens monetários.

Em nosso caso específico, teremos perdas. Vamos, portanto, elaborar nossa tabela. Após o cálculo, serão fornecidas explicações de alguns itens mais difíceis.

CONTA "SALDO DOS ITENS MONETÁRIOS"

Data	Débito	Crédito	A Saldo	Coeficientes	B Δ Coef. (Taxa)	A × B
31-12-X			70,00	1,32	0,00	0,00
Início X + 1	20,00		90,00	1,32	0,19	17,10
Meados X + 1	237,00		327,00	1,13	0,13	42,51
Fim de X + 1		227,00	100,00	1,00	0,00	–
					Perda	59,61

Tivemos, portanto, uma perda nos itens monetários de $ 59,61. Subtraindo-se deste valor $ 21,15 (resultado positivo alcançado até calcularmos a perda nos itens monetários), chegamos a um prejuízo real de $ 38,46, exatamente igual ao obtido por diferença entre patrimônios líquidos.

Note-se, portanto, que, de um lucro histórico de $ 225,00, atingimos um prejuízo "real" de $ 38,46. As análises de balanços e financeira podem ficar completamente alteradas conforme a utilização de dados históricos ou corrigidos. Da mesma maneira, mesmo tendo considerado $ 60,00 de provisão para imposto de renda no balanço histórico, se fôssemos distribuir o lucro histórico líquido (teríamos ainda de corrigir as depreciações), estaríamos claramente descapitalizando a empresa.

Vamos, para efeito de clareza, reproduzir, na íntegra, os demonstrativos após as correções. (Ver páginas seguintes.)

Agora, iremos explicar a composição do quadro dos itens monetários.

O valor do saldo em 31-12-X é exatamente o saldo dos itens monetários na data do balanço, isto é, Disponibilidade mais Valores a Receber menos Valores a Pagar, inclusive dívidas em moeda estrangeira.

No início de X + 1, verifica-se o aumento no capital da empresa, por subscrição, o que aumenta o "ativo monetário" e, portanto, o saldo nos itens monetários.

Em meados de X + 1, acontece grande parte dos eventos que afetam os itens monetários, nesse exemplo. Assim, poderíamos demonstrar os eventos que afetam o saldo dos itens monetários, em meados do ano:

a) *Para mais*
Vendas	1.520,00
Outras Receitas	40,00
	1.560,00

b) *Para menos*
Variação Cambial	30,00
Compras	1.000,00
Despesas Operacionais	178,00
Despesas Financeiras	15,00
Compra de Equipamentos	100,00
	1.323,00

c) *Diferença para mais (débito)* = 237,00 = 1.560,00 − 1.323,00.

DESCAPITALIZADA S.A. – BALANÇOS CORRIGIDOS
(EM REAIS DE 31-12-X + 1)

Em $

			31-12-X		31-12-X + 1
	ATIVO(A)				
	Disponibilidades		66,00		110,00
	Valores a Receber		686,40		600,00
	Fundo de Comércio (*goodwill*)		132,50		106,00
	Estoques		567,60		450,00
	Imobilizado	1.855,00		1.968,00	
(−)	Depreciação Acumulada	(742,00)	1.113,00	(894,92)	1.073,08
	Despesas Antecipadas		6,60		3,96
	Total do Ativo		2.572,10		2.343,04
	PASSIVO E PATRIMÔNIO LÍQUIDO				
	Passivo (P) (Exigibilidades)				
	Fornecedores, Contas a Pagar e Outros	264,00		280,00	
	Dívidas em Moeda Estrangeira	396,00	660,00	330,00	610,00
	Patrimônio Líquido = (A − P) =		$ 1.912,10		$ 1.733,04

DESCAPITALIZADA S.A. – DEMONSTRAÇÃO DO RESULTADO CORRIGIDO
(EM REAIS DE 31-12-X + 1)

Em $

	VENDAS			1.717,60
(–)	CUSTO DAS VENDAS			
	Estoque Inicial	567,60		
(+)	Compras	1.130,00		
		1.697,60		
(–)	Estoque Final	(450,00)		(1.247,60)
	Resultados com Mercadorias			470,00
(–)	DESPESAS			
	Operacionais	203,78		
	Depreciação	152,92		
	Amortização	26,50		
	Financeiras	16,95		
	Variação Cambial	33,90	(434,05)	
+	OUTRAS RECEITAS		45,20	(388,85)
				81,15
(–)	Provisão p/ Imposto de Renda			(60,00)
=	Lucro Antes das Perdas nos I. Monetários			21,15
(–)	Perdas Líquidas nos Itens Monetários			(59,61)
=	Prejuízo Líquido Real			$ (38,46)

Consideramos apenas $ 178,00 dos $ 180,00 de despesas operacionais, pois os $ 2,00 restantes referem-se à alocação de despesas antecipadas como despesas de X + 1, não influenciando, portanto, o saldo dos itens monetários.

Finalmente, em fins de X + 1 temos a distribuição de dividendos no valor de $ 167,00, o que diminui o saldo dos itens monetários. Note-se, ainda, a provisão para imposto de renda, no valor de $ 60, que se acresceu ao exigível em 31-12-X + 1. Temos, portanto, $ 167,00 mais $ 60,00, perfazendo um total de $ 227,00, a serem creditados na conta figurativa "Saldo dos Itens Monetários".

Computados os saldos, já sabemos que, em sendo devedores, teremos perdas pela inflação, e, em sendo credores, teremos ganhos. Em nosso caso, o saldo sempre tem sido devedor, isto é, Disponível mais Valores a Receber superam Valores a Pagar. O passo seguinte é relacionar os coeficientes que expressam a relação entre os índices gerais de 31-12-X + 1 (data base) e do evento que estamos corrigindo. Taxas de

As Variações do Poder Aquisitivo da Moeda e seus Reflexos na Análise de Balanços **173**

inflação entre os períodos em que os saldos mudam são calculadas tirando-se a diferença entre os coeficientes. Assim, a taxa linearizada de inflação do início de X + 1 até meados de X + 1 é igual a 1,32 – 1,13, isto é, igual a 0,19 ou 19%, e assim por diante.

Agora resta somente multiplicar os saldos pelas taxas de inflação e obtemos as perdas (no caso) de data a data, totalizando para todo o período $ 59,61.

11.1.3 Efeitos da inflação nos casos em que a distribuição de receitas, despesas, compras e vendas não é uniforme durante o exercício

Muito importante do ponto de vista gerencial é saber o que aconteceria se Receitas, Despesas, Compras e Vendas não tivessem uma distribuição uniforme durante o ano comercial, caso muito mais comum na prática do que a uniformidade assumida até o momento.

Aproveitaremos o mesmo exemplo, alterando apenas a distribuição dos itens do Demonstrativo de Resultados, num ritmo trimestral, alterando também a ordem de apresentação dos itens no demonstrativo, a fim de facilitar o posterior cálculo das perdas (ganhos) nos itens monetários. (Ver página 175.)

É preciso apenas obtermos os coeficientes para os trimestres (meados de trimestres). Suponhamos que sejam os seguintes:

Meados do 1º trimestre: 1,25
Meados do 2º trimestre: 1,18
Meados do 3º trimestre: 1,09
Meados do 4º trimestre: 1,04

Para corrigirmos o demonstrativo, basta iniciarmos pelos valores após a dedução das despesas financeiras e multiplicarmos pelos coeficientes (com exceção do 4º trimestre, no qual a compra da mercadoria não se verificou em meados, mas no fim do trimestre).

Temos, então (veja as páginas 163 e 164):

$ 136,25 × 1,25 + $ 223,25 × 1,18 +
($ 48,75) × 1,09 + $ 466,25 × 1,04 +
($ 450,00) × 1,00* = $ 415,51   415,51
(–) Estoque Inicial   430 × 1,32 =   (567,60)
 +   Estoque Final   450 × 1,00 =   450,00

* O quarto trimestre está separado em duas partes. Vendas menos Despesas Operacionais, menos Despesas Financeiras, tudo multiplicado pelo coeficiente médio. E as Compras, multiplicadas pelo coeficiente do fim do trimestre.

(–)	Despesas Operac.	2 × 1,32 =	(2,64)	
(–)	Depreciação	=	(152,92)	
(–)	Amortizações	10 × 2,65 =	(26,50)	
(–)	Variação Cambial	30 × 1,13 =	(33,90)	
+	Outras Receitas	40 × 1,13 =	45,20	(288,36)
=	Lucro antes das Perdas nos Itens Monetários			127,15
(–)	Perdas nos Itens Monetários			?
=	Lucro Líquido			?

DESCAPITALIZADA S.A. – DEMONSTRATIVO DE RESULTADOS – X + 1

Em $

		1º Trimestre	2º Trimestre	3º Trimestre	4º Trimestre	Total
	VENDAS	380	420	200	520	1.520
(–)	COMPRAS	(200)	(150)	(200)	(450*)	(1.000)
		180	270	–	70	520
(–)	DESPESAS OPERACIONAIS	(40)	(43)	(45)	(50)	(178)
		140,00	227,00	(45,00)	20,00	342,00
(–)	DESPESAS FINANCEIRAS	(3,75)	(3,75)	(3,75)	(3,75)	(15,00)
	Efeito Líquido sobre os Itens Monetários	136,25	223,25	(48,75)	16,25	327,00
(–)	Estoque Inicial					(430,00)
						(103,00)
+	Estoque Final					450,00
						347,00
(–)	Despesas Operacionais ($ 2,00), Depreciação ($ 60,00), Amortização de Fundo de Comércio (*goodwill*) ($ 10,00) e Variação Cambial ($ 30,00)					(102,00)
						245,00
+	Outras Receitas					40,00
—	Lucro Líquido antes do Imposto de Renda					285,00
(–)	Provisão para Imposto de Renda					(60,00)
=	Lucro Líquido					225,00

* Vendas e Compras, bem como outras despesas e itens, distribuíram-se mais ou menos uniformemente *dentro do trimestre*. Todavia, a compra do 4º trimestre, no valor de $ 450, recaiu nos últimos dias do ano.

Verifica-se que, para o item Outras Receitas, continuamos considerando que se verificaram uniformemente durante o exercício. As outras despesas que não tiverem distribuição trimestral são "contas com data marcada", pois se referem a amortizações de ativos preexistentes e, portanto, a amortização é corrigida da mesma forma que a "conta-mãe".

Estamos em condições de elaborar a tabela para os Itens Monetários:

Data	Débito	Crédito	Saldo*	Coeficiente	Taxa	Perda
31-12-X			90,00	1,32	0,07	6,3000
1º Trimestre	136,25		226,25	1,25	0,07	15,8375
2º Trimestre	223,25		449,50	1,18	0,05	22,4750
Meados de X + 1		90,00**	359,50	1,13	0,04	14,3800
3º Trimestre		48,75***	310,75	1,09	0,05	15,5375
4º Trimestre	466,25		777,00	1,04	0,04	31,0800
31-12-X + 1		677,00	100,00	1,00	–	
Perda Total						105,6100

* Já incluído o aumento de capital
** Variação Cambial – Compra de Equipamentos + Outras Receitas
*** Compra de Estoques + Dividendos + I. Renda

Retomemos, portanto, o DR corrigido:

	Lucros antes das Perdas nos Itens Monetários		$ 127,15
(–)	Perdas nos Itens Monetários	(105,61)	
	e Provisão para Imposto de Renda	(60,00)	(165,61)
=	Prejuízo Líquido Real		$ 38,46

É notável a coincidência de resultados! Tanto no caso de distribuição uniforme quanto no de distribuição trimestral, o resultado líquido final é o mesmo, ou seja, um prejuízo de $ 38,46. Acontece que, embora chegando a um resultado líquido igual, a distribuição deste resultado entre "lucro antes dos itens monetários" e "perdas nos itens monetários" é diferente.

Em meados de X + 1, além da distribuição trimestral da maior parte dos itens, ainda ocorreram a compra dos equipamentos no valor de $ 100 e a variação cambial (diminuindo o saldo dos itens monetários) e entraram as receitas de $ 40 (aumentando o saldo dos itens monetários), resultando num crédito líquido de $ 90. No final de X + 1, houve a saída líquida de $ 227, já apontada no demonstrativo de distribuição uniforme, mais os $ 450 da última compra de mercadorias, que, pela hipótese PEPS do problema, ocorreu em fins de X + 1: $ 450 mais $ 227 = $ 677.

11.1.4 Alguns quocientes de balanço antes e após a correção

Uma das formas de apreciar a profunda diferença de significação entre demonstrativos corrigidos e históricos é calcular e avaliar alguns quocientes, dentre os mais conhecidos. Vejamos o que ocorre no quadro a seguir.

Este quadro já demonstra alguns parâmetros básicos de diferenciação. Os índices financeiros mantiveram-se inalterados, pois os valores que os formam normalmente são corrigidos pelo mesmo coeficiente, tanto no ativo quanto no passivo. Entretanto, daí para frente (não foi possível calcular certos quocientes por falta de informações do caso), as diferenças e divergências são totais. Rotação é diferente, embora em alguns casos este índice tenha valor relativo. Os índices de rentabilidade calculados (C e D) apresentam diferenças brutais. Enquanto o C apresentava 19% em valores históricos, apresenta apenas 1% em valores corrigidos. Já o D passa de 22% para *menos* 2%! Os relacionamentos verticais, dos quais apenas alguns foram calculados, variam muito.

	X Hist.	X Cor.	X + 1 Hist.	X + 1 Cor.
A) Índices de Liquidez				
A_1) Imediato	0,25	0,25	0,39	0,39
A_2) Corrente	=	=	=	=
A_3) Global	2,01	2,01	1,91	1,91
B) Rotação de Estoque	=	=	2,23	2,45
C) $\dfrac{\text{Lucro Líquido (Antes do IR)}}{\text{Vendas}}$			0,19	0,01*
D) $\dfrac{\text{Lucro Líquido (DIR)}}{\text{Patrimônio Líquido Médio}}$			0,22	(0,02)**
E) $\dfrac{\text{Custos das Vendas}}{\text{Vendas}}$			0,64	0,73
F) $\dfrac{\text{Capital Próprio}}{\text{Capital de Terceiros}}$	1,95	2,90	1,73	2,84
G) $\dfrac{\text{Patrimônio Líquido}}{\text{Imobilizado (Líquido)}}$	2,32	1,72	2,29	1,62

* Deduzidas as perdas nos itens monetários.
** Deduzidas as perdas nos itens monetários.

Considerando que uma análise financeira correta precisa amalgamar, de alguma maneira, todos os principais índices a fim de se chegar a alguma conclusão, segue-se que a análise financeira realizada com balanços não corrigidos (e mesmo com os levantados pela Lei das S.A.) perde completamente sua finalidade, quando não vai prejudicar o analista, com exceção dos índices financeiros de liquidez. O maior desvio ocorre nos índices de rentabilidade. A análise vertical percentual também apresenta grandes distorções.

11.2 A CORREÇÃO INTEGRAL (INSTRUÇÃO Nº 64 DA CVM)[4]

11.2.1 Generalidades

A CVM baixou, em 19-5-1987, a Instrução nº 64, cujo objetivo básico é corrigir as demonstrações contábeis das empresas de capital aberto, já a partir dos balanços encerrados em 1987, e cujo resultado em matéria de evidenciação é bastante parecido com o obtido pela *correção teórica em nível geral de preços,* vista no item anterior. Algumas diferenças entre o modelo teórico e o da correção integral da CVM:

1. o coeficiente de correção é fornecido pela variação do valor da UFIR, no modelo de correção integral, ao passo que, no modelo teórico, deveria ser fornecido pelo relacionamento entre índices mais gerais das variações de preços e levantados por fontes independentes do Governo (como FGV, FIPE etc.);
2. a correção dos estoques é mais correta e rigorosa no modelo teórico e apenas aproximada no modelo de correção integral, pelo menos no início de sua aplicação;
3. o problema do valor presente de contas a receber e a pagar: no modelo de correção teórico é taxativa a necessidade de trazer tais valores de vencimento futuro a valor presente, utilizando uma taxa de juros do mercado;
4. na questão das perdas e ganhos nos itens monetários ligados a ativos que geram receitas financeiras e passivos que geram despesas financeiras, o modelo de correção integral é, até, num certo sentido, mais rigoroso do que o modelo teórico. Este último apenas corrige despesas e receitas financeiras. Os ganhos e perdas nos passivos e ativos que geraram tais despesas e receitas são "jogados" na vala comum das perdas ou ganhos nos itens monetários, ao passo que, no modelo de correção integral, calculamos a despesa e a receita financeira líquidas. Somente disponibilidades sem aplicação e contas a receber e a pagar que não deram origem a receitas e despesas financeiras é que formam, propriamente, as perdas ou ganhos nos itens monetários, no modelo da CVM.

---
[4] Atualmente, revogada.

O que se pretende, em última instância, é poder tornar as demonstrações contábeis verdadeiramente úteis e comparáveis, para finalidade de análise de balanço e financeira.

Valem todas as argumentações expendidas no item anterior. É necessário realçar que a adoção da Instrução nº 64 da CVM representa um passo importante rumo à melhoria de evidenciação das demonstrações contábeis publicadas no Brasil. Sem dúvida, ela pode e deve ser melhorada, no futuro próximo, em decorrência da experiência e das sugestões apontadas pelos profissionais que irão aplicá-la. É forçoso reconhecer, todavia, que não fora a atuação dinâmica e competente do eminente Professor Eliseu Martins, na diretoria contábil da CVM, dificilmente tal avanço teria sido possível.

No subitem que se segue apresentaremos exemplos simples de aplicação no mecanismo de correção integral, sem recorrer a detalhes mais complexos. Para esse efeito, tomamos a liberdade de reproduzir, com adaptações, exemplos extraídos do material preparado pelo ilustre Professor Ernesto R. Gelbcke, por ocasião de vários seminários ministrados sobre correção integral, em um dos quais tive a oportunidade de participar como palestrante, na parte introdutória. Trata-se de exemplos simplificados e que mostram as diferenças entre a correção pela Lei das S.A. e pela correção integral, de forma clara e extremamente didática. Agradecemos ao referido Mestre a autorização para utilizarmos tal material.

11.2.2 Exemplos básicos de correção integral

1º caso

Um empresário, ao início de 1987, abriu uma empresa comercial com $ 400 de capital e com mais financiamento de $ 600. Iniciou comercializando, em janeiro, produtos por $ 1.100, que lhe custaram $ 900 com lucro bruto de $ 200.

Após ter comprado sua loja por $ 700, em face da ciranda financeira, resolveu aplicar os recursos de 400 no mercado financeiro, deixando $ 100 em caixa para os imprevistos, em vez de continuar a operação de compra e venda de produtos.

10-1-1987

Disponível	1.000	Empréstimo – LP	600
		Capital	400

LP = Longo Prazo

Janeiro/1987

Venda	1.100
CPV	(900)
Lucro	200

30-01-1987

Disponível	100	Empréstimo	600
Aplic. Financeiras	400	Capital	400
Imobilizado	700	Lucro Parcial	200
	1.200		1.200

Inflação	= 200%
Encargos Financeiros	= 230%
Receitas Financeiras	= 220%

DEMONSTRAÇÕES FINANCEIRAS PELO SISTEMA OFICIAL

Resultado de 1987

Venda	1.100
CPV	(900)
Lucro Bruto	200
Rec. Financ.	880
Soma	1.080
Desp. Financ.	(1.380)
Result. "Operacional"	(300)
CM	600
Lucro	300

AP = 200% × 700 =   1.400 "R"
PL = 200% × 400 =   800 "D"
                    600 "R"

31-12-1987

Ativo Circulante		Passivo Circulante	
Disponível	100	Juros a Pagar	180
Aplic. Financeiras	1.280	Empréstimo	1.800
	1.380	Patr. Líquido	
Imobilizado	2.100	Cap. Corrig.	1.200
	3.480	Lucro	300
			1.500
			3.480

AP = Ativo Permanente
PL = Patrimônio Líquido

DOAR PELO SISTEMA OFICIAL

$CCL._I$	= 1.000
$CCL._F$	= 1.200 = 1.380 – 180 (Juros)
Acréscimo	= 200

DOAR/1987

ORIGENS	
Lucro	300
(–) CM	(600)
(+) Desp. Var. Mon.	1.200
Gerado pelas operações	900
APLICAÇÕES	
Imobilizações	(700)
Acréscimo CCL	200

DOAR = Demonstração de Origens e Aplicações de Recursos
$CCL._I$ = Capital Circulante Líquido Inicial
$CCL._F$ = Capital Circulante Líquido Final
CM = Correção Monetária
DESP. VAR. MON. = Despesas de Variações Monetárias

ALGUMAS "CONCLUSÕES" A PARTIR DAS DEMONSTRAÇÕES OFICIAIS

1. As operações da empresa deram elevados prejuízos operacionais (prejuízo operacional de $ 300).
2. A empresa "foi salva" pela correção monetária.
3. O lucro de $ 300 é de origem meramente contábil (escritural).
4. Despesas financeiras são mais que 100% das vendas e "estão matando" a empresa. Talvez entre em concordata.
5. Felizmente, o diretor financeiro salvou a empresa, pois conseguiu receitas financeiras de $ 880, transformando um prejuízo num lucro final de $ 300.
6. A empresa melhorou sua situação financeira, onde suas operações geram $ 900 de recursos, e, por uma "sadia política de investimentos", aplicou somente $ 700 em imobilizado e os $ 200 restantes reforçaram seu capital de giro.

PELA CORREÇÃO INTEGRAL
DEMONSTRAÇÃO DE RESULTADOS
RESULTADO DE 1987 PELA CORREÇÃO INTEGRAL

Venda	1.100 × 3,00 =		3.300
CPV	900 × 3,00 =		(2.700)
Lucro Bruto			600
Rec. Financeira:			
Nominal		880	
(–) Perda = 200% × 400 =		(800)	80
Lucro gerado pelos ativos antes das perdas monetárias			680
Perda nas disponibilidades: 200% × 100 =			(200)
Lucro Gerado pelos ativos			480
Desp. Financeira:			
Nominal		(1.380)	
(–) Ganho = 200% × 600 =		1.200	180
Lucro			300

$$\text{Retorno do Ativo} = \frac{480}{1.000 \times 3 = 3000} = 16\%$$

$$\text{Custo do Passivo} = \frac{180}{600 \times 3 = 1.800} = 10\%$$

$$\text{Retorno do Pat. Líquido} = \frac{300}{400 \times 3 = 1.200} = 25\%$$

DOAR COM CORREÇÃO INTEGRAL

$CCL_I = 1.000 \times 3,00 =$	3.000
$CCL_F =$	1.200
Redução =	<u>1.800</u>

Origens	
Lucro	300
Aplicações	
Imobilizações	2.100
Redução CCL	<u>1.800</u>

ALGUMAS CONCLUSÕES APÓS A CORREÇÃO MONETÁRIA

1. O lucro de $ 300 pelo oficial é real conforme apurado pelo oficial e a moeda de fim de ano.
2. As operações da empresa dão lucro e não prejuízo. A comercialização de produtos produziu a maior parte dos lucros, pois foi de $ 600.
3. A empresa não "foi salva" pela correção monetária. Teve, isto sim, 1/3 ($ 200) de seu lucro comercial perdido por manter $ 100 em caixa, sem aplicar.
4. As despesas financeiras não "estão matando" a empresa. Em vez de "mais que 100% das vendas", representam somente 5,4% de custo real.
5. O diretor financeiro não é mais o herói da empresa, pois a receita financeira real foi de somente $ 80 e não de $ 880.
   O proprietário concluiu que não é vantagem deixar de operar para aplicar o dinheiro no mercado.
6. O que parecia uma sadia política de investimentos em termos de capital de giro mostra agora que a empresa:
   a) não teve $ 900 de recursos originados das operações, mas só $ 300;
   b) a aplicação em imobilizado foi de $ 2.100 e não de $ 700;
   c) em suma, o que parecia um fortalecimento do capital de giro de $ 200 é realmente uma redução de $ 1.800.

2º Caso
Estoques e custos

Empresa com capital de $ 50.000 adquiriu estoques por $ 50.000 no início do período e os revendeu no final do mesmo período por $ 70.000.

Inflação de 30%

Resultado pelo método oficial

	$	%
Vendas	70.000	100,0
CMV	50.000	71,4
Lucro Bruto "Operacional"	20.000	28,6
CM	(15.000)	21,4
Lucro	5.000	7,2

A perda com correção monetária é na verdade parte do CMV.
CMV = Custo das Mercadorias Vendidas

Distorção:

Venda e CMV a moedas de períodos diferentes.
Margem bruta de 28,6% incorreta.

Resultado pela correção integral

	$	%
Vendas – já a moeda de fim	70.000	100,0
CMV – 50.000 × 1,30%	65.000	92,8
Lucro Bruto "Operacional"	5.000	7,2
CM	–	–
Lucro	5.000	7,2

Conclusões:

Margem bruta é só de 7,2% e não 28,6%.
Lucro final é igual.

3º Caso
Estoques e custos – hipótese de saldos em estoques

Estoque Inicial	–
Compras – Início	50.000
Revenda – Fim	40.000 – por 56.000
Estoque – Fim	10.000

Resultado	Oficial	Correção Integral
Vendas	56.000	56.000
CMV	40.000	52.000
L.B./Operacional	16.000	4.000
CM	(15.000)	–
Lucro	1.000	4.000
Diferença		3.000

L.B./Operacional = Lucro Bruto Operacional

Se estoques finais forem corrigidos

Custo	10.000
Correção – 30%	3.000
Corrigido	13.000

Ou

MOVIMENTO DOS ESTOQUES

	Original	Corrigido	Diferido
Inicial	–	–	–
Compras	50.000	65.000	15.000
Vendas (CMV)	(40.000)	(52.000)	(12.000)
Final	10.000	13.000	3.000
CM Oficial	15.000		
Se corrigisse estoque	3.000		
CM correta	12.000		

SIGNIFICADO REAL DA CM

	Original	Correta
Correção do CMV	12.000	12.000
Correção do Estoque Final		
Não feita – Lançada em despesa	3.000	–
Total da CM	15.000	12.000

4º Caso
Supondo que a venda foi no meio do período e não no fim – 13% de inflação até o fim

RESULTADOS

	Oficial		Correção Integral
Vendas	56.000	× 1,13	63.280
CMV	40.000	× 1,30	52.000
LB	16.000		11.280
Perda Ativo Monetário	–		7.280
Lucro Operacional	16.000		4.000
Correção Monetária	15.000		–
LL	1.000		4.000

LB = Lucro Bruto

LL = Lucro Líquido

SIGNIFICADO REAL DA CORREÇÃO MONETÁRIA

Correção das receitas	7.280	+
Correção do CMV	12.000	–
Perda no Ativo Monetário	7.280	–
Não correção do estoque final	3.000	–
Saldo da CM oficial	15.000	

5º Caso
Inflação (juros) embutidos nas compras e vendas a prazo

Contabilidade tradicional

Não distingue e registra as vendas e as compras a prazo como se fossem à vista.

Distorções
Vendas – Receita e contas a receber superavaliadas.
Compras – Custos (ou estoques) e contas a pagar superavaliados.

Solução
Redução ao valor presente.

Sistema de correção integral

1. Apresenta todos os valores das demonstrações financeiras ajustados ao mesmo poder aquisitivo da moeda.
2. Permite comparabilidade com outros períodos e independe do nível da inflação.
3. Possibilita:
   - correção dos estoques e outras;
   - redução ao valor presente.
4. Permite análises e conclusões muito mais adequadas.
5. Contabilidade e demonstrações financeiras retomam sua credibilidade e utilidade. "Valorização Profissional".
6. Tendência a ser utilizada pelas demais (fechadas).
7. Importância para uso gerencial e mudança para enfoque operacional.
8. Tendência à busca da eficiência e produtividade.
9. Diminui insegurança e receio de decisões e de investimentos.
10. Reflexos de decisões são medidos e aparecem.

11.2.3 Exemplos reais

Em seguida, da mesma fonte, reproduzimos balanços reais de uma empresa, procurando demonstrar:

a) As correções realizadas em cada semestre (pela Correção Integral e pela Legislação Societária).
b) A demonstração de resultados corrigida para o exercício inteiro, pelos mesmos critérios.
c) A evolução ao longo do ano (mês a mês):
   A reconciliação demonstra que a soma dos resultados semestrais não se iguala ao lucro correto.
d) Em seguida, são apresentados os fluxos de caixa corrigido e histórico, bem como em UFIR.[5]

---

5 Exemplo original em OTN.

Finalmente são apresentados os quocientes econômico-financeiros aplicáveis, após a correção, pelo sistema oficial (Lei das Sociedades por Ações) e pela Correção Integral (Instrução nº 64 da CVM).

Os exemplos são autoexplicativos e de grande interesse para verificar as vantagens informativas de aplicação de Instrução nº 64 da CVM. A sua correta utilização, bem como os aperfeiçoamentos que sem dúvida serão incorporados no futuro, levarão as demonstrações contábeis das empresas a níveis de evidenciação e interpretabilidade nunca alcançados em nossa realidade.

DEMONSTRAÇÃO DO RESULTADO
1º Semestre

	UFIR	Pela Correção Integral $ de Junho	%	Pela Legislação $	%
Vendas	3.810,5684	724.008	100	545.000	100
CMV	(2.386,9220)	(453.515)	63	(295.900)	54
Lucro Bruto	1.423,6464	270.493	37	249.100	46
Desp. c/Vendas	(395,5995)	(75.164)	10	(56.770)	10
Desp. Administr.	(523,1244)*	(99.393)*	14	(74.236)	14
Desp. Dev. Duv.	(28,3401)	(5.385)	1	(4.000)	1
Desp. Deprec.	(69,2307)	(13.154)	2	(10.270)	2
Res. Equiv. Patrim.	31,5789	6.000	1	6.000	1
Desp. Financeiras	(99,0592)	(18.821)	3	(152.127)	28
Rec. Financeiras	15,0065	2.851	0,4	38.400	7
Perdas nos Itens Monet.	(275,4042)	(52.327)	7	–	
Lucro Operacional	79,4737	15.100	2	(3.903)	0,7
Result. Não Operac.	26,3158	5.000	0,7	5.000	0,9
			CM	19.003	3,5
Lucro Antes IR	105,7895	20.100	2,8	20.100	3,7
Imp. Renda	(22,1053)	(4.200)	0,6	(4.200)	0,8
Lucro Líquido	83,6842	15.900	2,2	15.900	2,9

* (Contém 0,0057 OTN e $ 1,00 de diferenças de arredondamento.)

2º Semestre

	UFIR	Pela Correção Integral $ de Dez.	Pela Legislação $
Vendas	3.830,1613	1.244.802	1.090.700
CMV	(2.548,9231)	(828.400)	(656.000)
Lucro Bruto	1.281,2382	416.402	434.700
Desp. c/ Vendas	(335,9612)	(109.187)	(97.803)
Desp. Administr.	(413,4592)*	(134.374)	(116.803)
Desp. Dev. Duv.	(16,6382)	(5.407)	(5.000)
Desp. Deprec.	(81,5383)	(26.500)	(23.231)
Res. Equiv. Patrim.	27,6923	9.000	9.000
Desp. Financeiras	(85,9627)	(27.938)	(221.354)
Rec. Financeiras	9,4901	3.084	72.500
Perdas nos Itens Monet.	(259,3237)	(84.280)	–
Lucro Operacional	125,5373	40.800	52.009
Correção Monetária	–	–	(11.209)
Lucro Antes IR	125,5373	40.800	40.800
Imp. Renda	(38,4615)	(12.500)	(12.500)
Lucro Líquido	87,0758	28.300	28.300

* (Contém 0,0050 UFIR e $ 0,00 de diferenças de arredondamento.)

DEMONSTRAÇÃO DO RESULTADO
Ano de 19X1

	UFIR	Pela Correção Integral $ de Dez.	%	Pela Legislação $	%
Vendas	7.640,7297	2.483.237	100	1.635.700	100
CMV	(4.935,8451)	(1.604.150)	65	(951.900)	58
Lucro Bruto	2.704,8846	879.087	35	683.800	42
Desp. c/ Vendas	(731,5607)	(237.757)	9,6	(154.575)	9,4
Desp. Administr.	(936,5836)	(304.389)	12,3	(191.039)	11,7
Desp. Dev. Duv.	(44,9783)	(14.618)	0,6	(9.000)	0,6
Desp. Deprec.	(150,7690)	(49.000)	2,0	(33.501)	2,0
Res. Equiv. Patrim.	59,2712	19.263	0,8	15.000	0,9
Desp. Financeiras	(185,0219)	(60.132)	2,4	(373.481)	22,8
Rec. Financeiras	24,4966	7.961	0,3	110.900	6,8
Perdas nos Itens Monet.	(534,7279)	(173.787)	7,0	–	
Correção Monetária	–	–		7.796	0,5
Lucro Operacional	205,0110	66.628	2,7	55.900	3,4
Result. Não Operac.	26,3158	8.553	0,3	5.000	0,3
Lucro Antes IR	231,3268	75.181	3,0	60.900	3,7
Imp. Renda	(60,5668)	(19.684)	0,8	(16.700)	1,0
Lucro Líquido	170,7600	55.497	2,2	44.200	2,7
		CM do Lucro 1º Sem.		11.297	0,7
				55.497	3,4

EVOLUÇÃO DO RESULTADO AO LONGO DO ANO

	PELA LEGISLAÇÃO				PELA CORREÇÃO INTEGRAL	
	$		Em UFIR		Em $, ao valor da UFIR de cada mês	
	Mês	Acumulado	Mês	Acumulado	Mês	Acumulado
JANEIRO	2.400	2.400	21,8182	21,8182	2.400	2.400
FEVEREIRO	1.800	4.200	13,1818	35,0000	1.582	4.200
MARÇO	6.000	10.200	43,4615	78,4615	5.650	10.200
ABRIL	1.200	11.400	(2,4615)	76,0000	(369)	11.400
MAIO	(1.500)	9.900	(17,7647)	58,2353	(3.020)	9.900
JUNHO	6.000	15.900	25,4489	83,6842	4.835	15.900
JULHO	3.000	3.000	13,9535	13,9535	3.000	3.000
AGOSTO	3.500	6.500	13,1298	27,0833	3.151	6.500
SETEMBRO	3.800	10.300	11,0648	38,1481	2.987	10.300
OUTUBRO	5.000	15.300	8,9288	47,0769	2.902	15.300
NOVEMBRO	4.000	19.300	12,3077	59,3846	4.000	19.300
DEZEMBRO	9.000	28.300	27,6912	87,0758	9.000	28.300

SOMA DOS RESULTADOS DOS SEMESTRES

$ NOMINAIS	= $ 15.900	1º sem.	Em UFIR =	83,6842 1º sem.
	$ 28.300	2º sem.		87,0758 2º sem.
	$ 44.200			170,7600 × 325 =
	?		=	$ 55.497 Para o ano
CORRETO	= $ 15.900	1º sem.		
CM DO LUCRO				
DO 1º SEM.	= 11.297			
	$ 28.300	2º sem.		
	$ 55.497	Para o ano		

FLUXOS DE CAIXA

	UFIR	Corr. Integral $ Dez./X0	Histórico $
ORIGENS			
De Clientes	6.572,8893	2.136.189	1.421.700
(–) Fornecedores	(4.497,8938)	(1.461.816)	(978.900)
	2.074,9955	674.373	442.800
(–) Desp. Vendas e Adm.	(1.578,7647)	(513.099)	(334.692)
(+) Dividendos Recebidos	6,1538	2.000	2.000
(–) Despesas Financeiras	(173,8040)	(56.486)	(145.981)
(+) Receitas Financeiras	24,4966	7.961	110.900
(–) Imposto de Renda	(140,5493)	(45.679)	(19.200)
DAS OPERAÇÕES	212,5279	69.071	55.827
Venda Investimentos	131,5789	42.763	25.000
Div. Longo Prazo	104,1667	33.854	12.500
Aumento Capital	232,5581	75.581	50.000
Aumento Emprést. OTN C. Prazo	–	–	35.000
DE SÓCIOS E TERCEIROS	468,3037	152.198	122.500
TOTAL DAS ORIGENS	680,8316	221.269	178.327
APLICAÇÕES			
Aquis. Investimentos	80,1282	26.042	10.000
Imobilizações	615,3846	200.000	140.000
Redução Emp. OTN C. Prazo	238,4615	77.500	–
Dividendos	26,3158	8.553	5.000
PERDA MONETÁRIA NO CAIXA	64,1505	20.849	–
TOTAL DAS APLICAÇÕES	1.024,4406	332.944	155.000
VARIAÇÃO NAS DISPONIBILIDADES	(343,6090)	(111.673)	23.327
Nas Aplic. Financeiras	(275,3845)	(89.500)	23.000
No Caixa	(68,2245)	(22.173)	327

ÍNDICES ECONÔMICOS FINANCEIROS

DENOMINAÇÃO	COM CORREÇÃO – Oficial	COM CORREÇÃO – Integral	OBJETIVOS E INTERPRETAÇÃO	DISTORÇÕES OCASIONADAS PELA INFLAÇÃO
A. ESTRUTURA DE CAPITAIS				
1. Participação de Capital de Terceiros			Objetivo: Indicar quanto a empresa tomou de capitais de terceiros para cada $ 1,00 de capital próprio investido.	Ocasionadas basicamente pela existência de saldos de contas com valores futuros (p/ ex. saldo de fornecedores incluem correção monetária futura).
Capital de Terceiros / Patrimônio Líquido	$\dfrac{565.918}{609.582} = 0{,}93$	$\dfrac{565.918}{609.582} = 0{,}93$	Interpretação: Quanto menor, melhor.	Normalmente a distorção não é significativa.
2. Composição do Endividamento			Objetivo: Demonstrar quanto a empresa possui de obrigações a curto prazo para cada $ 1,00 de obrigações totais.	Tanto o numerador, como o denominador, podem possuir itens com saldos de contas com valores futuros.
Passivo Circulante / Capital de Terceiros	$\dfrac{235.918}{565.918} = 0{,}42$	$\dfrac{235.918}{565.918} = 0{,}42$	Interpretação: Quanto menor, melhor.	Normalmente a distorção não é significativa.
3. Imobilização do Patrimônio Líquido			Objetivos: Indicar quanto a empresa aplicou no Ativo Permanente, para cada $ 1,00 de capital próprio investido.	Não há distorção, ambos os valores estão em moeda com o mesmo poder aquisitivo.
Ativo Fixo (Permanente) / Patrimônio Líquido	$\dfrac{646.173}{609.582} = 1{,}06$	$\dfrac{646.173}{609.582} = 1{,}06$	Interpretação: Quanto menor, melhor.	
4. Imobilização de Recursos não Correntes			Objetivo: Determinar quanto a empresa aplicou no Ativo Permanente, para cada $ 1,00 de Recursos não correntes.	Somente ocorrerá distorção quando o Exigível a Longo Prazo contiver saldos de contas com valor futuro.
Ativo Permanente / Patrimônio Líquido – Exigível a Longo Prazo	$\dfrac{646.173}{939.582} = 0{,}69$	$\dfrac{646.173}{939.582} = 0{,}69$	Interpretação: Quanto menor, melhor.	Normalmente não haverá distorção.

Continua

ÍNDICES ECONÔMICOS FINANCEIROS

DENOMINAÇÃO	COM CORREÇÃO Oficial	COM CORREÇÃO Integral	OBJETIVOS E INTERPRETAÇÃO	DISTORÇÕES OCASIONADAS PELA INFLAÇÃO
B. LIQUIDEZ				
1. Liquidez Geral $\dfrac{\text{Ativo Circulante – Realiz. Longo Prazo}}{\text{Passivo Circulante – Exigível a Longo Prazo}}$	$\dfrac{529.327}{565.918} = 0{,}94$	$\dfrac{529.327}{565.918} = 0{,}94$	Objetivo: Indicar quanto a empresa possui no Ativo Circulante e Realizável a Longo Prazo para cada $ 1,00 de dívida total. Interpretação: Quanto maior, melhor.	Ocasionadas pela existência de contas com valores futuros (p/ ex: Clientes, Fornecedores).
2. Liquidez Corrente $\dfrac{\text{Ativo Permanente}}{\text{Passivo Circulante}}$	$\dfrac{529.327}{235.918} = 2{,}24$	$\dfrac{529.327}{235.918} = 2{,}24$	Objetivo: Indicar quanto a empresa possui no Ativo Circulante para cada $ 1,00 no Passivo Circulante. Interpretação; Quanto maior, melhor.	Idem anterior.
3. Liquidez Seca $\dfrac{\text{Disponível + Dupls. a Rec. + Outros Ativos de maior Liquidez}}{\text{Passivo Circulante}}$	$\dfrac{391.327}{235.918} = 1{,}66$	$\dfrac{391.327}{235.918} = 1{,}66$	Objetivo: Demonstrar quanto a empresa possui de Ativo Líquido para cada $ 1,00 de Passivo Circulante. Interpretação: Quanto maior, melhor.	Idem anterior.
C. RENTABILIDADE				
1. Giro do Ativo Médio $\dfrac{\text{Vendas Brutas}}{\text{Ativo Total Médio}}$	$\dfrac{1.635.700}{770.250} = 2{,}12$	$\dfrac{2.483.237}{1.180.875} = 2{,}10$	Objetivo: Determinar quanto a empresa vendeu para cada $ 1,00 de investimento total médio. Interpretação: Quanto maior, melhor.	Distorção significativa porque: Vendas estão em moedas de diversos poderes aquisitivos.

Continua

ÍNDICES ECONÔMICOS FINANCEIROS

DENOMINAÇÃO	COM CORREÇÃO — Oficial	COM CORREÇÃO — Integral	OBJETIVOS E INTERPRETAÇÃO	DISTORÇÕES OCASIONADAS PELA INFLAÇÃO
2. Rentabilidade do Ativo $\dfrac{\text{Lucro Líquido}}{\text{Ativo Total Médio}}$	$\dfrac{1.635.700}{770.250} = 2,12$	$\dfrac{2.4832.237}{1.180.875} = 2,10$	Objetivo: Demonstrar quanto a empresa obtém de lucro para cada $ 1,00 de investimento total médio. Interpretação: Quanto maior, melhor.	Ocasionada pelo cálculo do Ativo total médio em valores nominais. O lucro líquido já está na moeda de final.
3. Rentabilidade do Patrimônio Líquido $\dfrac{\text{Lucro Líquido}}{\text{Patrimônio Líquido Médio}}$	$\dfrac{55.497}{382.291} = 14{,}52\%$	$\dfrac{55.497}{556.666} = 9{,}96\%$	Objetivo: Indicar quanto a empresa obteve de lucro para cada $ 1,00 de capital próprio investido. Interpretação: Quanto maior, melhor.	Ocasionada pelo cálculo do Patrimônio Líquido Médio em valores nominais. O lucro líquido já está na moeda de final.
4. Margem Operacional $\dfrac{\text{Lucro Operacional}}{\text{Vendas Brutas}}$	$\dfrac{48.104}{1.635.700} = 2{,}94\%$	$\dfrac{66.628}{2.483.237} = 2{,}68\%$	Objetivo: Indicar quanto a empresa obteve de lucro operacional para cada $ 1,00 de vendas. Interpretação: Quanto maior, melhor.	Graves distorções, porque: Lucro Operacional exclui o resultado da correção monetária, e resulta da soma de valores nominais de receitas e despesas. Vendas é obtido por soma de valores em moedas de diversos poderes aquisitivos.

Continua

ÍNDICES ECONÔMICOS FINANCEIROS

DENOMINAÇÃO	COM CORREÇÃO — Oficial	COM CORREÇÃO — Integral	OBJETIVOS E INTERPRETAÇÃO	DISTORÇÕES OCASIONADAS PELA INFLAÇÃO
5. Margem Líquida	$\dfrac{\text{Lucro Líquido}}{\text{Vendas Brutas}} = \dfrac{55.497}{1.635.700} = 3,39\%$	$\dfrac{55.497}{2.483.237} = 2,23\%$	Objetivo: Indicar quanto a empresa obtém de lucro líquido para cada $ 1,00 de vendas. Interpretação: Quanto maior, melhor.	Graves distorções, porque: Compara-se lucro líquido (em moeda de final) com vendas (valores nominais).
6. Retorno sobre Investimento	$\dfrac{\text{Resultado Operacional}}{\text{Ativo Total Médio}} = \dfrac{48.104}{770.250} = 6,25\%$	$\dfrac{66.628}{1.180.875} = 5,64\%$	Objetivo: Indicar quanto a empresa obtém de lucro operacional para cada $ 1,00 de investimento total médio. Interpretação: Quanto maior, melhor.	Graves distorções, porque: Resultado Operacional exclui o Resultado da Correção Monetária e decorre da soma de valores nominais de Receitas e Despesas. Ativo total médio obtido por valores históricos.
7. Retorno sobre Patrimônio Líquido Médio	$\dfrac{\text{Resultado Operacional}}{\text{Patrim. Líquido Médio}} = \dfrac{48.104}{383.291} = 12,58\%$	$\dfrac{66.628}{556.666} = 11,97\%$	Objetivo: Demonstrar quanto a empresa obtém de lucro operacional para cada $ 1,00 de capital próprio investido. Interpretação: Quanto maior, melhor.	Graves distorções, porque: Resultado Operacional – idem acima. Patrimônio Líquido Médio obtido por valores históricos.

Continua

ÍNDICES ECONÔMICOS FINANCEIROS

DENOMINAÇÃO	COM CORREÇÃO		OBJETIVOS E INTERPRETAÇÃO	DISTORÇÕES OCASIONADAS PELA INFLAÇÃO
	Oficial	Integral		
8. Margem Bruta $\dfrac{\text{Lucro Bruto}}{\text{Vendas Brutas}}$	$\dfrac{683.800}{1.635.700} = 4,18\%$	$\dfrac{839.087}{2.483.237} = 3,38\%$	Objetivos: Indicar quanto a empresa obteve de lucro bruto para cada $ 1,00 de vendas. Interpretação: Quanto maior, melhor.	Graves distorções, porque: Obtêm-se vendas por soma de valores em moedas de diversos poderes aquisitivos. Lucro Bruto é resultante da dedução dos custos das mercadorias vendidas (em moedas diversas, inclusive de exercício anterior) das vendas (em moeda de diversos meses, sem correlação com os custos).

ÍNDICES DE PRAZOS MÉDIOS DE BALANÇOS

Denominação	Correção Oficial	Correção Integral	Distorções Ocasionadas pela Inflação
CICLO FINANCEIRO 1. Prazo Médio de Recebimento de Vendas $\dfrac{\text{Duplicatas a Receber} \times 360}{\text{Vendas Brutas}}$	$\dfrac{308.000 \times 360}{1.635.700} = 68 \text{ dias}$	$\dfrac{308.000 \times 360}{2.483.237} = 45 \text{ dias}$	Graves distorções porque: • Duplicatas a receber estão em valores futuros (inflação e juros incluídos). • Vendas decorre de soma de valores históricos.
2. Prazo Médio de Renovação de Estoques $\dfrac{\text{Estoque} \times 360}{\text{Custo das Mercad. Vendidas}}$	$\dfrac{135.000 \times 360}{951.900} = 51 \text{ dias}$	$\dfrac{135.000 \times 360}{1.604.150} = 30 \text{ dias}$	Graves distorções porque: • Estoques por valores históricos (totalmente, ou com fatores de custo de produção por valores históricos). • Custo decorre de soma de valores históricos (e, inclusive, por valores formados no exercício anterior).

RESUMO DO CAPÍTULO

O impacto das flutuações do poder aquisitivo da moeda é demasiado grande, no Brasil e em muitos outros países, para ser desprezado na Contabilidade e na análise de balanços. Existem várias formas de encarar o problema da correção dos demonstrativos financeiros. Uma delas limita-se a corrigir os valores históricos em termos de poder aquisitivo de uma mesma data escolhida como base; outra procura reproduzir os valores de reposição, definidos na data, no caso dos balanços, e definidos para o período, no caso do demonstrativo de resultados, sem levar em conta as variações do poder aquisitivo da moeda ocorridas durante o período; e, finalmente, uma terceira e respeitável abordagem seria levar em conta, ao mesmo tempo, as variações do poder aquisitivo médio da moeda e as variações dos preços específicos dos componentes patrimoniais. Sem dúvida, esta terceira abordagem é a mais rigorosa do ponto de vista teórico; todavia, devido às dificuldades práticas de sua aplicação generalizada (que tipo de custo corrente obter, como obtê-lo etc.), o seu maior mérito reside no campo teórico e nas aplicações gerenciais das empresas que possuem banco de dados suficiente para aplicar esta metodologia. Diga-se o mesmo da metodologia do custo corrente puro, a qual, embora ofereça as mesmas dificuldades práticas, sofre do defeito de não levar em conta as variações do índice geral de preços, tornando irreais as comparações. Um balanço levantado em termos puramente correntes é válido na data, mas não é comparável com outro balanço levantado em data diferente, a não ser que não tenha havido variações da inflação. Por estas razões, a escolha prática recai sobre um modelo de correção completo (envolvendo todos os itens do balanço e do demonstrativo de resultados), porém aplicando-se um índice geral de preços.

Comentários sobre Alguns Aspectos Contábeis da Lei das Sociedades por Ações

12

A Lei nº 6.404/1976 – Lei das Sociedades por Ações – foi no final de 2007 amplamente modificada no capítulo que trata das Demonstrações Financeiras contábeis por força da Lei nº 11.638/2007, que passou a exigir que as empresas brasileiras adotem como prática contábil as normas internacionais de contabilidade emitidas pela *International Accounting Standards Board (IASB)*, as quais passaremos a fazer breve comentário sobre os principais pontos de alteração.

12.1 PRINCIPAIS PONTOS DA LEI Nº 6.404/1976 ALTERADOS PELA LEI Nº 11.638/2007

Sem dúvida alguma, desde 1976, com a Lei nº 6.404, a Contabilidade brasileira não passava por uma mudança tão profunda assim. Destaca-se que as alterações trazidas pela Lei nº 11.638/2007 dizem respeito à separação da Contabilidade fiscal da Contabilidade das empresas, à liberdade para que o contador aplique a essência sobre a forma, bem como emanou de poderes o Conselho Federal de Contabilidade – CFC para legislar sobre normas e políticas contábeis no Brasil.

Destacamos os pontos importantes que certamente impactam o patrimônio das empresas e consequentemente suas demonstrações financeiras contábeis objeto de estudo deste livro.

1) No que diz respeito à escrituração e à elaboração de demonstrações financeiras e à obrigatoriedade de auditoria independente por auditor registrado na

CVM, são obrigatórios a todas às sociedades de grande porte, ainda que não constituídas sob a forma de sociedades por ações.

Destacando que são consideradas de grande porte a sociedade ou conjunto de sociedades sob controle comum, que tiver, no exercício social anterior, ativo total superior a R$ 240 milhões ou receita bruta anual superior a R$ 300 milhões.

2) Novas demonstrações financeiras de cunho obrigatório: a Demonstração dos Fluxos de Caixa, em substituição à Doar, e a Demonstração do Valor Adicionado, esta última de elaboração obrigatória somente às companhias abertas.

3) Sobre a escrituração, a Lei nº 11.941/2009 (resultado da conversão da Medida Provisória nº 449/2008) trouxe, entre outras novidades no que diz respeito à escrituração das empresas, que a companhia observará exclusivamente em livros ou registros auxiliares, sem qualquer modificação da escrituração mercantil e das demonstrações reguladas nesta Lei, as disposições da lei tributária, ou de legislação especial sobre a atividade que constitui seu objeto, que prescrevam, conduzam ou incentivem a utilização de métodos ou critérios contábeis diferentes ou determinem registros, lançamentos ou ajustes ou a elaboração de outras demonstrações financeiras. Destaca-se que, antes, a Lei nº 6.404/1976 determinava que a companhia deveria observar, em registros auxiliares, sem modificação da escrituração mercantil e das demonstrações contábeis, as disposições **emanadas da lei tributária ou de lei especial**, que prescrevam métodos ou critérios contábeis diferentes. Desta forma devolver a Contabilidade para o dono da empresa e ao contador

4) Outras mudanças significativas trazidas pelas Leis nºs 11.638/2007 e 11.941/2009 foram nos grupos de contas do Ativo, do Passivo e Patrimônio Líquido.

5) Eliminou reavaliação espontânea de bens e, consequentemente, a figura da Reserva de Reavaliação e criou os Ajustes de Avaliação Patrimonial, onde serão classificadas as contrapartidas de aumentos ou diminuições de valor atribuído a elementos do Ativo e do Passivo.

BALANÇO PATRIMONIAL	
Posição Patrimonial e Financeira	
ATIVO	**PASSIVO + PATRIMÔNIO LÍQUIDO**
Ativo Circulante	Passivo Circulante
Ativo Não Circulante	Passivo Não Circulante
Ativo Realizado a Longo Prazo	**PATRIMÔNIO LIQUIDO**
Investimentos	Capital
	Reservas de Capital
Imobilizado	Reservas de Lucros
	Prejuízos Acumulados
Intangível	Ajustes de Avaliação Patrimonial

6) Obriga a companhia a efetuar, periodicamente, análise para verificar o grau de recuperação (teste de recuperabilidade – *impairment*) dos valores registrados no ativo imobilizado e intangível.

7) As operações do ativo e passivo de longo prazo devem ser reconhecidos pelo seu valor presente, em conformidade com o regime de competência.

8) Por fim, em atendimento às características qualitativas das Demonstrações Financeiras, que trata da representação fidedigna, a essência sobre a forma corrige muitas distorções que existiam para reconhecer que o mais importante não é o documento jurídico, mas o fato contábil, que deve ser reconhecido; assim, por exemplo, na operação de *leasing* financeiro, deverão ser reconhecidos tanto a dívida no passivo circulante e não circulante como o ativo imobilizado que ele financiou.

12.2 O BALANÇO PATRIMONIAL ATUALIZADO PELA LEI Nº 11.638/2007

12.2.1 Ativo Circulante

São bens e direitos que se realizarão (se transformarão em fluxo de caixa) dentro do prazo de 12 meses da publicação do balanço. Serão classificadas no Ativo Circulante e, ainda, as despesas antecipadas, que se transformarão em despesa ao longo do exercício seguinte, com a seguinte disposição:

Ativo Circulante
Caixa e Equivalente de Caixa
Títulos e Valores Mobiliários
Contas a Receber líquidas
Estoques
Adiantamento a fornecedores
Despesas do Exercício Seguinte

12.2.2 Ativo Realizável a Longo Prazo

Serão classificados nesse subgrupo os direitos com prazo de vencimento superior ao término do exercício seguinte. Quer dizer, se estamos levantando o balanço de 30-6-X1, colocaremos no Realizável a Longo Prazo os direitos realizáveis após 30-6-X2. Tudo que vencer até 30-6-X2 é circulante. Também serão colocados neste grupo os direitos derivados de vendas, adiantamentos ou empréstimos às sociedades coligadas ou controladas, assim como os empréstimos e adiantamentos para diretores e acionistas, mesmo que alguns deles vençam dentro de 365 dias. Os ativos destinados à venda ou ao consumo, mas que só serão realizados ou consumidos após o fim do próximo exercício, bem como as despesas antecipadas que também serão transformadas em despesas após esse próximo exercício, também serão classificados como ativo realizável a longo prazo.

12.2.3 Investimentos

Serão classificados as participações permanentes em outras sociedades e os direitos de qualquer natureza, não classificáveis no Ativo Circulante ou no Ativo não Circulante e que não se destinam à manutenção de atividade da empresa. Exemplos de contas que recairiam nesse grupo: Participação Acionária Permanente em Empresas Coligadas ou Controladas, Aplicações por Incentivos Fiscais; os investimentos em imóveis de aluguel também serão classificados neste grupo.

12.2.4 Imobilizado

Serão classificados os direitos que tenham por objeto bens corpóreos destinados à manutenção das atividades da companhia ou da empresa ou exercidos com essa finalidade. Inclusive, os decorrentes de operações que transfiram à companhia os benefícios, riscos e controle desses bens, independentemente de ser propriedade, deverão ser contabilizados como Ativo.

Assim, o *leasing* financeiro (arrendamento mercantil) que até 2007 era tratado no Brasil como aluguel passa a ser contabilizado como Ativo para fins contábeis (para fins fiscais continua sendo aluguel). Na verdade, no sentido econômico, o *leasing* financeiro é um financiamento disfarçado de aluguel. A empresa quer adquirir um equipamento de produção. Poderá ser adquirido à vista, a prazo (financiado ou via *leasing*). Em qualquer modelo de aquisição, este bem trará benefícios para a empresa, trará riscos para o seu negócio e dará à empresa controle sobre o bem; são classificados neste grupo também as benfeitorias em propriedades de terceiros.

12.2.5 Intangível

São classificados intangíveis os direitos que tenham por objeto bens incorpóreos destinados à manutenção da companhia ou exercidos com esta finalidade, inclusive o fundo de comércio adquirido (*goodwill*). Sem dúvida, o item mais importante do Intangível é a marca.

12.2.6 Passivo Circulante

São obrigações com empregados, fornecedores, governos e financiadores que serão exigidas seus pagamentos dentro do prazo de 12 meses da publicação do balanço, com a seguinte disposição:

Passivo Circulante

Fornecedores

Financiamentos

Impostos e contribuições

Dividendos propostos

Empregados

Planos de pensão e saúde

Adiantamento de clientes

12.2.7 Passivo Exigível a Longo Prazo

As obrigações que tiverem vencimento após o exercício seguinte, ou doze meses após a data de publicação do balanço (no caso dos balanços intermediários), serão classificadas no Exigível a Longo Prazo. Normalmente têm a mesma classificação de contas do passivo circulante, com raras exceções adicionais, como, por exemplo, provisão para processos judiciais e para desmatamento de área.

12.2.8 Reservas

Serão classificadas como Reservas de Lucros as contas constituídas pela apropriação de lucros da companhia (conforme Lei das Sociedades por Ações), como veremos a seguir:

12.2.8.1 Reserva Legal

Do lucro líquido do exercício, 5% serão aplicados, antes de qualquer outra destinação, na constituição de Reserva Legal, que não excederá 20% do Capital Social. A companhia poderá deixar de constituir a Reserva Legal no exercício em que o saldo dessa reserva, acrescido do montante das Reservas de Capital, abordadas neste capítulo, exceder 30% do Capital Social. A Reserva Legal tem por fim assegurar a integridade do Capital Social e somente poderá ser utilizada para compensar prejuízos ou aumentar o capital.

12.2.8.2 Reservas Estatutárias

O estatuto poderá criar reservas desde que, para cada uma:

I – indique, de modo preciso e completo, a sua finalidade;
II – fixe os critérios para determinar a parcela anual dos lucros líquidos que serão destinados a sua constituição; e
III – estabeleça o limite máximo da reserva.

12.2.8.3 Reservas para Contingências

Entendem-se como Reservas para Contingências apenas as criadas para fins de precaução contra possíveis perdas futuras, *cujos fatos geradores ainda não ocorreram*. Não se confundem com as previsões para riscos calculáveis no Passivo (artigo 184, item I), pois estas tiveram seus fatos geradores já ocorridos, restando apenas saber o valor exato das perdas ou conhecer a efetiva necessidade de arcar com os desembolsos ou não.

As Reservas para Contingências não têm como finalidade antecipar reconhecimento de perdas eventuais pertencentes a exercícios futuros, mas evitar pagamento de dividendos sobre lucros de um período, a fim de criar Reservas que possam absorver prejuízos eventuais do futuro; ou, então, servem para normalizar o pagamento dos dividendos de empresas sujeitas a grandes flutuações de resultados por fatores externos e incontroláveis. Por exemplo, uma empresa agrícola pode criar Reservas para Contingências para fazer face a problemas de eventuais perdas com granizo, geadas, pragas etc.

12.2.8.4 Reserva de Lucros a Realizar

A constituição de Reservas de Lucros a Realizar é facultativa. Essa reserva evidencia a parcela de lucro não realizada financeiramente. O objetivo é evitar a distribuição de dividendos sobre essa parcela e, até mesmo, o pagamento do Imposto de Renda.

Na nova Lei nº 11.638/2007 fica assegurado cálculo da Reserva de Lucros a Realizar apenas para pagamento de dividendo obrigatório.

Na verdade, nem sempre o lucro apurado pela Contabilidade é realizado. Haveria necessidade de o Lucro a Realizar, para efeito de distribuição de dividendos, ser transformado financeiramente (isto é, transformar-se em dinheiro), ou, ainda, existirem fortes indícios de, num futuro bem próximo (curto prazo), haver a realização.

Não significa que o lucro deva estar segregado no Caixa. Sabemos que, na realidade, isso não ocorre, porquanto, normalmente, o lucro é reinvestido em novos ativos. Portanto, diríamos que o Caixa (ou Bancos conta Movimento) é passagem obrigatória para a realização financeira do lucro, embora não signifique que o lucro deva estar disponível.

Não seria justo para o acionista, porém, receber dividendos apenas sobre o lucro já realizado financeiramente. Há a parcela do lucro que se realizará brevemente. Dentro dos moldes legais, consideramos, para efeito de base de cálculos de dividendos, além do lucro já realizado financeiramente, a parcela que se realizará até o término do exercício seguinte.

Assim, para empresas que vendem a longo prazo, por exemplo três anos, consideraremos como Lucros a Realizar o lucro que será realizado financeiramente após o término do exercício seguinte. Se estivermos em dezembro de X1, evidenciaremos como Lucros a Realizar a parcela do lucro originada do recebimento da receita após 31-12-X2.

A realização desse lucro para as empresas que vendem a longo prazo (reversão da Reserva de Lucros a Realizar) é bastante simples: no momento em que as contas a receber classificadas no Realizável a Longo Prazo forem, com o decorrer do tempo, sendo transferidas para o Circulante (Curto Prazo), reconhecemos a realização do lucro.

A Reserva de Lucros a Realizar poderá ser constituída no exercício em que o montante do dividendo obrigatório ultrapassar a parcela realizada do Lucro Líquido do exercício. Assim, o excesso (que ultrapassar a parcela realizada) será destinado a Reservas de Lucros a Realizar.

Ressaltamos ainda que a distribuição de Reservas de Lucros a Realizar trará à empresa transtornos financeiros; haverá necessidade, normalmente, de recorrer a Capitais de Terceiros para cobrir essa distribuição, ou reduzirá seu capital de giro.

Outro caso de Lucros a Realizar (Resultado Líquido da Equivalência Patrimonial), de acordo com a Lei nº 11.638/2007, além do lucro, rendimento ou ganho líquido em operações cujo prazo de realização financeira ocorra após o término do exercício social (sendo considerada também a contabilização de Ativo e Passivo pelo valor de mercado nestas condições), considera o Resultado Líquido da Equivalência Patrimonial sujeito à constituição de Reserva de Lucros a Realizar.

12.2.8.5 Reservas de Incentivos Fiscais

Até o advento da Lei nº 11.638/2007, as "doações e subvenções" para investimentos eram tratadas como Reservas de Capital no Patrimônio Líquido. Pela nova sistemática as doações e subvenções para investimento, deverão passar pela Demonstração do Resultado do Exercício. Este acréscimo ao lucro (doações e subvenções para investimentos) poderá ser destinado para uma reserva específica de lucros, denominada "Reservas de Incentivos Fiscais".

12.2.9 Lucros Acumulados (prejuízos acumulados)

Serão considerados Lucros Acumulados os lucros residuais após termos deduzido as reservas, constituídas com base no lucro líquido apurado no exercício, e o dividendo atribuído aos acionistas.

E serão considerados Prejuízos Acumulados os prejuízos que excederem a todas as Reservas de Lucros, já que os resultados negativos devem ser absorvidos pelos Lucros Acumulados e por tais Reservas. Só após tal absorção poderá aparecer essa conta de Prejuízos Acumulados.

O artigo 178, no item *d* (Lei nº 11.638/2007), diz que o Patrimônio Líquido é composto de Capital Social, Reservas de Capital, Ajustes de Avaliação Patrimonial, Reservas de Lucros, Ações em Tesouraria e Prejuízos Acumulados. Portanto, fica extinta a conta Lucros Acumulados, por não evidenciar uma definição do destino do lucro. Assim, para empresas que não estão sujeitas à Lei das Sociedades por Ações, esta conta permanece.

12.2.10 Ações em Tesouraria

Só em condições excepcionais as companhias podem adquirir suas próprias Ações. Quando isso ocorrer, deveremos destacá-las no Balanço Patrimonial como dedução da conta Patrimônio Líquido, que registra a origem dos recursos aplicados na sua aquisição.

12.2.11 Critérios de avaliação do Ativo

O artigo 183 da Lei trata dos critérios de avaliação (do Ativo). Assim, os *direitos e títulos de crédito e quaisquer valores mobiliários não classificados como investimentos* serão avaliados pelo custo de aquisição ou pelo valor de mercado, se este for menor. É claro que serão eliminados os direitos, títulos de crédito ou pequenos valores mobiliários já prescritos. O procedimento de avaliação visto acima redunda da necessidade de se criarem contas retificativas do Ativo que se poderiam denominar: "Provisão para Perda de Valor de Títulos e Valores Mobiliários", "Provisão para Créditos de Liquidação Duvidosa" etc.

Todavia, antes de prosseguirmos na análise dos critérios de avaliação para os principais itens do Ativo, é importante entendermos o conceito de *valor de mercado* da Lei.

Assim, para o caso de ativos destinados à venda, deve-se deduzir a "margem de lucro" para se chegar ao valor de mercado somente se houver evidência de um declínio constante no preço de venda, de tal forma que se anteveja uma realização dos ativos por preço ainda inferior ao da data do balanço. Não se deve entender o texto legal como absolutamente rígido, mas à luz da boa técnica contábil, e, nesse caso, não se deve reconhecer uma perda por uma redução ou até eliminação da margem de lucro. Em função do conservadorismo, deve-se reconhecer antecipadamente prejuízo, e não diminuição de lucros de exercícios futuros. A regra para se chegar ao valor de mercado desses ativos (letra *b* do artigo 183) deve ser: preço de venda menos impostos e despesas diretas necessárias à venda; se houver evidência de que a efetiva alienação trará valor ainda inferior a este, aí sim se deduzirá a margem de lucro necessária para compensação desse prejuízo. Quanto às matérias-primas e aos bens em almoxarifado (letra *a*), deve-se entender como valor de mercado o preço pelo qual possam ser repostos (custo de reposição). No que se refere ao item c, *Investimentos Não Societários,* não deve ser adotado como valor de mercado o montante pelo qual possam ser alienados, como afirma a Lei, já que, sendo Ativos Permanentes, não estão destinados à venda e sim ao seu uso e à sua exploração. Houve, no caso (segundo se chegou à conclusão na reunião com os especialistas sobre a Lei), um pequeno lapso. Deve ser provisionada a diferença entre o valor contábil e o valor de mercado apenas quando a perda for considerada permanente (isto é, de lenta ou difícil recuperação), semelhantemente aos *Investimentos Societários*.

Assim, o valor de mercado pode assumir duas conotações diferentes, conforme a natureza do Ativo a que for aplicado.

Prossigamos na análise dos critérios de avaliação do Ativo: *os direitos que tiverem por objeto mercadorias e produtos do comércio da companhia, assim como matérias-primas, produtos em fabricação e bens em almoxarifado*, serão avaliados pelo custo de aquisição ou produção, deduzido de provisão para ajustá-lo ao valor de mercado, quando este for inferior, já tendo sido visto como a Lei encara o problema do valor de mercado.

A Lei nº 11.638/2007 determina que as aplicações em Instrumentos Financeiros, inclusive derivativos, e em direitos e títulos de créditos, classificados no Ativo Circulante ou no Realizável a Longo Prazo, deverão ser avaliados pelo seu valor de mercado ou valor equivalente, quando se tratar de aplicações destinadas à negociações ou disponíveis para venda.

Assim, os Instrumentos Financeiros Derivativos deverão ser avaliados pelo valor que se pode obter em um mercado ativo, decorrente de transação compulsória realizada entre partes independentes.

Valor de mercado é a importância que se pode obter com a venda de um investimento em um mercado ativo.

Ao ajustar um Derivativo a valor de mercado no Ativo, a contrapartida (aumento ou diminuição) será classificada como Ajustes de Avaliação Patrimonial (enquanto não computada no resultado do exercício em obediência ao Regime de Competência) no Patrimônio Líquido.

Os investimentos, em geral, são avaliados pelo custo de aquisição (com exceção do disposto nos artigos 248 e 250, que tratam do método da equivalência patrimonial e de normas de consolidação) deduzido de provisão para atender às perdas prováveis na realização de seu valor ou para redução do custo de aquisição ao valor de mercado, quando este for inferior. Ressalte-se que, nos investimentos em participação no capital social de outras sociedades (ressalvando-se o disposto nos artigos 248 a 250 da Lei), a provisão para perda somente poderá ser caracterizada quando a perda se comprovar como permanente. Tanto no caso de estoques (de produtos destinados à venda ou dos demais estoques) quanto no caso de investimentos, teremos a constituição de contas retificativas do Ativo.

As demais normas de avaliação do Ativo não apresentam maiores novidades, seguindo os padrões de legislações anteriores. Note-se, todavia, que, pela Lei, o Ativo Diferido será amortizado em prazo não superior a 10 anos.

12.2.12 Critérios de avaliação do Passivo

Como se poderia esperar, são poucos os dispositivos sobre avaliação de passivo. Os elementos do Passivo serão avaliados de acordo com os seguintes critérios:

I – As obrigações, os encargos e os riscos conhecidos ou calculáveis, inclusive imposto de renda a pagar, com base no resultado do exercício, serão computados pelo *valor atualizado* até a data do Balanço. Isto significa uma linguagem pouco clara, pois poderia parecer que a Lei quis referir-se ao valor atual, isto é, avaliar passivos pelo valor atual dos vencimentos futuros. Mais provavelmente, referiu-se à atualização, pelas obrigações vincendas, dentro do regime de competência, das dívidas e obrigações, até a data do Balanço.

II – As obrigações em moeda estrangeira, com cláusula de paridade cambial, serão convertidas em moeda nacional à taxa de câmbio em vigor na data do Balanço.

A Lei nº 11.638/2007 inova a Avaliação do Passivo (também valendo para o Ativo, considerando o Realizável a Longo Prazo), dizendo que as obrigações, encargos e riscos classificados no Passivo Exigível a Longo Prazo serão ajustados ao seu Valor Presente.

Esta regra vale também tanto para o Ativo Circulante como para Passivo Circulante quando houver efeito relevante.

12.3 OUTROS COMENTÁRIOS DE INTERESSE SOBRE A LEI Nº 11.638/2007

Teceremos agora alguns comentários sobre itens que não foram discutidos até o momento.

a) Demonstrações Contábeis Exigidas pela Lei

A nova Lei exige, logo no início do Capítulo XV, no artigo 176, que ao fim de cada exercício social a Diretoria faça elaborar, com base na escrituração mercantil da companhia, as seguintes demonstrações financeiras, que deverão exprimir com clareza a situação do patrimônio da companhia e as mutações ocorridas no exercício:

I – Balanço Patrimonial;

II – Demonstração do Resultado do Exercício;

III – Demonstração dos Lucros ou Prejuízos Acumulados;

IV – Demonstração dos Fluxos de Caixa;

V – Demonstração do Valor Adicionado (se companhia aberta).

O § 1º do artigo estabelece que as demonstrações de cada exercício serão publicadas com a indicação dos valores correspondentes das demonstrações do exercício anterior.

A Lei substituiu a Demonstração das Origens e Aplicações de Recursos (DOAR) pela Demonstração dos Fluxos de Caixa – DFC (artigo 176, IV). A lei permite que, no primeiro exercício social (DFC), seja divulgada sem indicação dos valores referentes ao ano anterior. Entendemos, no entanto, que essa faculdade não deva ser adotada por aquelas companhias que já vêm divulgando esse tipo de demonstração.

A Lei nº 11.638/2007 estendeu às sociedades de grande porte, assim consideradas aquelas que, individualmente ou sob controle comum, possuam ativo total superior a R$ 240 milhões ou receita bruta superior a R$ 300 milhões, a obrigatoriedade de manterem escrituração e de elaborarem demonstrações financeiras com observância às disposições da *lei societária*. Assim, embora não haja menção expressa à obrigatoriedade de publicação dessas demonstrações financeiras, qualquer divulgação voluntária ou mesmo para atendimento de solicitações específicas (credores, fornecedores, clientes, empregados etc.), as referidas demonstrações deverão ter o devido grau de transparência e estar totalmente em linha com a nova lei (artigo 3º).

b) Demonstração dos Fluxos de Caixa

A Demonstração dos Fluxos de Caixa também é obrigatória pela Lei nº 11.638/2007.

De forma condensada, a Demonstração dos Fluxos de Caixa (DFC) indica a origem de todo o dinheiro que *entrou* no Caixa, bem como a aplicação de todo o dinheiro que *saiu* do Caixa em determinado período, e, ainda, o Resultado do Fluxo Financeiro.

Assim como a Demonstração de Resultado do Exercício, a DFC é uma demonstração dinâmica e também está contida no Balanço, que, por sua vez, é uma demonstração estática.

Na preparação da Demonstração dos Fluxos de Caixa poderá ser utilizado o modelo direto ou indireto, dependendo dos interesses dos usuários.

A Lei das Sociedades por Ações (Lei nº 11.638/2007) diz que a companhia fechada com Patrimônio Líquido, na data do balanço, inferior a R$ 2 milhões não está obrigada à elaboração e publicação da Demonstração dos Fluxos de Caixa.

c) Demonstração do Valor Adicionado (DVA)

A Lei nº 11.638/2007 torna obrigatória a Demonstração do Valor Adicionado para as Companhias Abertas. Esta lei determina que a empresa deverá evidenciar o valor da riqueza gerada e a sua distribuição entre os elementos que contribuíram para a geração desta riqueza, tais como empregados, financiadores, acionistas, governo e outros, bem como a parcela da riqueza não distribuída.

No caso da inclusão da Demonstração do Valor Adicionado (DVA) no conjunto das demonstrações financeiras elaboradas, divulgadas e que devem ser aprovadas pela assembleia geral ordinária – AGO (artigo 176, V), a lei também permite que, no primeiro exercício social, a DVA seja divulgada sem indicação dos valores referentes ao ano anterior. Entendemos, também, que essa faculdade não deva ser adotada por aquelas companhias que já vêm divulgando voluntariamente esse tipo de demonstração.

d) Demonstração dos Lucros ou Prejuízos Acumulados (DLPAc)

No artigo 176 da Lei nº 11.638/2007, a DLPAc é relacionada como uma demonstração financeira obrigatória. Todavia, no item *d* do artigo 178, esta mesma lei diz que o Patrimônio Líquido é constituído em Capital Social, Reservas de Capital, Ajustes de Avaliação Patrimonial, Reservas de Lucros, Ações em Tesouraria e Prejuízos Acumulados, não incluindo a conta Lucros Acumulados.

Na realidade, a conta Lucros Acumulados, apesar de ser assim tratada em todos os comentários aos dispositivos legais, não é uma conta transitória; ela é uma conta normal do PL, com uma característica singular: pode apresentar no início ou no final do exercício dois tipos de saldo: ou "zero" ou "devedor" (no caso de prejuízo); é lógico que se ela tiver saldo "zero" não vai aparecer no balanço patrimonial. Nessas condições, a solução para o problema é a seguinte: recomendar a utilização da conta Lucros ou Prejuízos Acumulados para receber o lucro do exercício e promover a sua distribuição ou para eventuais reversões de reservas ou, ainda, para compensar eventuais prejuízos, e manter a DLPAc com a finalidade de evidenciar essa movimentação, com a ressalva, em nota, sobre os saldos iniciais e finais. Aliás, essa observação sobre saldos iniciais e finais também será válida para a penúltima coluna da Demonstração das Mutações do PL.

Neste capítulo trabalharemos com a conta Lucros Acumulados com saldo. Entretanto, quando se tratar de Sociedades Anônimas ou Sociedades Limitadas de Grande Porte, o saldo deverá ser zero. Tratando-se de Sociedade Anônima de Capital Aberto, a DLPAc deverá ser substituída pela Demonstração das Mutações do Patrimônio Líquido, evidentemente, com a conta Lucros Acumulados zerada.

Ao contrário da Demonstração dos Lucros ou Prejuízos Acumulados (DLPAc), que fornece a movimentação, basicamente, de uma única conta do Patrimônio Líquido (Lucros Acumulados), a *Demonstração das Mutações do Patrimônio Líquido* (DMPL) evidencia a movimentação de diversas (todas) contas do PL ocorrida durante o exercício. Assim, todo acréscimo e toda diminuição do Patrimônio Líquido são evidenciados por meio dessa demonstração, bem como a formação e utilização das reservas (inclusive aquelas não originadas por lucro).

Embora não seja uma demonstração obrigatória, a DMPL é mais completa e abrangente que a DLPAc. É consideravelmente relevante para as empresas que movimentam constantemente as contas do Patrimônio Líquido. Se elaborada essa demonstração, não há necessidade de se apresentar a DLPAc, uma vez que aquela inclui esta.

e) Ajustes de Exercícios Anteriores

Na Demonstração de Lucros ou Prejuízos acumulados nota-se uma abordagem interessante no que se refere à inclusão de *ajustes de exercícios anteriores*. O § 1º do artigo 186 discrimina que " [...] como ajustes de exercícios anteriores serão considerados apenas os decorrentes de efeitos da mudança de critério contábil, ou da retificação de erro imputável a determinado exercício anterior, e que não possam ser atribuídos a fatos subsequentes [...]". Vamos aprofundar algo mais o sentido da frase, segundo as conclusões do Encontro de Especialistas. Na verdade, este item é derivado da aplicação de um conceito restrito de Resultado do Exercício admitido pela Lei (em contraposição ao conceito *all inclusive*). Mas somente deverão ser tratados como tais os ajustes decorrentes de mudanças de critérios contábeis (por exemplo: alteração do método de avaliar estoques, ou adoção, pela primeira vez, do provisionamento de indenizações ou de férias com um lançamento relativo ao montante não contabilizado anteriormente etc.) ou quando da retificação de erros do passado não atribuíveis a fatos subsequentes.

Para o caso de mudanças de critérios contábeis, não existem grandes dificuldades. O problema reside em se caracterizar como Ajuste ou não um erro do passado. Para ser considerado Ajuste, é preciso que seja decorrente de imperícia ou erro e não de fatos acontecidos posteriormente. Por exemplo, uma provisão para imposto de renda criada em excesso ou a menor, por desconhecimento da legislação ou por um erro na sua interpretação, provoca, de fato, um Ajuste no período subsequente; mas, se a super ou subavaliação decorrer de uma alteração na legislação subsequente à data da sua constituição, isso não é considerado Ajuste, e sim um componente do próprio Resultado do período em que for feito o acerto.

O intuito com a criação desse item é o de se apurar um resultado do exercício expurgado de itens que não pertençam a ele, e que sejam, isso sim, acertos de outros exercícios.

Não precisarão ser tratados como Ajustes os itens que, mesmo decorrentes de mudanças de critérios contábeis ou decorrentes de erros, não afetarem materialmente os resultados.

Como exemplo adicional, pode-se mencionar o caso das autuações fiscais: elas não retificam erros, são consequências deles, e por isso não devem ser tratadas como Ajustes de Exercícios Anteriores; se decorreram da não contabilização de uma receita no passado, somente será apropriável como Ajuste a própria receita, ainda que deduzida do imposto que deveria ter sido calculado na ocasião.

f) Avaliação dos Investimentos Societários pelo Método da Participação Patrimonial ("Equity Method"), artigo 248

Na avaliação dos investimentos pelo método da participação (ou equivalência) patrimonial, deverá sempre ser destacada no Ativo Permanente a parte proporcional do Patrimônio Líquido da investida e a parcela do Ágio ou Deságio; se Deságio, deverá figurar em conta credora de Investimentos, a não ser no caso dos Balanços Consolidados, quando aparecerá no grupo Resultado de Exercícios Futuros, uma vez que não existirá o Valor Patrimonial do Investimento que terá sido eliminado pela Consolidação (artigo 250, § 3º).

A amortização do Ágio deverá ocorrer: (a) em função da baixa por depreciação, amortização, exaustão ou alienação dos ativos da investida que originaram esse Ágio, quando esse for o caso; (b) pelo prazo esperado de efetivação dos lucros futuros, quando tiver aparecido por essa razão; e (c) quando houver evidência da perda de seu valor, nas hipóteses de seu pagamento em função de valores intangíveis, tais como reputação, clientela, localização, qualidade, nome etc. (verdadeiro *goodwill*).

A amortização do Deságio deverá ser contabilizada nos exercícios em que ocorrerem as perdas ou prejuízos que o justificaram. Se houver evidências de que tais perdas ou prejuízos não mais virão a ocorrer, deverá também ser feita a amortização, mediante reconhecimento do ganho.

Quando houver aumento do Patrimônio Líquido da Investida (coligada ou controlada) por ter havido naquela uma Reavaliação, deverá a investidora contabilizar a sua parcela na Reserva considerada, a crédito também de uma Reserva de Reavaliação, não contabilizando tal parte como lucro do exercício. Só deverá ser considerada como realizada essa Reserva na investidora à medida que a investida também o fizer ou quando a investidora alienar seu Investimento. Todavia, se a investidora houver pago Ágio exatamente por esse valor a maior de tais ativos ora reavaliados, deverá contabilizar a contrapartida não como Reserva sua, mas como redução do Ágio.

Se houver divergência material entre os critérios contábeis de investidora e investida, deverá a investidora reelaborar o balanço ou balancete da investida para homogeneizá-lo com relação ao seu.

g) Prejuízos Acumulados e Cálculo das Participações (artigo 189)

No caso de ter existido prejuízo em exercícios anteriores e tiver sido absorvido por reservas existentes, não haverá a conta de Prejuízos Acumulados. Por essa razão, não haverá o que deduzir do lucro de um período ulterior para cálculo das Participações. Só ocorrerá essa dedução quando existir a conta de Prejuízos Acumulados, isto é, quando tiverem sido consumidos todos os saldos das Reservas de Lucros (ou também a critério da companhia, após o consumo dos saldos das Reservas de Capital, artigo 200, Item I).

Não se aplica a hipótese de se abaterem do lucro de um período, para fins de participações, prejuízos anteriores que tenham sido absorvidos por Reservas, ainda que dentro da mesma Administração. Entende-se, é claro, que Lucros Acumulados são também Reservas de Lucros.

12.4 CONCLUSÕES

A Contabilidade não tem mais intromissão ostensiva da legislação fiscal sobre os registros permanentes e sobre Demonstrações Contábeis. Qualquer tratamento fiscal que conflite com a boa prática e técnica contábil deve ser feito apenas e tão somente em livros auxiliares, preservando desta forma que a contabilidade atenda principalmente ao seu principal usuário (*stakeholder*) com informações dinâmicas, tempestivas e eficientes para a tomada de decisão eficaz.

Cremos ter apresentado os principais tópicos relativos à Lei, especialmente os de maior interesse para a Análise de Balanços. Na verdade, em termos de boas classificações, a Lei apresenta poucas novidades para os analistas, pois estes já estavam acostumados a utilizar, para suas análises, algumas das boas classificações que a Lei sanciona. Consideramos que um entendimento profundo dos dispositivos contábeis da Lei, associado ao conhecimento de Contabilidade, distinguirá, por muito tempo, o bom profissional do regular.

Achamos que o grau de extensão e profundidade com que analisamos o assunto neste Capítulo é comensurável, na justa medida, como o que se precisa para a Análise de Balanços, que é uma arte e uma técnica que transcende a qualquer tipo ou forma de classificação. É preciso entender o que "está na base" das classificações, isto é, os princípios, as normas e os procedimentos envolvidos. Embora grande parte do que a Lei trouxe em matéria contábil seja de excelente qualidade, isto não significa que não haja ainda vieses a serem corrigidos, tanto é que o Comitê de Pronunciamento Contábil – CPC está em permanente estudo com o *IASB*. Apontamos alguns deles, mas, ainda assim, devemos reconhecer que, bem entendida e fiscalizada rigorosamente sua aplicação, esta Lei trouxe grandes benefícios ao mercado de capitais e à nossa profissão.

Estudo Detalhado da Alavancagem

13.1 INTRODUÇÃO

O estudo da alavancagem é tão importante que dedicaremos um capítulo para seus aspectos especiais. Abordaremos a alavancagem financeira e operacional e os efeitos da inflação sobre as mesmas. Na verdade, o assunto pode assumir contornos tão irregulares e profundidade tão grande que até um trabalho acadêmico de livre-docência lhe foi dedicado.[1] Para estudos mais aprofundados sobre o tema, remetemos o leitor ao referido trabalho. A questão do tratamento de certos itens da Demonstração do Resultado, no Brasil, como *operacionais* ou não, por outro lado, é extremamente controvertida, para os autores e profissionais. A Lei das Sociedades por Ações considerou as despesas financeiras como operacionais. Para efeitos de análise de balanços, não podemos aceitar tal classificação, de modo que as trataremos, neste capítulo, como *não operacionais* e como item bem destacado do DR. Já no que se refere ao resultado da correção monetária, as opiniões divergem ainda mais. A Lei considerou-o como *não operacional*. A rigor, cremos que teria características mistas. Se efetuássemos uma correção de todos os itens da demonstração de resultados, uma maior parte da correção monetária se incorporaria aos itens operacionais e outra aos não operacionais. Entretanto, para saber qual a parte operacional e qual a não, seria necessário corrigir pelo *price-level* completo (ou pelas normas da CVM). *As participações deverão ser tratadas como despesa e não como distribuição, para efeito de análise.* Numa análise real, todavia, deveremos ter sempre em mente as complexidades contábeis derivantes da aplicação dos dispositivos da Lei das Sociedades por Ações e os emanados da CVM e outros órgãos controladores. Elas são inúmeras e é preciso

---

[1] MARTINS, Eliseu. *Aspectos do lucro e da alavancagem financeira no Brasil*. São Paulo: FEA/USP, 1979.

adaptar qualquer fórmula tradicional, importada de outros países, à nossa realidade. Nem sempre é possível, porém, num livro-texto, tratar de todos os detalhes legais. O mais importante é que o analista observe certa consistência nas classificações sem preocupar-se em demasia com as discussões dos teóricos. É claro, entretanto, que devemos evitar erros grosseiros e para isto é preciso conhecer bem a legislação e o ambiente em que a empresa atua.

13.2 APLICAÇÃO DAS FÓRMULAS DE ALAVANCAGEM

13.2.1 Generalidades

No Capítulo 9 definimos o Grau de Alavancagem Financeira como sendo calculável pela seguinte fórmula:

$$GAF = \frac{\frac{\text{Lucro Líquido}}{\text{Patrimônio Líquido}}}{\frac{\text{Lucro Líquido + Despesas Financeiras}}{\text{Ativo}}}$$

Efetuamos algumas qualificações a esta forma simplista de cálculo e agora é preciso refinar ainda mais o conceito, principalmente do segundo quociente. Faremos isto através de um exemplo.

Suponha que a empresa "Alavanca" apresente os balanços puramente históricos abaixo transcritos (antes do imposto sobre a renda):

		Em T_0	Em T_1
	Ativo Circulante	200	250
	Ativo Fixo (Permanente)	500	600
	Total do Ativo	700	850
(–)	Exigível	0	(100)
(=)	Patrimônio Líquido	700	750

A entidade foi criada em T_0 e os $ 100 adicionais de Ativo Fixo foram adquiridos *logo após* T_0, através dos recursos de um empréstimo. As despesas financeiras do período totalizaram $ 50. A taxa de inflação do período T_0 a T_1 foi de 40%. $ 50 são o resultado histórico antes da correção monetária e após a dedução das despesas financeiras, porém antes do imposto sobre a renda (não tem sentido calcularmos um imposto sobre valores históricos, pois ele é resultante da aplicação dos critérios legais). Ignoremos o eventual efeito da correção das depreciações, no DR. Outra alternativa aos demonstrativos acima seria considerar que os $ 100 adicionais de Ativo Fixo foram adquiridos com recursos provenientes de uma integralização adicional de capital, logo após T_0, de $ 100. Neste caso, o patrimônio líquido final aumentaria em $ 100 pelo aumento de capital. O Exigível final diminuiria em $ 100, anulando-se. E, digamos, o Ativo Circulante aumentaria em $ 50, pelo não pagamento das despesas financeiras.

O Resultado, antes do imposto e da Correção Monetária, iria para $ 100.

Vamos verificar os resultados da alavancagem, aplicando-se a correção monetária preconizada pela Lei Comercial, de forma simplificada.

a) Na hipótese empréstimo

O Patrimônio Líquido seria corrigido em $ 700 × 0,40 = $ 280.

O Permanente em $ 600 × 0,40 = $ 240.

O Resultado da Correção Monetária, devedor, de $ 40.

O Resultado após Correção Monetária e antes do imposto de renda = $ 10.

Imposto de Renda = $ 3,50 (a 35%).

Lucro Líquido = $ 6,50.

$$\frac{\text{Lucro Líquido}}{\text{Patrimônio Líquido Inicial Corrigido}} \cong \frac{\$\ 6,50}{\$\ 980,00} \cong 0{,}66\%, \text{ em porcentagem (1º quociente)}$$

b) Na hipótese de aumento de capital

O Patrimônio Líquido seria corrigido em $ 800 × 0,40 = $ 320.

O Ativo Fixo seria corrigido em $ 240.

O Resultado da Correção Monetária, devedor de $ 80.

O Resultado após Correção Monetária e antes do imposto = $ 20.

Imposto de Renda = $ 7,00 (a 35%).

Lucro Líquido = $ 13.

$$\frac{\text{Lucro Líquido}}{\text{Patrimônio Líquido Inicial Corrigido}} \cong \frac{\$\ 13,00}{\$\ 1.120,00} \cong 1{,}16\%, \text{ em porcentagem (2º quociente)}$$

O Grau de Alavancagem Financeira = $\dfrac{0,66\%}{1,16\%}$ = 0,57, menor do que um!

A hipótese de aumento de capital resultou num lucro maior em valor absoluto e, desta vez, também em termos relativos, mesmo considerando-se o maior investimento dos acionistas. Realizamos os cálculos utilizando valores iniciais no denominador, para simplificá-los.

Os resultados obtidos indicam que não valeu a pena a obtenção do empréstimo, em termos reais, sendo melhor a hipótese de aumento de capital. É que a taxa de despesa financeira sobre o saldo médio da dívida foi muito alta, comparando-se com a de retorno do ativo. A inflação, possivelmente, acentuou o resultado negativo, da mesma forma que acentuaria um positivo, se houvesse. É preciso, entretanto, testar mais detidamente tais hipóteses.

Dos cálculos e fórmulas empregados fica claro que devemos considerar, no segundo quociente, qual o lucro líquido que resultaria, em termos reais, e considerando-se o novo e diferente efeito do IR e da CM, na hipótese de efetuarmos o gasto considerado (ou os de outros exemplos), pela integralização de capital em lugar de empréstimo. Isto não é o mesmo que se somar, simplesmente, o lucro líquido às despesas financeiras ocorridas. É preciso ajustar pelo novo efeito, no IR, da não ocorrência das despesas financeiras, total ou parcialmente, dependendo do exemplo, e mesmo pela variação no valor da correção monetária, pela alteração das hipóteses. O denominador do segundo quociente, por outro lado, deverá ser o novo patrimônio líquido corrigido, resultante da nova conformação patrimonial adotada. Nem sempre isto é igual ao ativo total. É interessante notar que, se aplicássemos ao exemplo o *price-level* completo (correção total das demonstrações), o resultado corrigido, antes do imposto de renda, resultaria exatamente igual, nas duas hipóteses, ao consequente do processo legal de correção monetária, o que fala em favor do acerto da fórmula legal, em situações como a do exemplo.

13.2.2 Generalização da inflação na alavancagem[2]

A fim de verificarmos o efeito da inflação nas várias situações de alavancagem, teremos de recorrer ao mesmo tipo de exemplo simples que utilizamos para introduzir o problema da alavancagem, no Capítulo 9.

Assim, façamos as seguintes premissas:

Hipóteses

I – Taxa de retorno do ativo: 20%.

---

[2] O estudo deste item do capítulo é facultativo.

II – Ativo em $T_0 = \$ 200$.

III – Obtenção de Empréstimo em $T_0 + dT_0$ (logo após T_0), $\$ 100$.

IV – Taxa de despesas financeiras sobre o saldo médio do empréstimo = 10%.

V – Taxa de Inflação de T_0 a T_1 = 30%.

Trabalhando com conceitos iniciais para o ativo e patrimônio líquido, apenas para simplificação dos cálculos, teríamos os seguintes valores (desprezando o imposto de renda):

EM VALORES HISTÓRICOS

	Com Capital de Terceiros		Se os Recursos tivessem sido supridos por acionistas	
	Em $T_0 + \Delta T_0$	Em T_1	Em $T_0 + \Delta T_0$	Em T_1
Ativo	200	230	200	240
Passivo (Exigível)	100	100		
Patrimônio Líquido	100	130	200	240
Lucro	30		40	

$$\text{Grau de Alavancagem Histórico} = \frac{\frac{30}{100}}{\frac{40}{200}}$$

GAH = 0,30/0,20 = 1,5.

Expliquemos, mais uma vez, como se chegou a tais valores:

Sendo a taxa de retorno do ativo de 20%, os $\$ 100$ de empréstimos adicionados aos $\$ 100$ já existentes produziram um ativo, no fim de T_1, de 200 × 1,20 = $\$ 240$. Entretanto, como pagamos despesas financeiras de $\$ 10$, o ativo líquido foi de $\$ 230$. A diferença entre os patrimônios líquidos é o lucro.

Se os $\$ 100$ tivessem sido supridos pelos acionistas, o investimento médio inicial em ativo (e em patrimônio líquido) teria sido de $\$ 200$ (não se esqueça que o endividamento ou a nova entrada de capital ocorreram logo após T_0; logo, é como se tivessem ocorrido em T_0). O rendimento proporcionado pelo ativo de $\$ 200$ seria total, em T_1, pois não haveria despesa financeira. O lucro, portanto, seria de $\$ 40$.

O Grau de Alavancagem foi calculado relacionando a taxa de retorno sobre os patrimônios líquidos iniciais nos dois casos. (Quando, em fórmula anterior aproximada, dividimos o lucro mais as despesas financeiras pelo ativo, queríamos dizer que este ativo *seria* o patrimônio líquido se os sócios tivessem suprido os recursos que, na verdade, foram supridos por dívidas.)

Assim, na primeira hipótese, a taxa de retorno é de 30%, ao passo que na segunda é de apenas 20%. O Grau de Alavancagem é, portanto, de 1,5.

Vamos, agora, corrigir os balanços, nas duas situações, pela inflação (a uma taxa de 30%):

EM VALORES CORRIGIDOS (EM TERMOS DE T_1)[3]

| | Com Capital de Terceiros || Se os Recursos tivessem sido supridos por acionistas ||
	Em $T_0 + \Delta T_0$	Em T_1	Em $T_0 + \Delta T_0$	Em T_1
Ativo	260	230	260	240
Passivo	130	100		
Patrimônio Líquido	130	130	260	240
Lucro	Zero		(20)	

O Grau de Alavancagem, nesse caso, ficaria aparentemente *sem muito sentido*, pois o lucro do primeiro caso foi zero. Entretanto, note que teríamos o seguinte cálculo:

$$GA = \frac{\frac{0,00}{130}}{\frac{(20,00)}{260}} = \frac{0,00}{(0,08)}$$

No primeiro caso, temos uma taxa de retorno zero; no segundo, temos uma taxa de retorno negativa de 8%. A situação sempre seria mais favorável (ou menos desfavorável) ao uso de capital de terceiros, mesmo com inflação.

Se tivéssemos usado uma taxa de inflação menor, digamos, de 20%, os resultados teriam sido:

---

[3] As correções efetuadas neste quadro e nos seguintes estão baseadas nos conceitos do Capítulo 11. Ao calcular os valores, lembre-se de que, no exemplo, trata-se de itens monetários.

EM VALORES CORRIGIDOS (EM TERMOS DE T_1)

	Com Capital de Terceiros		Se os Recursos tivessem sido supridos por acionistas	
	Em $T_0 + \Delta T_0$	Em T_1	Em $T_0 + \Delta T_0$	Em T_1
Ativo	240	230	240	240
Passivo	120	100		
Patrimônio Líquido	120	130	240	240
Lucro		10		Zero

Neste caso, o grau de alavancagem seria indefinido, pois a taxa de retorno sobre o patrimônio líquido, no primeiro caso, é de 10/120 = 0,08 ou 8%. No segundo caso seria de zero por cento. Dividirmos 0,08 por 0,00 não teria sentido. Continue notando, todavia, que a situação de retorno sempre é mais favorável (ou menos desfavorável) no caso de utilizarmos recursos de terceiros (apenas porque, nesse caso, a taxa de retorno sobre o ativo é maior que a taxa de despesas financeiras). Esta situação favorável é apenas "transfigurada" pela inflação, conforme sua taxa, porém sempre mantendo a situação mais favorável para o caso de endividamento. Vamos escolher agora uma taxa diferente de inflação (30% anula o lucro em A e 20% anula o lucro em B); digamos, 15%. Os balanços corrigidos ficariam conforme demonstrados nas páginas 222 e 223.

$$\text{Grau de alavancagem} = \frac{\frac{15}{115}}{\frac{10}{230}} = \frac{0,13}{0,04} = 3,25.$$

Aumentou extraordinariamente a alavancagem, nesse caso.

Na verdade, se trabalharmos somente com ativos e passivos monetários (como no exemplo), podemos provar que: (a) se a taxa de retorno histórica do ativo for superior à taxa de despesas financeiras; e (b) se a taxa de inflação for tal que não anule um ou os dois lucros (com ou sem capital de terceiros) e que não transforme um lucro num prejuízo (casos em que as comparações mudam de sentido), a alavancagem financeira é acentuada pela inflação.

222 Capítulo 13

EM VALORES CORRIGIDOS (EM TERMOS DE T_1)

	Com Capital de Terceiros		Se os Recursos tivessem sido supridos por acionistas	
	Em $T_0 + \Delta T_0$	Em T_1	Em $T_0 + \Delta T_0$	Em T_1
Ativo	230	230	230	240
Passivo	115	100		
Patrimônio Líquido	115	130	230	240
Lucro	15		10	

Em qualquer caso, desde que a condição (a) seja prevalecente, sempre a taxa de retorno com capitais de terceiros será maior (algebricamente) que a taxa de retorno sem capitais de terceiros.

Vejamos o que aconteceria se a taxa de juros (despesas financeiras) fosse igual à taxa de retorno sobre o ativo, *de 20%*. No caso histórico, a alavancagem seria igual a 1, é claro.

Vamos trabalhar com as três taxas de inflação utilizadas até aqui: 30%, 20% e 15%.

A 30%, teríamos os seguintes balanços corrigidos:

VALORES CORRIGIDOS (EM TERMOS DE T_1)

	Com Capital de Terceiros		Sem Capital de Terceiros	
	Em $T_0 + \Delta T_0$	Em T_1	Em $T_0 + \Delta T_0$	Em T_1
Ativo	200 × 1,30	220	260	240
Passivo	100 × 1,30	100		
Patrimônio Líquido	130	120	260	240
Lucro	(10)		20	

$$\text{Grau de alavancagem} = \frac{\frac{(10)}{130}}{\frac{(20)}{260}}$$

$$\text{Grau de alavancagem} = \frac{(0,08)}{(0,08)} = 1!$$

A 20%, teríamos a seguinte composição:

Estudo Detalhado da Alavancagem 223

VALORES CORRIGIDOS (EM TERMOS DE T_1)

	Com Capital de Terceiros		Sem Capital de Terceiros	
	Em $T_0 + \Delta T_0$	Em T_1	Em $T_0 + \Delta T_0$	Em T_1
Ativo	200 × 1,20	220	240	240
Passivo	100 × 1,20	100		
Patrimônio Líquido	120	120	240	240
Lucro	Zero		Zero	

O Grau de Alavancagem também *tenderia* para *um*. De fato, Zero sobre Zero tende para *um*.

A 15%, apresentaríamos o seguinte quadro:

VALORES CORRIGIDOS (EM TERMOS DE T_1)

	Com Capital de Terceiros		Sem Capital de Terceiros	
	No Início	No Fim	No Início	No Fim
Ativo	200 × 1,15	220	230	240
Passivo	100 × 1,15	100		
Patrimônio Líquido	115	120	230	240
Lucro	5		10	

$$\text{Grau de alavancagem} = \frac{\frac{5}{115}}{\frac{10}{230}}$$

$$\text{Grau de alavancagem} = \frac{(0,04)}{(0,04)} = 1!$$

É notável a conformação dos três últimos resultados. Com qualquer das três taxas de inflação, o grau de alavancagem continua sendo igual a 1, como acontecia no caso histórico. Isto leva a concluir que, quando a taxa de retorno sobre o ativo é igual à taxa de despesas financeiras, é indiferente – na alavancagem – o efeito da inflação. Porém, lembremos que nosso exemplo somente contempla *ativos* e *passivos monetários*.

Vejamos o que ocorreria às três taxas de inflação se a taxa de retorno sobre o ativo fosse menor que a taxa de despesas financeiras. Digamos que a taxa de despesas financeiras seja de 30%, e a taxa de retorno sobre o ativo continue igual a 20%.

Supondo, inicialmente, uma taxa de inflação de 30%, os balanços corrigidos apresentar-se-iam assim (o grau de alavancagem "histórico", nesse caso, seria igual a 0,5):

VALORES CORRIGIDOS (EM TERMOS DE T_1)

	Com Capital de Terceiros		Sem Capital de Terceiros	
	No Início	No Fim	No Início	No Fim
Ativo	200 × 1,30	210	260	240
Passivo	100 × 1,30	100		
Patrimônio Líquido	130	110	260	240
Lucro	(20)		(20)	

$$\text{Grau de alavancagem} = \frac{\frac{(20)}{130}}{\frac{(20)}{260}}$$

$$\text{Grau de alavancagem} = \frac{(0{,}1538461)}{(0{,}076923)}$$

Grau de alavancagem = 2

Note-se, todavia, que esse último resultado deve ser analisado com muito cuidado. Com taxa de inflação de 30%, por exemplo, obtivemos um *grau algébrico de alavancagem positivo de 2*. Entretanto, este grau foi obtido dividindo-se duas taxas de *retorno negativas*. Obter um prejuízo de 20 sobre um investimento de 130 é pior, *em certo sentido*, do que obter um prejuízo de 20 sobre 260. *Quando ambas as taxas de retorno são negativas*, o sentido da alavancagem *pode-se inverter e*, na verdade, em nosso caso, uma alavancagem maior que *um "foi desfavorável"*.

Verificamos, portanto, como o efeito da inflação distorce a interpretação original da alavancagem. É preciso levar em conta, explicitamente, a variável inflacionária, antes de tirar conclusões e generalizações dos estudos de alavancagem. Aliás, nenhum tópico importante da análise de balanços escapa à necessidade de depurarmos os efeitos da inflação. Uma análise de balanços levada a efeito em termos puramente históricos pode, além de inútil, ser perniciosa para o analista. Frequentemente, muitas análises são realizadas sem a mínima consideração pelo problema inflacionário, resultando em grosseiras generalizações de fenômenos muito complexos da realidade empresarial. A inflação é, infelizmente, um mal crônico que aflige nossa economia. Toda a análise financeira e, em consequência, a gestão empresarial devem ser amoldadas a esta realidade. Desconhecê-la significa simplesmente correr o risco de uma gestão absolutamente incontrolada, com perigo iminente da descapitalização empresarial.

Veremos, a seguir, os conceitos alternativos de alavancagem financeira, extraídos das obras de Finanças.

13.3 OUTRO ENTENDIMENTO DA ABORDAGEM

13.3.1 Alavancagem operacional

O grau de alavancagem operacional pode ser definido como sendo a variação percentual nos lucros operacionais, relacionada com determinada variação percentual no volume de vendas.

Assim,

Grau de Alavancagem Operacional no ponto $Q = \dfrac{Q(P-V)}{Q(P-V)-F}$

ou $\quad Q = \dfrac{S-VC}{S-VC-F}$

onde:

Q   = unidades de produto
P   = preço médio de venda por unidade de produto
V   = custo variável por unidade de produto
F   = custo fixo total
S   = vendas em reais
VC = custos totais variáveis

Exemplo:

Custos Fixos = $ 1.800,00
Preço Médio Unitário de Venda a um Volume de 300 unidades = $ 25,00
Custo unitário variável = $ 12,00

$$\text{O Grau de Alavancagem Operacional} = \frac{300\,(25{,}00 - 12{,}00)}{300\,(25{,}00 - 12{,}00) - 1.800{,}00}$$

$$\text{Grau de Alavancagem Operacional} = \frac{3.900}{2.100} = 1{,}857 \text{ ou } 185{,}7\%$$

Se o resultado for correto, poderíamos formular a pergunta: Estamos trabalhando ao nível de 300 unidades com lucro de $ 2.100,00; qual será o acréscimo de lucro ao nível de 450 unidades? Ora, 450 unidades representam 300 unidades mais 50% (150 unidades). Multiplicando 0,50 por 1,857 obtemos 0,9285. O lucro adicional será, portanto, de 0,9285 × 2.100 = $ 1.950,00, e o lucro total será de $ 4.050,00.

Verifiquemos tais cálculos pela equação do custo total:

Receita Total = 450 × 25,00 = $ 11.250,00
Custo Total = 1.800 + (12 × 450) = $ 7.200,00
= Lucro $ 4.050,00

O cálculo pode ser realizado em termos de acréscimo de lucro sobre o nível anterior de lucro ou em termos de lucro total. Se quisermos em termos de lucro total, basta multiplicar 1,9285 × 2.100 = $ 4.050,00.

13.3.2 Alavancagem financeira em termos de lucro por ação ordinária

Nesse aspecto, o Grau de Alavancagem Financeira pode ser definido como sendo a variação percentual nos lucros disponíveis para o acionista, associado com certa variação percentual nos lucros antes dos juros e do imposto de renda.[4]

É preciso notar que a alavancagem operacional atinge os lucros antes dos juros e dos impostos, ao passo que a alavancagem financeira afeta os lucros após juros e imposto de renda.

Uma forma de calcular esse grau de alavancagem financeira é a seguinte:

$$\text{Grau de Alavancagem Financeira} = \frac{\text{Lucro antes das Despesas Financeiras e Imposto de Renda}}{\text{Lucro antes das Despesas Financeiras e Imposto de Renda} - \text{Despesas Financeiras}}$$

---

[4] Veja WESTON, J. Fred; BRIGHAM, E. F. *Managerial finance*. 5. ed. New York: Dryden Press, s.d. Capítulo 18.

Simbolizemos: Lucro antes das despesas financeiras e do imposto de renda por LADEFIR e Despesas Financeiras por DF.

Assim, utilizando os símbolos, fica:

$$\text{Grau de Alavancagem Financeira} = \frac{\text{LADEFIR}}{\text{LADEFIR} - \text{DF}}$$

Exemplo:
LADEFIR = 200
DF = 60

$$\text{Grau de Alavancagem Financeira} = \frac{200}{200 - 60} = \frac{200}{140} = 1{,}43$$

Isto é, a um acréscimo de 100% no LADEFIR corresponde um acréscimo de 143% no lucro por ação.

13.3.3 Combinação das alavancagens operacional e financeira

Podemos combinar os efeitos da alavancagem operacional e da alavancagem financeira, do tipo LADEFIR.

Assim, a alavancagem operacional faz com que uma variação no volume de vendas resulte num maior impacto sobre o LADEFIR, e, se combinarmos o efeito da alavancagem financeira, as variações no LADEFIR terão um efeito multiplicador nos lucros por ação.

Assim, se uma empresa tiver uma boa alavancagem financeira e operacional, pequenas mudanças nas vendas produzirão grandes flutuações nos lucros por ação.

O efeito combinado da alavancagem financeira e operacional (ECA) pode ser, segundo Weston e Brigham, assim definido:

$$ECA = \frac{Q(P - V)}{Q(P - V) - F - DF}$$

Admitindo-se o mesmo exemplo da página 226, com a informação adicional de que *DF* = $ 300,[5] obteríamos:

---
[5] Os $ 300,00 de *DF* não estão incluídos nos $ 1.800,00.

$$ECA = \frac{300\,(25{,}00 - 12{,}00)}{300\,(25{,}00 - 12{,}00) - 1.800 - 300{,}00}$$

$$ECA = \frac{3.900{,}00}{1.800{,}00} = 2{,}17 \text{ ou } 217\%$$

Assim, para um acréscimo de 100% nas unidades vendidas, de 300 para 600, teríamos um acréscimo no lucro por ação de 217%. Desta forma, o novo valor para o lucro por ação seria 3,17 vezes o valor original. Se o lucro por ação, antes do acréscimo nas vendas, for de $ 2,00, será, depois, de 2,00 × 3,17 = $ 6,34.

Segundo os autores citados (Op. cit. p. 583),[6] a utilidade dos conceitos de alavancagem expostos reside nestes fatos:

1. permitem-nos especificar o efeito exato de uma variação das vendas nos lucros disponíveis para os acionistas, com ênfase para os ordinários;
2. permitem-nos mostrar as inter-relações entre alavancagem operacional e alavancagem financeira;
3. permitem-nos, devido a (1) e (2), as tomadas de decisões com relação às várias formas ou "pacotes" (dosagem de recursos próprios e de terceiros) para financiar projetos de expansão e de reequipamento.

RESUMO DO CAPÍTULO

O estudo e o entendimento da alavancagem revestem-se da maior importância para a gerência financeira e para o analista financeiro. Decisões sobre formas alternativas ou diferentes dosagens entre capital de terceiros e capital próprio são muito facilitadas pelo estudo da alavancagem.

Todavia, como em toda administração e análise financeira, não podemos deixar de levar em conta o efeito da inflação. Os resultados mudam, bem como sua interpretação. Existem duas formas alternativas de olharmos a alavancagem financeira: uma que relaciona o retorno sobre o patrimônio líquido efetivamente obtido com a combinação de recursos próprios e de terceiros, efetivamente utilizada com o retorno que seria obtido se os recursos próprios substituíssem os de terceiros. Esta é a maneira mais completa de analisarmos a alavancagem financeira. A segunda forma, utilizada preferencialmente por

---

[6] Nestas fórmulas estamos admitindo a simplificação de considerar as despesas financeiras como único item representativo das despesas e receitas não operacionais.

administradores financeiros, encara a alavancagem financeira como sendo a variação percentual nos lucros disponíveis para o acionista, associada a determinada variação percentual nas vendas. Na verdade, o conceito de alavancagem financeira, apresentado inicialmente, combina elementos do demonstrativo de resultados com elementos do balanço (ativo e patrimônio líquido médio), ao passo que a segunda forma apresentada pode ser aplicada utilizando-se apenas projeções do demonstrativo de resultados, bastando para isso ter a informação adicional sobre o número de ações. É claro que, também na segunda forma, poderemos admitir explicitamente a variável inflacionária.

EXERCÍCIO ESPECIAL SOBRE O CAPÍTULO 13

A empresa Projetada apresenta, em 31-12-X, o balanço simplificado, transcrito a seguir:

Disponibilidades	$ 300.000,00
Contas a Receber (líq.)	1.200.000,00
Estoques	1.500.000,00
Instalações (líq.)	3.300.000,00
Máquinas e Equipamentos (líq.)	4.200.000,00
Total do Ativo	10.500.000,00
Exigibilidades Totais (a um custo médio de 35%)	3.000.000,00
Ações Ordinárias (valor nominal de $ 10,00 cada uma)	7.500.000,00
Total do Passivo e do Patrimônio Líquido	$ 10.500.000,00

A empresa espera um volume de vendas, para X + 1, de $ 9.000.000,00. A fim de possibilitar este volume adicional de vendas, a empresa precisa realizar um imediato acréscimo de capacidade que importa em $ 4.500.000,00. Este capital pode ser levantado de duas formas:[7]

a) através de novos empréstimos de longo prazo à taxa de 35%;

b) através da colocação de 450.000 ações adicionais ao valor de $ 10,00 cada uma.

---

[7] Este problema é, inicialmente, uma adaptação e simplificação de uma aplicação mais complexa (que é apresentada às páginas 573 e 578 do citado livro de WESTON e BRIGHAM). Na verdade, a projeção de vendas e resultados deveria ser realizada para vários níveis, cada um com certa probabilidade de ocorrência, de forma que, através do coeficiente de variação, pudéssemos estimar os riscos da captação de capital ou da obtenção de empréstimos, além dos efeitos diferenciados no lucro por ação. Nesta versão simplificada, trabalharemos apenas com *um* demonstrativo projetado.

Capítulo 13

Os custos fixos, após a expansão planejada, serão de $ 600.000,00 ao ano. Os custos variáveis, com exceção dos juros da dívida, serão de 40% das vendas.

Vejamos como se apresentaria o demonstrativo projetado de resultados, se (a) financiarmos com empréstimo:

	VENDAS	$ 9.000.000,00
(–)	Custos Fixos	(600.000,00)
(–)	Custos Variáveis	(3.600.000,00)
	Custos Totais (exceto juros)	(4.200.000,00)
	Lucro Antes dos Juros e Imposto de Renda (LADEFIR)	4.800.000,00
(–)	Juros (35% de 7.500.000)	(2.625.000,00)
=	Lucro (AIR)	2.175.000,00
(–)	Imposto de Renda (a 30%)	(652.500,00)
=	Lucro Líquido (DIR)	$ 1.522.500,00
	Lucro por Ação sobre 750.000 Ações Ordinárias	$ 2,03

e se (b) financiarmos através de capital:

	Lucro Antes dos Juros e Imposto de Renda (LADEFIR)	$ 4.800.000,00
(–)	Juros (35% de 3.000.000,00)	(1.050.000,00)
=	Lucro (AIR)	3.750.000,00
(–)	Imposto de Renda (30%)	(1.125.000,00)
=	Lucro Líquido (DIR)	$ 2.625.000,00
	Lucro por Ação sobre 1.200.000 Ações Ordinárias	$ 2,19

Neste caso, o lucro por ação é maior se obtivermos os fundos necessários através da colocação de ações. Esta hipótese, portanto, seria a escolhida. Mais uma vez, é preciso esclarecer que deveríamos realizar esta projeção a vários níveis de vendas e cada nível relacionado com certa probabilidade de ocorrência. Seria assim possível avaliar o coeficiente de variação para cada hipótese (financiamento com empréstimo ou com capital adicional) e qualificar melhor cada alternativa. Por exemplo, se o coeficiente de variação da alternativa empréstimo for maior que o da alternativa subscrição de capital (o que quase sempre ocorre) poderíamos escolher a alternativa capital, mesmo que o lucro por ação seja menor, por causa do menor risco.

Estudo Detalhado da Alavancagem

No exemplo muito simplificado que apresentamos, a alternativa capital *seria melhor, desprezando-se as observações do parágrafo anterior.*

A alavancagem financeira, em termos da alternativa empréstimo, *pela segunda forma de cálculo seria assim expressa:*

$$GAF_1 = \frac{LADEFIR}{LADEFIR - DF} = \frac{4.800.000,00}{4.800.000,00 - 2.625.000,00}[8]$$

$$GAF_1 = 2,207$$

Isto significa que a um acréscimo de 100% no valor do LADEFIR corresponde a 220,7% de acréscimo nos lucros por ação.

Este resultado é obtido suprindo-se os $ 4.500.000,00 com recursos de empréstimos.

Proporcionalmente, a uma variação de, digamos, 75% nos lucros antes do imposto sobre a renda e antes das despesas financeiras, corresponderia uma variação de 165,52% no lucro disponível para o acionista.[8]

Vamos testar este resultado: para aumentar em 75% o valor do lucro antes das despesas financeiras e do imposto sobre a renda, obteremos um valor de $ 8.400.000,00. Os Custos Fixos permaneceriam em $ 600.000,00. As Vendas teriam de ser de $ 15.000.000,00 e os Custos Variáveis de $ 6.000.000,00 (40% das vendas).

Assim, teríamos:

	VENDAS (67% de acréscimo sobre $ 9.000.000,00)		$ 15.000.000,00
	Custos Fixos	600.000,00	
	Custos Variáveis	6.000.000,00	(6.600.000,00)
	LADEFIR		8.400.000,00
(–)	Juros (35% sobre $ 7.500.000,00)		(2.625.000,00)
=	Lucro (AIR)		5.775.000,00
(–)	Imposto de Renda (30%)		(1.732.500,00)
=	Lucro Líquido (DIR)		$ 4.042.500,00
	Lucro por Ação sobre 750.000 Ações Ordinárias		$ 5,39

---

[8] Assim: 100% — 220,7%
75% — x

$$x = \frac{75\% \times 220,7\%}{100\%} = 165,52$$

Se o cálculo e os raciocínios desenvolvidos forem corretos, devemos obter os $ 5,39 por ação simplesmente multiplicando $ 2,03 × 2,6552. De fato, 2,03 × 2,6552 = $5,39.

É importante observar que os cálculos de alavancagem realizados foram feitos com base na hipótese do empréstimo. Entretanto, poderíamos calcular o grau de alavancagem financeira na hipótese de financiarmos a expansão com recursos de risco. Neste caso:

$$GAF_2 = \frac{4.800.000,00}{4.800.000,00 - 1.050.000,00} = 1,28$$

Assim, este resultado significa que a um acréscimo de 100% no lucro antes das despesas financeiras e imposto sobre a renda corresponderá a um acréscimo de 128% no lucro para o acionista. A alavancagem financeira nesse caso é menor, embora parta de um lucro por ação ligeiramente superior.

Assim, no exemplo da página 230, vamos supor que o LADEFIR dobre, passando a $ 9.600.000,00:

Teríamos:

LADEFIR	$ 9.600.000,00
Juros (35% sobre $ 3.000.000,00)	(1.050.000,00)
Lucro (AIR)	8.550.000,00
Imposto de Renda (30%)	(2.565.000,00)
Lucro (DIR)	$ 5.985.000,00
Lucro por Ação sobre 1.200.000 Ações Ordinárias	≅ $ 5,00

Se os nossos raciocínios e cálculos estiverem corretos, bastaria multiplicar $ 2,19 (o lucro por ação antes do acréscimo de 100% no LADEFIR) por 2,28 (1 + grau de alavancagem na hipótese de aumento de capital) para obtermos os $ 5,00. De fato, 2,19 × 2,28 = $ 5,00.

É preciso notar que estas projeções, tendo em base a alavancagem, são totalmente válidas desde que se mantenham: (a) o mesmo valor de custos fixos; (b) a mesma porcentagem de custos variáveis; (c) desde que para vender mais não sejamos obrigados a recorrer, novamente, a empréstimos adicionais ou a novas chamadas de capital.

Vimos que a alavancagem pôde ser calculada em duas situações: (a) no caso de recorrermos a empréstimos para suprir os $ 4.500.000,00 necessários à expansão, ou (b) no caso de termos obtido os recursos através da colocação de ações. A alavancagem existe nos dois casos e sempre está expressa (segundo este enfoque) em termos de qual *a alteração percentual no lucro por ação que é consequência de uma variação percentual de x% no LADEFIR.*

Vamos, agora, voltar ao nosso balanço inicial, à página 229, e ao primeiro demonstrativo de resultados, da página 230. Se se verificarem as hipóteses contidas no demonstrativo de resultados da página 230, o balanço simplificado em 31-12-X + 1 se apresentará assim:

EMPRESA PROJETADA – BALANÇO EM 31-12-X + 1		
Ativo Corrente	4.522.500,00*	
Ativo não Corrente	12.000.000,00	= (7.500.000 + 4.500.000)
Total do Ativo	16.522.500,00	
Exigibilidades	7.500.000,00	= (3.000.000 + 4.500.000)
Ações Ordinárias (Capital)	7.500.000,00	
Lucros Retidos	1.522.500,00	
Total	16.522.500,00	

* Consideramos o Lucro Líquido (DIR) do Demonstrativo de Resultado da página 230 acrescido totalmente ao Ativo Corrente. Por outro lado, todas as despesas foram consideradas como de desembolso monetário. Não consideramos depreciações e amortizações.

Temos agora, portanto, dois balanços e um demonstrativo de resultados.

Vamos, no presente momento, calcular a alavancagem financeira segundo o conceito tradicional anteriormente apresentado, ou seja:

$$GAF' = \frac{\text{Lucro Líquido}}{\text{Patrimônio Líquido}} \div \frac{\text{Lucro (da hipótese b)}}{\text{Patrimônio Líquido da Hipótese de não Recorrermos ao Financiamento}}$$

Primeiramente, vamos calcular com base em valores iniciais:

$$GAF' = \frac{1.522.500,00}{7.500.000,00} \div \frac{2.625.000}{12.000.000^9}$$

$$GAF' = 0,203 \div 0,21875$$

$$GAF' = 0,93$$

---

[9] 12.000.000 = 7.500.000 + 4.500.000 (estes $ 4.500.000 teriam entrado logo após o balanço inicial).

Note-se que a alavancagem apresentou-se menor que um. O conceito aqui apresentado é diferente. Na fórmula $\frac{LADEFIR}{LADEFIR - DF}$, *o que se pretende é mensurar qual a variação percentual do lucro à disposição do acionista a partir de determinada variação percentual do Lucro antes dos Juros e do Imposto de Renda.*

Já a formulação conceitual clássica de alavancagem relaciona o lucro obtido para cada real de patrimônio líquido investido com o lucro que seria obtido em cada real de Patrimônio Líquido investido se em lugar do financiamento recorrêssemos a aumento de capital.

Vamos interpretar, em resumo, os dois resultados:

a) GAF_1 = 2,207 *(página 231), significa que, a um acréscimo de 100% no LADEFIR, teremos um acréscimo de 220,7% no Lucro por Ação.*

b) GAF' = 0,93 *(exemplo acima), significa que para cada real ganho sobre o ativo inicial, haverá um ganho de 0,93 sobre o Patrimônio Líquido também inicial.*

Vamos calcular, agora, um GAF" em valores médios:

$$GAF" = \frac{1.522.500,00}{8.261.250,00} \div \frac{2.625.000,00}{13.312.500,00}$$

$$GAF" = 0,184 \div 0,197 = 0,93$$

$$13.312.500,00 = \frac{12.000.000,00 \text{ (PL em X)} + 14.625.000,00 \text{ (x + 1)}}{2}$$

Resumindo, a forma de cálculo de alavancagem financeira, baseada na fórmula

$$GAF = \frac{\text{Lucro/Patrimônio Líquido com Empréstimo}}{\text{Lucro/Patrimônio Líquido com aumento de Capital}}$$

é recomendada para a verificação do que ocorreu, efetivamente. É o relacionamento entre o lucro efetivamente obtido (recorrendo, na composição dos recursos totais, pelo menos em parte, a empréstimos) sobre o patrimônio líquido com o lucro que teríamos obtido caso aquela parcela suprida com recursos de terceiros fosse suprida com recursos provenientes de aumento de capital, relacionado com o patrimônio líquido correspondente.

No caso de inicialmente inexistirem exigíveis, o patrimônio líquido correspondente à hipótese de aumento de capital é o próprio ativo total.

Voltamos a chamar a atenção para o fato de que Lucro + Despesas Financeiras da fórmula aproximada significam, a rigor, qual teria sido o lucro (DIR), se não tivéssemos recorrido ao empréstimo adicional e, portanto, não tivéssemos pago despesas financeiras. Isto não é a mesma coisa que simplesmente somar ao lucro líquido (DIR) efetivamente ocorrido às despesas financeiras, por causa dos efeitos no IR. Na prática, todavia, esta última aproximação é utilizada.

Já a forma de cálculo que relaciona o LADEFIR com este e com as despesas financeiras tem uma finalidade diferente, ou seja, relacionar um acréscimo no LADEFIR com o acréscimo no lucro por ação. Poderíamos também relacionar o acréscimo nas vendas com o acréscimo no lucro por ação, através da alavancagem combinada.

Verifique-se que:

$$\frac{\$\ 2.625.000,00}{1.200.000} = 2,19 \text{ por ação}$$

$$\frac{\$\ 2.625.000,00}{12.000.000} = 0,22 = 22\%$$

$$\frac{\$\ 1.522.500,00}{750.000} = \$\ 2,03 \text{ por ação}$$

$$\frac{\$\ 1.522.500,00}{7.500.000} - 0,203 - 20,3\%$$

Quando utilizamos o conceito de lucro por ação, a hipótese capital é superior, pelo menos estatisticamente, pois o lucro por ação é de $ 2,19, em contraste com $ 2,03. Isto pode ser importante para o acionista individual que investiu $ 10,00 em cada ação e que, se a empresa recorrer a financiamento, receberá $ 2,03 em cada $ 10,00 investidos, o que significa um retorno de 20,3%. A hipótese de recorrer a capital próprio é superior, pois este patrimônio (inicial) é remunerado em 22%, em contraste com 20,3% da hipótese alternativa. Esta tendência pode mudar, todavia, dependendo das expectativas de acréscimo nas vendas; pois a alavancagem da hipótese empréstimo é superior à de aumento de capital.

O *valor patrimonial da ação* é:

$$\$\ \frac{12.000.000,00}{1.200.000} = \$\ 10,00 \text{ por ação, no caso de subscrição; e}$$

$\dfrac{7.500.000,00}{750.000}$ = $ 10,00 por ação, no caso de financiamento

Obs.: *Realizamos os cálculos com base nos patrimônios líquidos iniciais.*

Note-se que 0,93 (alavancagem pela fórmula tradicional) = $\dfrac{\$\,2,03}{\$\,2,19}$!

Em outras palavras, o quociente entre o lucro por ação na hipótese de financiamento e o lucro por ação na hipótese de colocação adicional de ações é igual ao grau de alavancagem, significando que a última hipótese é melhor. Por isso é que a alavancagem tradicional revelou-se menor que um.

A decisão final sobre a composição de recursos deverá levar em conta, entre outros, os seguintes fatores:

1. Retorno sobre o ativo e sobre o patrimônio líquido.
2. Lucro por ação.
3. Valor patrimonial da ação.
4. Reflexos, na liquidez e outros quocientes, da hipótese adotada.

EXERCÍCIO PROPOSTO E PARCIALMENTE RESOLVIDO

M = $ 1.000,00

1. A empresa "Probabilística" reuniu seus principais executivos para estimar as vendas para o próximo exercício. Verificou-se a concentração de estimativas em três níveis principais de vendas: $ 12.000M; $ 13.200M e $ 15.000M. Em não havendo um acordo quanto à cifra mais provável, o Presidente atribuiu, subjetivamente, probabilidades a cada nível. Estimou uma probabilidade de 0,30 para $ 12.000; de 0,45 para $ 13.200 e de 0,25 para $ 15.000. As vendas têm girado em torno (em reais da data da reunião) de $ 9.000M. Para atingir o nível de $ 12.000M é necessário um investimento adicional em equipamentos, imediato, de $ 1.000M, depreciável a 20% ao ano. As despesas fixas atuais são da ordem de $ 600M. A porcentagem de custos variáveis em relação às vendas tem girado em torno de 38%. Com a introdução da nova máquina, deveria diminuir para 35%. As despesas financeiras, atualmente, são da ordem de $ 1.000M. A empresa possui 2.786.000 ações ordinárias. Os recursos para a expansão podem advir: (a) da colocação de mais 1.000.000 de ações a $ 1,00 cada uma; (b) da obtenção de um empréstimo à taxa de 43% ao ano; (c) de um "pacote" que incluiria: colocação de 500.000 ações e um empréstimo de $ 500M à taxa de 36% ao ano. A taxa de imposto sobre a renda é de 30%. Os valores projetados o são todos em

moeda da data da reunião. Vendas acima de $ 12.000M somente poderiam ser conseguidas com acréscimo das despesas de promoção e propaganda, no valor de $ 500M anuais. Acima de $ 15.000M, seria necessário nova expansão, o que alteraria completamente a estrutura de custos.

Pede-se: 1. O valor esperado do lucro por ação nas três alternativas.

2. O coeficiente estatístico de variação das três alternativas.

3. Considerando-se um administrador nem muito conservador nem exageradamente agressivo, que política ou curso de ação tomaria? Justifique detalhadamente. Leve em conta, também, o valor absoluto do lucro em reais em cada alternativa e não apenas o lucro por ação. Esta última consideração poderia alterar completamente a abordagem se fosse a dominante? Por quê?

SOLUÇÃO PARCIAL (ENCAMINHAMENTO)

1. O valor esperado do lucro por ação, para cada uma das três alternativas de financiamento, será obtido multiplicando-se o valor do lucro por ação em cada alternativa e para cada nível de vendas pela probabilidade associada ao nível de vendas respectivo e somando-se os resultados assim obtidos. Assim, suponha que, na alternativa de empréstimo, os lucros por ação apontassem:

Para vendas de 12.000M, $ 1,20; para vendas de 13.200M, $ 1,50; e para vendas de 15.000M, $ 1,70.

O lucro esperado, em tais circunstâncias seria:

$0{,}30 \times \$\,1{,}20 + 0{,}45 \times \$\,1{,}50 + 0{,}25 \times 1{,}70$

$\cong \boxed{\$\,1{,}46}$

Deveremos efetuar o cálculo do lucro por ação esperado para cada opção de financiamento. A opção que tiver o maior lucro por ação esperado será, sob esse prisma, a melhor.

2. O coeficiente de variação, também a ser calculado para cada opção de financiamento, dá uma ideia do risco relativo de cada opção.

Com os valores hipotéticos supra, seria assim calculado:

$$CV = \frac{\sqrt{(1{,}20 - 1{,}46)^2 \times 0{,}30 + (1{,}50 - 1{,}46)^2 \times 0{,}45 + (1{,}70 - 1{,}46)^2 \times 0{,}25}}{1{,}46}$$

Em outros termos, é a raiz quadrada do somatório dos desvios em relação ao valor esperado (elevados ao quadrado) dividida pelo próprio valor esperado.

Em nosso exemplo, seria igual a 0,13, aproximadamente.

Quanto maior o coeficiente, maior o grau de risco envolvido pela alternativa mensurada.

É importante a mensuração do coeficiente, pois a administração poderá comparar o lucro por ação esperado em cada alternativa com o grau de risco da alternativa para escolher a que lhe parece a melhor.

3. *É com tais informações, mais os cálculos de alavancagem financeira e operacional e mais as projeções de tendências, que poderemos responder ao item 3.*

Embora possamos coadjuvar a decisão com tais cálculos, o peso que cada administração, mais ou menos conservadora, dará aos vários fatores é algo extremamente subjetivo. Por exemplo, algumas administrações mais agressivas darão maior peso ao valor do lucro esperado por ação. Outras levarão em grande conta o risco.

Na decisão final terá grande influência o grau de facilidade (ou dificuldade) com que poderemos obter um nível de vendas que nos garanta um retorno desejado. Para isto, é preciso comparar o nível de vendas para o qual se fixou nossa decisão com a venda esperada, *que é a soma das multiplicações entre as várias probabilidades e o nível de vendas respectivo.*

Tópicos Especiais da Análise de Balanços

14.1 INTRODUÇÃO

Trataremos neste capítulo, de forma resumida, de alguns assuntos de interesse especial e que não foram discutidos nos capítulos anteriores. Nossa dissertação focalizará as seguintes áreas:

a) Superexpansão (*Overtrading*).
b) Vendas e Capital de Giro.
c) Problemas Ligados à Medição de Lucro por Ação Preferencial e Ordinária.
d) Representação Gráfica de Tendências.

14.2 SUPEREXPANSÃO

A superexpansão, também conhecida por *overtrading*, caracteriza-se por uma situação de exagerada expansão de planta, instalações e equipamentos da empresa, normalmente financiada em grande parte por capitais de terceiros, mormente durante ciclos de maior prosperidade e maiores taxas de inflação, à qual não corresponde uma adequada expansão do volume de negócios (vendas).

A consequência da superexpansão pode ser caracterizada pelos seguintes sintomas:

1. desmobilização de equipamentos e instalações, com prejuízos vultosos;
2. aumento desmesurado das despesas financeiras, como consequência do grande volume de recursos tomados por empréstimo, sem a compensação de um aumento expressivo nas vendas;

3. decréscimo da relação *Patrimônio Líquido/Ativo Fixo (Permanente)*, significando também escassez de capital de giro e difícil situação financeira;
4. tendência de permanência de certas despesas fixas e encargos, apesar da inexistência de receita adequada, o que deteriora ainda mais a situação financeira e de rentabilidade.

A tendência à superexpansão é muitas vezes notada em empreendimentos comandados por pessoas com mais propensão para a área técnica do que administrativa e financeira. Muitas pequenas e médias empresas nacionais sofrem deste problema, de forma crônica. Muitas vezes conseguem resistir por longo tempo e chegam até a superar naturalmente o problema, mais devido às naturais condições de expansão de nossa economia do que a uma tomada consciente de posição.

14.3 VENDAS E CAPITAL DE GIRO

Claramente, deve existir um relacionamento característico entre o volume de vendas de um empreendimento e o valor correspondente de seu capital de giro líquido. Evidentemente, para acréscimos nas vendas serão necessários acréscimos no capital de giro, como consequência da maior necessidade de compras de mercadorias ou insumos, do maior investimento em recebíveis etc. Note-se, todavia, que o próprio valor das vendas serve para incrementar o capital de giro.

Muitas vezes os empresários e gerentes estão interessados em conhecer o relacionamento entre os acréscimos de vendas e os acréscimos de capital de giro. Apesar de várias tentativas realizadas, não existe uma fórmula mágica que nos aponte, em qualquer circunstância, tal relacionamento. As situações podem ser diferenciadas, antes do acréscimo de venda: uma empresa pode dispor de boa parte dos estoques, ao passo que outra talvez tenha de primeiro adquirir tais insumos. Uma empresa pode ter um nível de recebíveis de curtíssimo prazo, ao passo que outra pode demorar bastante tempo para receber seus recebíveis. Todas estas condições afetarão o relacionamento entre vendas adicionais e capital de giro líquido. Uma das formas de termos uma ideia do relacionamento é, realmente, dividirmos as Vendas pelo Capital de Giro Líquido, em vários períodos passados, a fim de avaliarmos uma tendência de relacionamento. A fórmula adequada seria:

$$\frac{\text{Vendas}}{\text{Capital de Giro Líquido Médio}}$$

Suponhamos que, com certa regularidade, tal relacionamento se mantenha em torno de 3. Se prevíamos um acréscimo nas nossas vendas de 50%, digamos, de

$ 1.500.000,00 para $ 2.250.000,00, o Capital de Giro Líquido Médio deveria passar de $ 500.000,00 para $ 750.000,00. Isto, entretanto, equivaleria a admitir:

a) que a relação estabelecida no passado era a ideal ou pelo menos razoável;
b) que as mesmas condições irão prevalecer no futuro.

Suponhamos que para produzirmos e vendermos 50% a mais necessitemos de:

a) política agressiva de vendas, com consequente aumento das despesas com vendas, descontos comerciais e financeiros;
b) estabelecimento de um turno extra de trabalho na fábrica, com consequente aumento dos custos de mão de obra, maior desperdício etc.

Tudo isto irá alterar, em maior ou menor grau, o relacionamento obtido no passado e deverá ser levado em conta pelo gerente.

A superexpansão, citada no item 14.2, acarreta grandes problemas para uma boa relação vendas/capital de giro. Para vender mais, imobiliza-se em equipamentos necessários para produzir mais, enfraquecendo, quando tal imobilização é excessiva, o capital de giro líquido da empresa.

14.4 ALGUNS DOS PROBLEMAS LIGADOS À MEDIÇÃO DE LUCRO POR AÇÃO PREFERENCIAL (A DIVIDENDOS FIXOS) E ORDINÁRIA

14.4.1 Cobertura de dividendos preferenciais

O cálculo do lucro por ação em seu sentido global, dividindo-se o lucro líquido após o imposto de renda pelo número total de ações, incluindo-se as preferenciais, tem um valor indicativo bastante reduzido, pois usualmente os direitos dos portadores de tais tipos de ações são diferenciados.

Suponhamos que os dividendos fixos preferenciais por ação sejam de $ 6,00. Se existirem 10.000 ações preferenciais, deveremos pagar $ 60.000,00 em dividendos preferenciais. Uma boa medida é dividirmos o lucro líquido (após o IR) pelo valor dos dividendos preferenciais a serem pagos. Suponhamos que o lucro líquido seja de $ 180.000,00. Assim, $ 180.000,00/60.000,00 = 3. Este método é razoável se não tivermos tido financiamentos, debêntures ou empréstimos. No caso de existirem tais endividamentos, os encargos sobre eles têm preferência sobre os dividendos preferenciais fixos e sobre o lucro das ações ordinárias. No exemplo citado, suponhamos que os juros e as despesas financeiras sobre dívidas sejam de $ 20.000,00. Uma melhor medida do número de vezes em que os dividendos preferenciais foram "ganhos" pelo lucro seria computada da seguinte forma, segundo alguns autores:

$$\$ \frac{180.000,00}{(60.000,00 + 20.000,00)}$$

$$\$ \frac{180.000,00}{80.000,00} = 2,25 \text{ vezes}$$

14.4.2 Valor contábil de uma ação ordinária

Suponhamos a seguinte situação:

Ações Preferenciais (a 8% de dividendos fixos), Valor Nominal de $ 300,00, 600 ações	$ 180.000,00
Ações Ordinárias, Valor Nominal de $ 300,00, 1.500 ações	$ 450.000,00
Lucros Acumulados	$ 150.000,00

O Valor Contábil seria calculado conforme segue, para uma ação ordinária:

$$\frac{\$ 450.000,00 + \$ 150.000,00}{1.500} = \$ 400,00$$

Se, todavia, existir obrigatoriedade de pagamento dos Dividendos Preferenciais, devemos subtrair dos lucros acumulados 8% de $ 180.000,00, pois os pagamentos de dividendos preferenciais têm prioridade. Assim, o valor contábil de uma ação ordinária seria:

$$VC = \frac{\$ 450.000,00 + (\$ 150.000,00 - \$ 14.400,00)}{1.500} = \$ 390,40$$

14.4.3 Lucro por ação ordinária

No caso do exemplo do item 14.4.1, o lucro por ação ordinária seria igual a:

$$\$ \frac{180.000,00 - 60.000,00}{\text{Número de Ações Ordinárias}}$$

Em outras palavras, o lucro por ação ordinária é igual ao lucro líquido (DIR) *menos* o valor dos dividendos preferenciais a serem pagos, *dividido* pelo número de ações ordinárias.

Se, no exemplo, o número de ações ordinárias for de 30.000, o lucro por ação ordinária será de:

$$\frac{\$\ 120.000,00}{30.000} = 4,00, \text{ por ação}$$

14.5 REPRESENTAÇÃO GRÁFICA DE TENDÊNCIAS

Lembramos, nesta altura, mais uma vez, que a análise de balanços não é feita apenas através do cálculo de quocientes e índices. Na verdade, o arsenal do analista compreende os mais variados cálculos, comparações e tendências, embora, sem dúvida, a análise por quocientes seja a mais importante. As representações gráficas que apontam a evolução de um item ou comparam dois ou mais itens são elementos de visualização importantes, que nos permitem estabelecer tendências.

Os métodos principais de representação gráfica de tendências são dois:

1. gráfico em escala aritmética;
2. gráfico em escala semilogarítmica.

Os gráficos do tipo 1 mostram as variações em valores absolutos dos itens estudados, ao passo que os gráficos do tipo 2 demonstram os coeficientes de variação, determinados pela inclinação das linhas.

O papel semilogarítmico permite-nos colocar valores das mais variadas magnitudes na mesma folha. Está dividido em três ciclos: o primeiro, de 100 a 1.000; o segundo, de 1.000 a 10.000; o terceiro, de 10.000 a 100.000. Note-se que a distância, no eixo vertical, de 500 a 1.000, por exemplo, é idêntica à distância entre 2.000 a 4.000, entre 5.000 e 10.000, e assim por diante. Portanto, a escala vertical está construída de forma tal que espaços iguais representam proporções iguais de valores monetários.

Suponhamos a seguinte série, entre Vendas e Estoque (exemplo adaptado de MYER, J. N. *Análise das demonstrações financeiras*. São Paulo: Atlas, 1976. p. 190-197).

Ano	$ Vendas	Índices	$ Estoque*	Índices
1º	250.000,00	100	25.000,00	100
2º	240.000,00	96	30.000,00	120
3º	207.500,00	83	21.750,00	87
4º	195.000,00	78	16.250,00	65
5º	225.000,00	90	24.000,00	96

* Em poder aquisitivo constante.

Na ilustração original as vendas referem-se aos períodos, e os estoques, ao fim de cada período. O mais adequado seria comparar as vendas com os estoques médios de cada período.

Apresentamos nas Figuras 14.1, 14.2 e 14.3, respectivamente, a representação dos dois itens em: (a) escala aritmética; (b) escala semilogarítmica; e (c) índices de tendências em escala semilogarítmica.

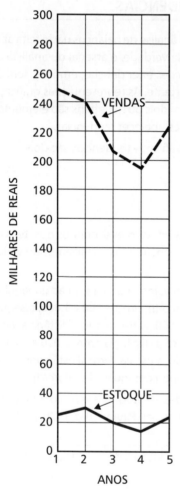

Figura 14.1 Gráfico do estoque e vendas durante cinco anos, em dinheiro, na escala aritmética.

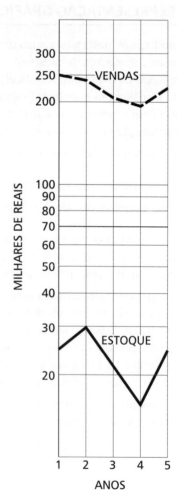

Figura 14.2 Gráfico de estoque e vendas durante cinco anos, em dinheiro, na escala semilogarítmica.

Tópicos Especiais da Análise de Balanços **245**

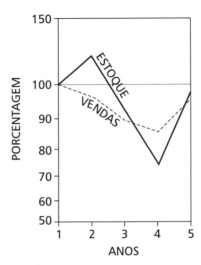

Figura 14.3 Índices de tendência durante cinco anos.

Pode-se observar que na escala aritmética as vendas apresentam uma tendência de queda aparentemente maior do que os estoques. Isto é devido ao maior volume monetário das vendas. Realmente, a verdadeira tendência fica esclarecida no gráfico semilogarítmico. Entre o segundo e o quarto ano a queda do estoque, percentualmente, foi muito maior que a das vendas.

A Figura 14.3 nada mais é do que a 14.2, colocando-se apenas as duas linhas na mesma origem (100%). Representa a progressão de vendas e estoques em relação ao ano-base (índice 100 ou, em porcentagem, 100%).

São úteis, dentre outros, os seguintes gráficos de tendências (num mesmo gráfico):

- Patrimônio líquido e ativo imobilizado.
- Vendas, estoques e valores a receber.
- Vendas, custo das vendas e lucro bruto.
- Ativo corrente e passivo corrente.
- Margem operacional e giro do ativo.
- Etc.

Além do mais, pode ser de interesse avaliar tendências com relação a quantidades, isoladamente, ou quantidades e valores. Por exemplo: evolução do número de produtos vendidos; ou evolução comparativa da quantidade de produtos vendidos e de seu correspondente valor em reais.

Exemplo: Certa mercadoria foi transacionada nas quantidades e valores, como segue:

Ano	Quantidades	Índices	Valores de Venda (nominais)	Índices
1º	1.500.000	100	$ 5.475.000,00	100
2º	1.450.000	97	6.086.375,00	111
3º	1.512.000	101	7.552.478,00	138
4º	1.300.000	87	9.090.950,00	166
5º	1.550.000	103	11.923.130,00	218

Note-se que a tendência dos valores de venda é enganosa, no que se refere à evolução real. A tendência em quantidades é mais indicativa, a esse respeito. Uma comparação interessante seria entre as quantidades e os valores de venda deflacionados ou inflacionados para uma data-base.

Para finalizar, devemos lembrar que outros tipos de gráficos podem ser elaborados para representar certas situações. Por exemplo, um círculo com fatias destinadas a representar, numa correspondência entre valores e porcentagens, o quanto cada tipo de ativo principal (Recebíveis, Estoques, Disponibilidades Imobilizações etc.) representa sobre o ativo total, ou qual a "fatia" da área do círculo tomada por cada um dos ativos. Destacam-se também representações em barras, histogramas de frequência etc. Sem dúvida, todavia, para a análise financeira, num sentido dinâmico de tendência, *os gráficos em escala aritmética e semilogarítmica são os mais indicados*.

RESUMO DO CAPÍTULO

Este breve capítulo teve por finalidade apresentar de forma sumarizada alguns tópicos importantes da análise de balanços que não haviam sido suficientemente esclarecidos nos capítulos anteriores. Assim, analisamos as causas e efeitos da superexpansão, abordamos os problemas envolvidos no relacionamento entre volume de vendas e necessidades de capital de giro líquido, não existindo, infelizmente, nenhuma fórmula capaz de resolver o assunto com suficiente grau de generalidade e segurança. Foram também analisados, elementarmente, certos cuidados que devem ser tomados ao calcularmos o lucro por ação, levando-se em conta fatores tais como: despesas financeiras, dividendos preferenciais fixos e dividendos cumulativos não pagos. Finalmente, foi apresentada uma noção das formas alternativas de representação gráfica de tendências. Julgamos desnecessário apresentar exemplos mais numerosos de representação gráfica, pois, entendendo o exemplo apresentado, o leitor será capaz de elaborar uma série deles, de acordo com as peculiaridades de cada empresa.

Outros Indicadores Importantes para a Análise de Balanços

15.1 EVA® – *ECONOMIC VALUE ADDED*

15.1.1 Conceito

O EVA® é marca registrada e explorada pela Stern Stewart & Co. (para maiores detalhes acessar a página http://www.sternstewart.com). Esse índice foi criado com os seguintes objetivos, segundo Stewart (2005, p. 25): *"[...] o EVA® é a medida ideal para estabelecer objetivos, avaliar desempenho, determinar políticas de remuneração de executivos, comunicar-se com os investidores, decidir sobre o orçamento de capital e realizar avaliações de qualquer natureza".*

Afinal como então podemos defini-lo?

Segundo o criador da marca registrada (embora o conceito de EVA exista há muito tempo na Contabilidade), Stewart (2005, p. 131): *"O valor econômico agregado (EVA) é a medida que contabiliza de forma apropriada todas as complexas transações envolvidas na criação de valor. É computado tomando-se a diferença entre a taxa de retorno sobre o capital r e o custo do capital c."*

Continua Stewart (2005, p. 132): *"O EVA é receita residual, ou os lucros operacionais menos o custo pelo uso do capital. Tendo-o como uma medida de desempenho, uma empresa é, com efeito, cobrada pelos seus investidores pelo uso do capital mediante uma linha de crédito que paga juros a uma taxa c."*

Com a definição acima se percebe o conceito fundamental e inovador desse índice. É inovador porque considera que o investimento efetuado pelo acionista deve ser remunerado a uma taxa mínima; assim, uma empresa, além do lucro operacional, deve haver lucro suficiente para cobrir, pelo menos, a remuneração mínima esperada pelo acionista.

Uma empresa que não remunere devidamente os seus acionistas é uma empresa que destrói valor, fatalmente lhe faltarão investidores. Assim, o EVA® pode refletir tanto a medida de valor da própria empresa como o desempenho dela.

Os índices convencionais não consideram a remuneração do acionista; com isso, vem crescendo o número de empresas que medem o seu resultado por este indicador. Ele é a versão moderna do lucro, pois, em resumo, o EVA® é o lucro operacional menos o custo do capital investido.

Cabe aqui salientar que o EVA®, em relação ao fluxo de caixa descontado, é um índice mais objetivo, não tem estimativas, evitando assim julgamentos e manipulações das premissas e dos resultados, o que facilita no momento de decidir e acompanhar a remuneração dos gestores.

15.1.2 Fórmula

A fórmula é extremamente simples, mas de grande conteúdo:

EVA® = NOPAT − (C% × TC)

EVA = *Economic Value Added* (Valor Econômico Adicionado)

NOPAT = *Net Operating Profit After Taxes* (Lucro Operacional Líquido Depois dos Impostos)

C% = Percentual do custo do capital investido

TC = *Total Capital* (Capital total investido)

15.1.3 Ajustes das demonstrações financeiras

Stewart considera que para obtenção de um NOPAT e de um Capital adequado há que se fazer alguns ajustes aos números dos livros contábeis. Ajustes que visam eliminar lançamentos sem efeito caixa. Seguem algumas considerações importantes para os ajustes das demonstrações contábeis. Cabe ressaltar que a lista abaixo não tem a intenção de esgotar todas as possibilidades, mas apenas de citar alguns exemplos, mesmo porque os ajustes dependem muito da relevância do número e do foco da empresa no cálculo.

a) Depreciação

No resultado para efeito de NOPAT, a depreciação está considerada dentro dos custos e despesas operacionais. É correto *manter o efeito da depreciação*, pois ela representa a amortização econômica do investimento nos ativos que devem ser repostos para a continuidade da empresa.

b) Provisões contábeis

As provisões contábeis embasadas no princípio do conservadorismo e da competência, segundo Stewart, **não** devem ser consideradas no cálculo do EVA®. Para o cálculo só se devem considerar lançamentos com efeito caixa. Podemos citar como exemplos a PDD (provisão para devedores duvidosos), as provisões para garantia e as provisões para contingências.

Lembrar que, para o cálculo do EVA®, na efetiva ocorrência do fato (que já estava provisionado nos livros contábeis) o ajuste faz-se necessário diretamente no resultado. Por exemplo, no caso de um cliente em que se esgotaram as possibilidades de recebimento, para a contabilidade seria um lançamento de baixa da PDD, já para os ajustes de EVA®, somente nesse momento, deve-se reconhecer o efeito no resultado.

Seguem outros lançamentos contábeis que para cálculo do EVA® devem receber ajustes:

c) Provisão para impostos diferidos

As provisões de impostos diferidos são oriundas das diferenças temporais entre o LALUR e os demonstrativos contábeis, na sua maioria são de longo prazo. Assim, para efeito do EVA®, devem ser consideradas no Patrimônio líquido.

d) Amortização de *Goodwill*

O *Goodwill* referente à aquisição de participação acionária deve ser mantido na conta investimento pelo seu valor original, assim não devendo ocorrer amortização; portanto, para fins do EVA®, a amortização contábil deve ser estornada.

e) Participação de minoritários

Exclui-se do capital essa linha de participação de minoritários, pois essa linha não se refere à participação do acionário principal.

f) Gastos com reestruturação

Caso esse gasto tenha sido lançado, nos livros contábeis, diretamente para o resultado, ele deve ser estornado, tanto do resultado do exercício como dos lucros acumulados, no caso de exercícios anteriores, e considerado como um investimento permanente sem amortização.

15.1.4 NOPAT

Encontram-se duas formas de cálculo do NOPAT: a forma financeira e a forma operacional. As duas chegam ao mesmo valor. Neste capítulo optou-se por demonstrar a forma operacional, pois essa é de mais fácil compreensão.

Stewart (2005, p. 97) explica: *"A partir de uma perspectiva operacional, o NOPAT, é quase que literalmente, o lucro operacional líquido após impostos."*

Assim, o NOPAT (lucro operacional líquido após impostos) pode ser representado da seguinte maneira:

Receitas líquidas

(–) Custos e despesas operacionais

(=) Lucro operacional antes dos impostos

(–) Impostos (líquidos do efeito de juros de capital de terceiros)

(=) NOPAT (Lucro operacional líquido após impostos)

No caso do NOPAT lembrar que:

a) Despesas financeiras

Em nenhum momento são consideradas as despesas financeiras no cálculo do NOPAT. Isso porque na fórmula do EVA® o percentual do custo do capital investido (%C) é o resultado da ponderação entre o custo do capital de terceiros e próprio. Por isso as despesas financeiras (custo de capital de terceiros) não são consideradas a título de evitar a duplicidade no cálculo final do EVA®.

b) Imposto de renda – Ajuste dos impostos economizados pelas despesas financeiras

A partir do momento em que há despesas financeiras na demonstração de resultado ela reduz o lucro, que, por sua vez, reduz a base de cálculo dos impostos a pagar. Assim, como há o expurgo dos juros pagos, deve-se também desconsiderar o efeito positivo no Imposto de Renda. Em outras palavras, deve-se adicionar ao NOPAT o valor de Imposto de Renda relacionado aos juros financeiros pagos.

Veja um exemplo de comparação entre a demonstração do resultado e o cálculo do NOPAT:

Demonstração do Resultado	NOPAT
Receita Bruta	Receita Bruta
(–) Impostos e deduções	(–) Impostos e deduções
(=) Receita Líquida	(=) Receita Líquida
(–) Custo dos produtos vendidos	(–) Custo dos produtos vendidos
(=) Lucro Bruto	(=) Lucro Bruto
(–) Despesas Operacionais	(–) Despesas Operacionais
(=) EBITDA (*Earnings Before Interest Tax Depreciation and Amortization*)	(=) EBITDA (*Earnings Before Interest Tax Depreciation and Amortization*)
(–) Depreciação	(–) Depreciação
(=) EBIT (*Earnings Before Interest Taxes*)	(=) EBIT (*Earnings Before Interest Taxes*)
(+) Receita Financeira	
(–) Despesa Financeira	
(=) Lucro Operacional	(=) NOPBT (*Net operating profit before taxes*)
(±) Itens extraordinários	
(=) Lucro antes dos impostos	(=) NPBT (*Net profit before taxes*)
(–) Imposto de Renda e CSSL	(–) Imposto operacional com efeito Caixa
(–) Participação de minoritários	(–) Participação de minoritários
(=) **Lucro Líquido**	(=) **NOPAT**

15.1.5 Total de Capital Investido (TC)

Segundo Stewart (2005, p. 78): *"O capital é a medida de todo dinheiro depositado em uma empresa, durante sua existência, sem referências a fontes de financiamento, nome contábil ou finalidade do empreendimento – como se tal empresa fosse uma conta de poupança. Não importa se o investimento é financiado com capital próprio ou de terceiros, tampouco se é empregado em capital de giro ou em ativos. Dinheiro é dinheiro, e a questão é quão bem a administração o emprega."*

Cabe aqui enfatizar que para o cálculo do EVA® o Capital é a soma do Capital de terceiros e Capital próprio da empresa, e a soma dos recursos aplicados para que ela gere resultado.

15.1.6 Percentual do custo do capital investido – % C

Toda empresa, visando financiar suas operações, poderá, em sua estrutura, conter endividamento por capital de terceiros e pelo capital próprio. Esse financiamento das operações gera um custo chamado Custo de Capital.

Para cálculo do percentual do custo do capital investido (% C), aplica-se a fórmula do WACC (Custo médio Ponderado de Capital ou *Weighted Average Cost of Capital*). Ele em resumo representa o retorno mínimo que a companhia espera obter, considerando a captação por capital próprio e de terceiros.

Segue fórmula:

$$WACC = kd \times (1 - T) \times (D/C) + ke \times (E/C)$$

kd = custo de capital de terceiros

ke = custo de capital próprio

D/C = Capital de Terceiros/Capital Total

E/C = Capital Próprio/Capital Total

T = taxa efetiva de impostos pagos sobre capital de terceiros

O capital de terceiros, *Kd*, tem seu custo definido quando da decisão de captação pela empresa. É um custo que facilmente será encontrado nas demonstrações financeiras.

O custo do capital próprio, *Ke*, é um custo que não se obtém diretamente dos livros da companhia. Ele deve ser calculado.

Sabe-se que o acionista espera uma remuneração mínima, um custo de oportunidade. Pode-se assim dizer que ele ao menos espera uma remuneração equivalente a de um ativo de risco semelhante no mercado.

Tendo isso em vista, o cálculo do *Ke* baseou-se em uma fórmula, vinda da Ciência Financeira, de apreçamento de ativos. Essa fórmula considera os retornos médios do mercado financeiro, o risco do ativo estudado e a taxa de retorno livre de risco. Esse é o modelo denominado de CAPM (*Capital Asset Pricing Model* ou Modelo de Precificação de Ativos de Capital). Ele é formado da seguinte maneira:

$$ke = Rf + [\beta e \times (km - Rf)]$$

Onde

ke = retorno exigido sobre o ativo, para esse caso, o retorno exigido pelo acionista

Rf = taxa de retorno livre de risco. Taxa medida, geralmente, pelo retorno médio do Título do Tesouro Norte-Americano de 10 anos (T-BOND 10 anos)

βe = coeficiente beta do ativo. Mede o risco do ativo, no caso, da empresa que deseja calcular o EVA®, em relação ao mercado

Aplicando o CAPM se encontrará o custo do capital próprio para utilização na fórmula do WACC e consequentemente o valor do %C para utilização na fórmula do EVA®.

15.2 VALOR ADICIONADO

15.2.1 Conceito

A Lei nº 11.638/2007 torna obrigatória a Demonstração do Valor Adicionado para as companhias abertas.

Muito comum na Europa, procura evidenciar para quem a empresa está distribuindo a renda obtida.

Se subtrairmos das *vendas* todas as *compras* de *bens* e *serviços*, teremos o montante de recursos que a empresa gera para remunerar salários, juros, impostos e reinvestir em seu negócio, isto é, o montante de valor que a empresa está agregando (adicionando) como consequência de sua atividade.

Imagine, por exemplo, a prefeitura de uma cidade ter que tomar a decisão de receber ou não determinada empresa em seu município. A pergunta correta seria: quanto determinada empresa vai agregar em renda para a região?

Para melhor análise, ela solicita uma Demonstração do Valor Adicionado da empresa, que mostra o seguinte:

	Ano 1	%	Ano 2	%
Vendas	5.000	–	5.000	–
(–) Compras de Bens/Serviços	(2.500)	–	2.000	–
Valor Adicionado	2.500	100%	3.000	100%
Distribuição Valor Adicionado				
Salários				
Pessoal de Fábrica	500	20%	510	17%
Pessoal Administrativo	400	16%	480	16%
		36%		33%
Diretoria/Acionistas				
Pró-Labore (Honorários Dir.)	800	32%	1.050	35%
Dividendos	250	10%	360	12%
		42%		47%
Juros	150	6%	90	3%
Impostos				
Municipal	25	1%	30	1%
Estadual	50	2%	60	2%
Federal	75	3%	90	3%
		6%		6%
Reinvestimento	200	8%	270	9%
Outros	50	2%	60	2%

Na Demonstração do Valor Adicionado, observa-se que o item *Impostos* permanece inalterado, o que propicia melhor análise para a prefeitura. Todavia, o valor do imposto recolhido ao município é muito baixo.

Com esses dados, caberia analisar se o pequeno imposto para o município e o acréscimo no fluxo de renda em salário de pessoas que residirão na região (gerando mais negócios, mais arrecadação) compensarão o acréscimo no orçamento e o benefício da vinda da empresa seria viável.

EXEMPLO DE DVA

DEMONSTRAÇÃO DO VALOR ADICIONADO – CIA. IMC S.A.		ANÁLISE VERTICAL
Receita Operacional	1.000.000	100%
(–) Custo da Mercadoria Vendida (Compras)	(750.000)	75%
Valor Adicionado Bruto Gerado nas Operações	250.000	25%
(–) Depreciação	(20.000)	2%
Valor Adicionado Líquido	230.000	23%
(+) Receita Financeira	15.000	1,50%
Valor Adicionado	245.000	24,5%
Distribuição do Valor Adicionado	245.000	100%
Empregados	132.300	54%
Emprestadores – Juros	61.250	25%
Sócios/Acionistas (Dividendos + Lucros) + Reinvestimentos	38.950	10%
Impostos	12.500	5%

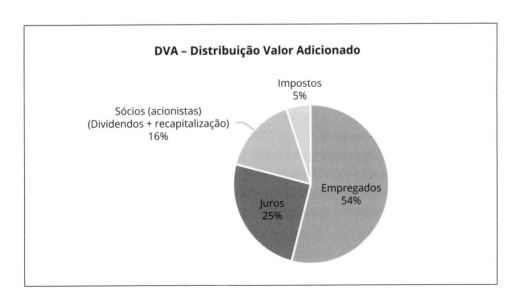

Para analisarmos o Valor Adicionado, temos os seguintes dados complementares da Cia. IMC S.A.:

Ativo = R$ 2.000.000,00

Nº de Funcionários = 40

Assim:

1. Potencial do Ativo em Gerar Riqueza

$$\frac{\text{VALOR ADICIONADO}}{\text{ATIVO}} \rightarrow \frac{245.000}{2.000.000} \rightarrow 0,1225$$

Este índice mede quanto que cada real investido no Ativo gera de riqueza, a ser transferido para vários setores que se relacionam com a companhia.

2. Retenção da Receita

$$\frac{\text{VALOR ADICIONADO}}{\text{RECEITA TOTAL}} \rightarrow \frac{245.000}{1.000.000} \rightarrow 0,245$$

Este índice mostra quanto fica dentro da empresa da riqueza por ela gerada em benefício dos funcionários, acionistas, governo, financiadores e lucro retido.

3. Valor Adicionado *Per Capita*

$$\frac{\text{VALOR ADICIONADO}}{\text{Nº MÉDIO DE FUNCIONÁRIOS}} \rightarrow \frac{245.000}{40} \rightarrow 6.125$$

Este índice mostra com quanto cada funcionário contribuiu para a geração da riqueza da companhia; podemos até dizer que é um indicador de produtividade.

Tendo em vista o exemplo da Cia. IMC S.A. ainda temos, conforme o quadro na página 255, os índices de distribuição da riqueza gerada:

4. $\dfrac{\text{Empregados}}{\text{Valor adicionado}} \rightarrow \dfrac{132.300}{245.000} \rightarrow 54\%$

5. $\dfrac{\text{Juros}}{\text{Valor adicionado}} \rightarrow \dfrac{61.250}{245.000} \rightarrow 25\%$

6. $\dfrac{\text{Dividendos}}{\text{Valor adicionado}} \rightarrow \dfrac{24.500}{245.000} \rightarrow 10\%$

7. $\dfrac{\text{Impostos}}{\text{Valor adicionado}} \rightarrow \dfrac{12.500}{245.000} \rightarrow 5\%$

8. $\dfrac{\text{Lucro Reinvestido}}{\text{Valor adicionado}} \rightarrow \dfrac{14.700}{245.000} \rightarrow 6\%$

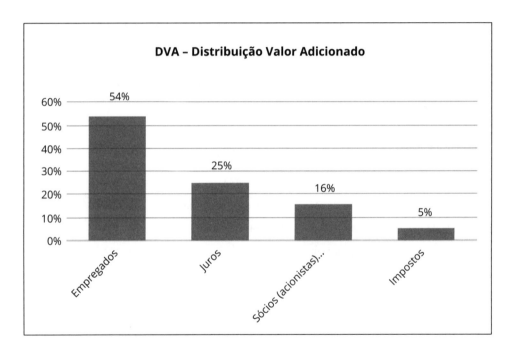

15.3 EBITDA (*EARNINGS BEFORE INTERESTS, TAXES, DEPRECIATION AND AMORTIZATION*) – OU LAJIDA (LUCRO ANTES DOS JUROS, IMPOSTOS, DEPRECIAÇÃO E AMORTIZAÇÃO)

15.3.1 Conceito

Outro indicador financeiro amplamente utilizado pelos usuários das demonstrações financeiras é o EBITDA (*Earnings Before Interests, Taxes, Depreciation And Amortization*).

Indicador que vem sendo analisado desde a década de 1970 nos EUA e mais recentemente no Brasil, principalmente após a redução da inflação e aquecimento do mercado financeiro.

O EBITDA é uma medida essencialmente operacional, desconsidera os efeitos dos resultados financeiros, assim revelando o potencial da empresa para a geração de caixa operacional.

Cabe aqui salientar que esse indicador não representa o valor de caixa, porém a capacidade que a empresa tem para a formação de resultado operacional. Isso porque, *a priori*, o cálculo está embasado nas demonstrações de resultado que são formadas sob a ótica do Princípio Contábil da Competência.

15.3.2 Fórmula EBITDA

Segue um exemplo de cálculo para o EBITDA, obtido através da estrutura das demonstrações financeiras de Resultado:

Demonstração de Resultado	$
Receita Bruta	1.600.000,00
Deduções Receita Bruta	(160.000,00)
Receita Líquida	**1.440.000,00**
CMV	(864.000,00)
Lucro Bruto	**576.000,00**
Despesas operacionais	(250.000,00)
Depreciação	(60.000,00)
Receita Financeira	1.500,00
Despesas Financeiras	(52.760,00)
Lucro Bruto	214.740,00
IR + CSSL	(59.272,80)
Lucro Líquido	**155.467,20**

EBITDA	$	Análise Vertical
Receita Bruta	1.600.000,00	100,00%
Deduções Receita Bruta	(160.000,00)	– 10,00%
Receita Líquida	**1.440.000,00**	90,00%
CMV	(864.000,00)	– 54,00%
Lucro Bruto	**576.000,00**	36,00%
Despesas operacionais	(250.000,00)	– 15,63%
(=) EBITDA	326.000,00	20,38%
Depreciação	(60.000,00)	– 3,75%
Receita Financeira	1.500,00	0,09%
Despesas Financeiras	(52.760,00)	– 3,30%
Lucro Bruto	214.740,00	13,42%
IR + CSSL	(59.272,80)	– 3,70%
Lucro Líquido	**155.467,20**	9,72%

Em destaque o EBITDA de 20,38%, e o Lucro Líquido de 9,72%. Uma apresentação desta natureza demonstra, ao leitor das demonstrações contábeis, uma clara ideia do cálculo efetuado para a formação da medição econômica, proporcionando assim uma maneira de comparação do índice com o de outras companhias.

O exemplo citado não tem a pretensão de ser apresentado como uma solução única. Vem sendo observado pelas entidades representativas do mercado de capitais que a informação do EBITDA está sendo elaborada e divulgada de forma muito particular pelas companhias abertas e de forma divergente entre elas. Essa situação torna difícil compreender tanto a formação do número apresentado quanto a sua integração ou conciliação com os outros números da Demonstração do Resultado, além de não ser comparável. Essas medições, portanto, não são diretamente extraídas da mesma estrutura da demonstração do resultado construída segundo os princípios e normas contábeis, mas incluem e excluem montantes não previstos nessas normas.

As medições não baseadas em normas contábeis são definidas como aquelas que incluem ou excluem montantes não previstos nas medições econômicas associadas às normas contábeis mais diretamente comparáveis. Esses ajustes pretendem refletir a visão da administração sobre a geração de recursos pela companhia, mas devem, também, estabelecer uma relação com as medições previstas nas normas contábeis. Como exemplo, a companhia, ao divulgar uma medição semelhante ao EBITDA, deve estabelecer uma reconciliação com a medição econômica baseada nas normas contábeis mais diretamente comparável com o Lucro Operacional. Nesse caso, a reconciliação poderia, por exemplo, ter o seguinte formato:

Lucro operacional
- (+) **despesas financeiras**
- (+) **depreciação**
- (±) **amortização de ágio ou deságio**
- (+) **outras amortizações**
- (−) **despesas não recorrentes**
- (=) **Lucro antes dos Impostos, Juros, Depreciações e Amortizações − LAJIDA (EBITDA)**

Uma reconciliação desta natureza dá ao leitor das demonstrações contábeis uma clara ideia do cálculo efetuado pela administração e um poder de explicação sobre a formação da medição econômica e de comparação com outras companhias.

O exemplo citado serve unicamente como um possível exercício de julgamento do administrador e não tem a pretensão de ser apresentado como uma solução única para o problema dos itens que devem ser incluídos ou excluídos em cada medição divulgada. Presume-se que, em cada entidade, existe a necessidade de esclarecimento complementar e específico às medições divulgadas dos conceitos e objetivos subjacentes à elaboração e divulgação, considerando-se esse conjunto como base para a compreensão pelo usuário da construção da medição não baseada na estrutura contábil elaborada segundo as normas e práticas contábeis.

O destaque das receitas financeiras, por exemplo, presume-se que seja útil porque provém de administração de ativos que, nesse caso, foram associados a um conceito de resultado operacional, preferido pelo administrador nesse exemplo. Nesse mesmo ponto de vista, a medição com as receitas financeiras foi julgada como a que melhor representa os itens envolvidos no ciclo do negócio, como é costumeiro, por exemplo, no caso do ramo varejista. A exclusão poderia considerar um montante excessivo do disponível, que teria como objetivo a preparação de uma futura aquisição, ou seja, que está fora do ciclo de negócios habitual da empresa. A exclusão total das receitas financeiras, na ótica do usuário externo, também pode ser considerada uma simplificação nos casos em que não há detalhamento sobre a sua natureza. Outros itens para a construção do EBITDA também podem ser considerados, a critério da administração, como a inclusão de despesas não recorrentes, ou seja, as que não se esperam que sejam incorridas nos próximos exercícios.

Bibliografia

ANTHONY, Robert N. *Management accounting*. Homewood: Richard D. Irwin, 1966.

BLATT, Adriano. *Análise de balanços estruturação e avaliação das demonstrações financeiras e contábeis*. São Paulo: Makron Books, 2001.

BRASIL. Lei nº 11.638, de 28 de dezembro de 2007. Altera a Lei nº 6.404/76 e estende às sociedades de grande porte disposições relativas à elaboração e divulgação de demonstrações financeiras. Disponível em: <http://www.planalto.gov.br/ccivil_03/_Ato2007-2010/2007/Lei/L11638.htm>. Acesso em: 27 nov. 2015.

_____. Lei nº 6.404, de 15 de dezembro de 1976. Dispõe sobre a Sociedade por Ações. Disponível em: <http://www.planalto.gov.br/ccivil_03/leis/L6404consol.htm>. Acesso em: 27 nov. 2015.

_____. Lei nº 10.406, de 10 de janeiro de 2002. Institui o Código Civil. Disponível em: <http://www.planalto.gov.br/ccivil_03/leis/2002/L10406.htm>. Acesso em: 27 nov. 2015.

BOGEN, J. *Financial handbook*. New York: Ronald Press, 1964.

CONSELHO FEDERAL DE CONTABILIDADE – CFC. Princípios Fundamentais e Normas Brasileiras de Contabilidade. Brasilia: CFC, 2008.

_____. Resolução nº 1.418, de 21 de dezembro de 2012. Aprova a ITG 1000 - Modelo contábil para Microempresa e Empresa de Pequeno Porte. 2012. Disponível em: <http://www.cfc.org.br/sisweb/sre/detalhes_sre.aspx?Codigo=2012/001418>. Acesso em: 28 nov. 2015.

_____. Resolução nº 1.255, de 17 de dezembro de 2009. Aprova a NBC TG 1000 - Contabilidade para Pequenas e Médias Empresas. Disponível em: <http://www.cfc.org.br/sisweb/sre/detalhes_sre.aspx?Codigo=2009/001255>. Acesso em: 28 nov. 2015.

CONSELHO FEDERAL DE CONTABILIDADE – CFC. Normas Brasileiras de Contabilidade. NBC PG 100, de 25 de março de 2014. Aplicação Geral aos Profissionais da Contabilidade. Disponível em: <http://www.cfc.org.br/sisweb/sre/detalhes_sre.aspx?Codigo=2014/NBCPG 100>. Acesso em: 25 nov. 2015.

_____. _____. NBC TG – Geral Normas Completas. 2015. Disponível em: <http://portalcfc.org.br/wordpress/wp-content/uploads/2012/12/NBC_TG_GERAL_ COMPLETAS_12112015.pdf>. Acesso em: 27 nov. 2015.

EQUIPE DE PROFESSORES DA USP. *Contabilidade introdutória*. São Paulo: Atlas, 1977.

FAMÁ, Rubens. Material em PDF aula de Teoria de Finanças no mestrado em ciências contábeis e atuariais PUC-SP, 2015.

FLEURIET, Michel. *A dinâmica financeira das empresas brasileiras*. Rio de Janeiro: Campus e Fundação Dom Cabral, 2003.

_____. *A arte e a ciência das finanças*: uma introdução ao mercado financeiro. Rio de Janeiro: Elsevier, 2004.

FRANCO, Hilário. *Estrutura, análise e interpretação de balanços*. São Paulo: Atlas, 1986.

HARVARD BUSINESS SCHOOL. *Note on financial analysis*. ICH 6 F 47, EA-F, 24 IR. Harvard, 1961.

HENDRIKSEN, Eldon S. *Accounting theory*. Homewood: Richard D. Irwin, 1970.

HERRMANN JR., Frederico. *Análise de balanços para a administração financeira*. São Paulo: Atlas, 1980.

IUDÍCIBUS, Sérgio de. *Contabilidade gerencial*. São Paulo: Atlas, 1978.

JOHNSON, R. W. *Financial management*. Tradução de Lenita Corrêa Camargo Teixeira Vieira. Boston: Allyn and Bacon, 1966.

KENNEDY, Ralph; McMULLEN, Stewart. *Financial statements, form, analysis and interpretation*. Homewood: Richard D. Irwin, 1962.

MARION, José Carlos. *Análise das demonstrações contábeis*: contabilidade empresarial. 3. ed. São Paulo: Atlas, 2005.

MARTINS, Eliseu. *Aspectos do lucro e da alavancagem financeira no Brasil*. 1979. Tese (Livre--Docência) – FEA, São Paulo: USP.

MASON, Perry. *Cash flow analysis and the funds statement*. American Institute of Certified Public Accountants, 1961.

MATTESSICH, R. *Accounting and analytical methods*. Homewood: Richard D. Irwin, 1964.

MEIGS, Johnson Keller. *Intermediate accounting*. New York: McGraw-Hill, 1963.

MYER, J.N. *Análise das demonstrações financeiras*. São Paulo: Atlas, 1976.

NAKAGAWA, Masayuki. *Introdução à controladoria*: conceitos, sistemas, implementação. 1. ed. São Paulo: Atlas, 2009.

OLINQUEVITCH, J. Leônidas; SANTI FILHO, Armando de. *Análise de balanços para controle gerencial*. 4. ed. São Paulo: Atlas, 2004.

SEGATO, Valdir D. As principais dificuldades para adoção das normas contábeis – padrão internacional por microempresas e empresas de pequeno porte. Dissertação 2015. (Mestrado em Ciências Contábeis e Atuariais). – Pontifícia Universidade Católica de São Paulo. 2015, Disponível em: <https://tede2.pucsp.br/handle/handle/1617>. Acesso em: 18 set. 2016.

SMITH, R. L. *Management through accounting*. Englewood Cliffs: Prentice Hall, 1965.

STEWART, G. Bennett. *Em busca do valor*. Porto Alegre: Bookman, 2005.

TREUHERZ, Rolf M. *Análise financeira por objetivos*. Biblioteca Pioneira de Administração e Negócios, 1971.

WALTER, M. A. *Introdução à análise de balanço*. São Paulo: Saraiva, 1977.

WELSCH, Glenn A. *Orçamento empresarial*. São Paulo: Atlas, 1970.

WESTON, J. Fred; BRIGHAM, E. F. *Managerial finance*. 5. ed. New York: Dryden Press, s.d.

WIXON, Rufus. *Accountants handbook*. New York: Ronald Press, 1964.

www.grupogen.com.br